C'est comme ça

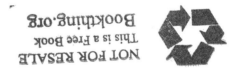

NOT FOR RESALE
This is a Free Book
Bookthing.org

S0-BBU-306

99- CCC- 007

C'est comme ça

Manuel de lecture et de communication

SECOND EDITION

Jean-Paul Valette

Rebecca M. Valette
Boston College

Baltimore City College
BCPS No 480
3220 The Alameda
Baltimore MD 21218

D. C. Heath and Company
Lexington, Massachusetts   Toronto

pp. ddc-007

Cover: Yann Arthus-Bertrand/Explorer.

Copyright © 1989 by D. C. Heath and Company.
Previous editions copyright © 1987, 1978 by D. C. Heath and Company.

All rights reserved. No part of this publication may be reproduced or
transmitted in any form or by any means, electronic or mechanical, including
photocopy, recording, or any information storage or retrieval system, without
permission in writing from the publisher.

Published simultaneously in Canada.

Printed in the United States of America.

International Standard Book Number: 0-669-19805-6

0

Preface

After an initiation to the basic vocabulary and structures of the French language, students are eager and ready to develop their reading ability and their conversation and writing skills. At the same time, they are also interested in broadening their familiarity with the contemporary French-speaking world. *C'est comme ça: Manuel de lecture et de communication,* Second Edition, will help students achieve these goals.

C'est comme ça is designed for use at the low intermediate level for both college students and third- or fourth-year high school students. The end vocabulary contains almost all the French words and expressions that appear in the text, with the exception of the most evident cognates. Moreover, unfamiliar expressions are glossed within the text itself.

C'est comme ça can be introduced as early as the second term in a beginning college course for vocabulary expansion and reading practice. It may also be used as a conversation and reading text in any intermediate-level program.

Organization

The Second Edition of *C'est comme ça* contains twenty dossiers grouped thematically into seven units: **Rencontres** (present tense, nouns and adjectives), **De jour en jour** (past tenses: passé composé, imperfect, passé simple), **L'heure de la détente** (pronouns and reflexive verbs), **Une société en mouvement** (infinitive, present participle, subjunctive), **La France et les Français** (adjectives, adverbs, indefinite expressions), **La vie des idées** (future, conditional, passive), **Le français dans le monde** (pronouns: relative, demonstrative, interrogative, possessive). All dossiers in the Second Edition have been extensively revised and updated, and three new dossiers have been created (on sports, on foods, and on France) in response to teacher and student request.

Each dossier contains a variety of reading selections that have been adapted, for the most part, from contemporary French magazines and almanacs. The types of readings range from the brief "Flash" or the minor news item to the longer interview, opinion poll, or psychological test-game. Some dossiers may contain proverbs and slogans as well as brief historical presentations, portraits, poems, or songs.

Each reading is accompanied by comprehension exercises. Furthermore, the varied reading material is interspersed with different types of communication activities to encourage active student participation. Topical vocabulary listings contribute to developing the students' fluency and accuracy of expression.

A new feature of the Second Edition is the "Rencontre" section at the end of each dossier where the students are introduced to interviews and brief selections by recognized French and Francophone writers and personalities such as Sartre, Simone de Beauvoir, Saint-Exupéry, Apollinaire, Antonine Maillet, Brigitte Bardot, among others.

Teaching Suggestions

Flexibility is the key feature of *C'est comme ça*. Individual instructors will develop their own ways of using the dossiers and will most probably expand on some of the activities while omitting others. Moreover, many of the activities lend themselves to both written and oral expression, depending on the interests of the students and the goals of the course. The following suggestions indicate some of the ways *C'est comme ça* may be implemented.

Readings   The readings may be assigned for outside or in-class preparation. While reading the texts, the students might be asked to note one observation: a new fact they learned, an opinion with which they agree or disagree, something that surprised them, something they found rather banal or uninteresting, and so forth. These brief observations may be shared in class as a warm-up exercise.

Psychological test-games   These test-games may be prepared for homework, or they may be used as a classroom activity, in which case the instructor could read the options while the students note their responses. The interpretation that follows the test-game groups the respondents into several categories; if desired, these categories may provide the basis for dividing the class into groups for subsequent activities.

Discussion activities   Many activities in the dossiers elicit student opinions. Although these activities may be conducted by the instructor, they also lend themselves to discussion in pairs or small groups. For instance, groups of students may be given four or five minutes to categorize a list of professions according to their usefulness, prestige, and so forth, and then as a full-class activity the groups can share their conclusions with each other.

Debates   Debates are usually more successful if the students have been asked to prepare in writing a few sentences for and against the question selected. In class, the students are divided into an affirmative and a negative team. The teams are given five or ten minutes in which to select a leader and organize their arguments. Then the actual debate takes place.

These are just some of the types of activities found in the dossiers. Since each dossier differs in presentation and organization there is always a new mix of readings and activities... "C'est comme ça."

Table des matières

Unité II

L'heure de la détente

Unité III

Une société en mouvement   125

Unité IV

La France et les Français 169

Unité V

Unité VI

Sources

Articles utilisés

22 "Elle est elle..." lyrics and music by Georges Moustaki, copyright © Paille Musique 1979; **37** "Le cancre" by Jacques Prévert; extrait de "Paroles", Paris: Gallimard 1949; **51** *Des Traces de pas,* Paris: Presses de la Cité, copyright © 1975, Georges Simenon; **65** "La Déclinaison d'une vie" by Jeanne Saucier in *La Louisiane,* No. 67 Summer 1983; **67** "Le Pont Mirabeau" from Guillaume Apollinaire from *Oeuvres Poétiques,* Paris: Éditions Gallimard; **88** "Variations": un extrait de "Le Sport" 1928, 1977, Éditions Bernard Grasset; **96** "Un esprit sain dans un corps sain", L'EXPRESS, 9 septembre 1983; **98** Chart prepared by Aetna Life and Casualty and the Bob Hope International Heart Research Institute; **101** "Le paradoxe du tabac" from *Journal Français d'Amérique,* 15 mars 1984; **102–103** *Le Petit Prince:* text and drawings by Antoine de Saint-Exupéry, copyright 1943, 1971 by Harcourt Brace Jovanovich, Inc. Reprinted and reproduced by permission of the publisher; **122** Interview with Jean-Claude Vrinat in *Hommes et Commerce,* numéro 185, février 1985; **131** "Les jeunes et l'amour" from L'EXPRESS, 6–12 mars 1972; **139** Albert Camus, *Théâtre, Récits, Nouvelles,* Bibliothèque de la Pléiade", Éditions Gallimard 1962; **146** "Les jeunes (15–20 ans) jugent la famille" from L'EXPRESS, 10–16 novembre 1975; **150** "Et vous avez déclaré une fois...": Jean-Paul Sartre, *Sartre,* (a film produced by Alexandre Astruc and Michel Contat), Paris: Gallimard 1977; **166** Interview from "Aujourd'hui Julien Sorel serait une femme" de Maria Craipeau, *France Observateur,* no. 514, mars 1960; **178** "Les Français vus par eux-mêmes", L'EXPRESS, 19 février 1979; **184** *Un Certain Monsieur Blot,* Pierre Daninos, copyright © Hachette, 1960; **199** Extrait from "Introduction à la Ville Lumière" by Georges Duhamel in *France Illustration,* April 1951; **215** Benoîte Groult, *Ainsi soit-elle,* Paris: Grasset, 1975; **233** "Entretien avec Gérard Depardieu" from *Cahier du Cinéma* No. 323–324, mai 1981 par Serge Daney et Danièle Dubroux; **251** "À la 'claire' fontaine", words by Jean-Paul Sèvres, music by Éric Vincent, copyright © 1983 Madura Éditions; **280** Interview of Antonine Maillet by Marie Galanti, published in *Journal Français d'Amérique,* 10–23 juin, 1983; **290** "L'Américain typique" from Pierre Daninos, *Le Secret du Major Thompson,* copyright © 1956 Hachette; **306** "Black Label", by Léon Damas, Paris: Éditions Gallimard 1965; **308** René Philombe, "L'Homme qui te ressemble", *Petites goutes de chant pour créer l'homme,* in *Le Monde,* 8 février 1973.

Illustrations et Annonces Publicitaires

cover Courtesy of *Jeux d'Afrique* Magazine; **2** Courtesy of Claire Parisot; **3, 4–5** Courtesy of Véronique Piard; **6, 42** Cartoons by TREZ; **16–17** Zodiac Cards by permission of Éditions André Barthélemy, Chaudes-Aigues, France; **52** Dessin de Claire Bretécher "Les Frustrés" tirée de l'album No. 3, copyright © *Le Nouvel Observateur;* **63** "La spirale du temps" by permission of Christian Gautier; **68** *Poètes d'aujourd'hui,* Guillaume Apollinaire, used by permission of Les Éditions Seghers S A; **97** "Aérobic Dance" by permission of Édith George, École de Danse George; **135** Cartoon by Hoviv © Dargaud Enterprises; **152** August 1984 © *Femme* Magazine, French edition, Publications Filipacchi; **163** Cartoon by Gad permission of Intermonde Presse; **271, 284** Courtesy of *Journal Français d'Amérique;* **271, 296** *Le Journal de l'Économie Africaine,* fortnightly, published by DIF-COM—Le Groupe Jeune Afrique; **272** Courtesy of Air Canada; **283** Courtesy of Le Nouvel Observateur; **299, 307** "Assises Nationales" by permission of UNESCO; **87, 110, 111, 114, 255** Ruth J. Flanigan; **116, 127, 174–175, 199, 205, 213, 261, 279, 301** Carmela Ciampa

Photos

171 *bottom, right,* **277** Mark Antman/The Image Works, Inc.; **10** Francis Apesteguy/Gamma; **155** Archive Pictures; **66, 102, 159** *top,* **266, 268, 269** *top,* **294** The Bettmann Archive; **165** J.P. Bonnotte/SYGMA; **36** G. Botti/SYGMA; **159** *bottom,* **269** *bottom,* **303** Culver Pictures; **203** *right* Anestis Diakopoulos/Stock, Boston; **160** Elliott Erwitt/Magnum; **305** Owen Franken/Sipa; **61, 98, 169, 186** *left,* **171** *top, left* Owen Franken/Stock, Boston; **170** *left* Richard Frieman/Photo Researchers; **202** *right* George Gerster/Photo Researchers; **304** Boccon Gibod/Sipa; **191** The Granger Collection; **302** *bottom* Historical Pictures Service; **231** Jarquis/Sipa; **202** *left* Clemens Kalisher; **203** *top* Richard Kalvar/Magnum; **21** Bertrand Laforet/Gamma; **249** J.P. LeMaire; **50, 263, 280** Laurent Maous/Gamma; **162, 170–171, 183, 186** *right,* **187** Peter Menzel; **158** *top* Musée Départementaux de Loire-Atlantique, Musée Archéologique Thomas Dobrée; **1, 9, 18, 23, 32, 33, 47, 49, 125, 138, 143, 144, 149, 192, 194, 196, 226, 292** Palmer/Brilliant; **233** Martine Peccoux/Bertrand LaForêt/Gamma; **184** Micheline Pelletier-Lattes/Gamma; **53** Quennville/Gamma; **37, 171** *top, right* Rapho/Photo Researchers; **203** *left* G. Carleton Ray/Photo Researchers; **215** Daniel Simon/Gamma; **150** Springer/Bettman Film Archive; **139** UPI/Bettmann Newsphotos; **227** Uzan/Gamma; **89, 158** *bottom,* **198, 302** *top* H. Roger Viollet; **121** Christian Vioujard/Gamma; **44, 67** Richard Wood/The Picture Cube

C'est comme ça

Rencontres

Unité Préliminaire

DOSSIER 1   *L'identité*

DOSSIER 2   *La personnalité*

Document

Pièces d'identité

NOM   PARISOT

Prénoms   Claire Jacqueline

Né le   14 AVRIL 1956
à   PARIS 18

NATIONALITÉ FRANÇAISE

Taille   1 M 70
Signes
particuliers   Néant
Domicile   71Ter rue Jean Bonal
92 LA GARENNE COLOMBES

Signature du titulaire

Fait le   23 JUIN 1983
par

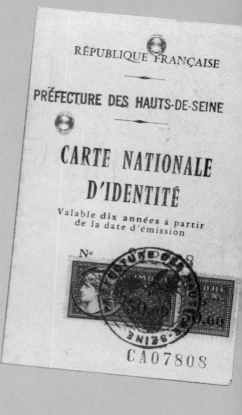

RÉPUBLIQUE FRANÇAISE

PRÉFECTURE DES HAUTS-DE-SEINE

CARTE NATIONALE
D'IDENTITÉ

Valable dix années à partir
de la date d'émission

No

CA0780S

Vocabulaire: *Les éléments de l'identité*

	QUESTIONS
le nom	Comment vous appelez-vous?
le prénom	
la résidence	Où habitez-vous?
le domicile	Quelle est votre adresse?
l'adresse *(f)*	
le numéro de téléphone	Quel est votre numéro de téléphone?
l'âge *(m)*	Quel âge avez-vous?
la date de naissance	Quand êtes-vous né(e)?
le lieu de naissance	Où êtes-vous né(e)?
la profession	Quelle est votre profession?
la situation familiale	Êtes-vous marié(e)?
la nationalité	Quelle est votre nationalité?
les pièces *(f)* **d'identité**	Avez-vous une pièce d'identité?

À noter

1. Les prénoms

Les Français ont un prénom principal et souvent plusieurs prénoms secondaires. Ces prénoms secondaires, donnés en l'honneur de membres de la famille, ne sont pas utilisés dans la vie courante, mais ils figurent sur les pièces d'identité.

2. Les pièces d'identité

la carte nationale d'identité C'est un document officiel délivré par l'administration aux personnes de nationalité française.

le passeport C'est un document de voyage, nécessaire quand on voyage dans un pays étranger.

le permis de conduire C'est un certificat qui permet de conduire une moto ou une voiture. On peut obtenir ce permis à l'âge de 18 ans.

la carte d'étudiant Cette carte donne certains avantages: entrée gratuite [*free*] dans certains musées, réductions dans certains cinémas.

RÉPONSES

GARÇON
Je m'appelle Jean-Claude Durand.

J'habite à Tours.
J'habite 125, rue Jeanne d'Arc.

C'est le 47.52.11.09.

J'ai 19 ans.
Je **suis né** le 21 octobre 1966.
Je suis né à Nice.

Je suis étudiant.

Je ne suis pas marié. Je suis
   célibataire.

Je suis français.

Oui, voici **ma carte d'identité.**

FILLE
Je m'appelle Isabelle Mercier.

J'habite à Paris.
J'habite 49, rue du Four.

C'est le 42.56.48.12.

J'ai 18 ans.
Je suis née le 3 avril 1967.
Je suis née à Paris.

Je suis étudiante.

Je suis célibataire.

Je suis française.

Oui, voici mon **passeport**, ma **carte
   d'étudiant,** mon **permis de conduire.**

Activité: *Contrôle d'identité*

Il y a un contrôle de police sur la route Paris–Tours. Un agent de police contrôle les papiers de chaque automobiliste. C'est le tour de Marie-Claire Jolivet.

L'AGENT: Vous avez vos papiers, Mademoiselle?
MARIE-CLAIRE: Voici ma carte d'identité.
L'AGENT: Votre nom et votre prénom?
MARIE-CLAIRE: Jolivet, Marie-Claire.
L'AGENT: Domicile?
MARIE-CLAIRE: J'habite 3, rue Descartes à Tours.
L'AGENT: Date et lieu de naissance?
MARIE-CLAIRE: Je suis née le 23 septembre 1964 à Tours.
L'AGENT: Votre profession?
MARIE-CLAIRE: Je suis employée de banque.
L'AGENT: Merci, Mademoiselle. Vous pouvez continuer...

Maintenant imaginez que vous êtes l'agent de police. Contrôlez l'identité des étudiants de la classe.

Activité: *Questions personnelles*

1. Comment vous appelez-vous?
2. Quel âge avez-vous?
3. Quel âge a votre père? votre mère?
4. De quelle nationalité êtes-vous?
5. Où habitez-vous? Quelle est votre adresse?
6. Quel est votre numéro de téléphone?
7. Avez-vous une carte d'identité? un passeport? un permis de conduire?

FLASH

Le prénom

- Les prénoms français sont généralement tirés du calendrier romain catholique.

- À chaque jour du calendrier catholique correspond le nom d'un saint. Les Français célèbrent leur «fête» le jour qui est assigné au saint dont ils portent le nom [*whose name they have*].

Jean	le 24 juin	Marie	le 15 août
Pierre	le 29 juin	Anne	le 26 juillet

- Les noms composés sont fréquents:

  Garçons: Jean-Pierre, Jean-Claude, Jean-François
  Filles: Marie-Laure, Marie-Françoise, Marie-Cécile

- Les prénoms les plus fréquents restent Jean et Marie et leurs composés, mais la popularité de certains prénoms évolue. Voici quelques prénoms à la mode:

1900	Gaston	Clémentine
1950	Christian, Jean-Paul	Chantal
1960	Bruno, Gérard	Brigitte, Sylvie
1965	Éric, Thierry	Nathalie
1970	Olivier, Laurent	Stéphanie, Christelle
1975	Christophe, Nicolas	Laure, Valérie
1980	Guillaume, Jérôme	Karine, Marie
1985	Jérémie, Benjamin	Aurélie, Élodie

Paul? Jacques? Michel? Henri? Jean? Jean-Paul? Jean-Pierre? Sébastien? Jean-Baptiste? Louis? Cyrille? Pierre? Jean-Claude? Alain? Guy? Bernard? Yves? Lucien? Jean-Loup? Philippe? Charles? Armand? Gérard? Luc? Peter? James? Nikita? Olaf? Samba? Mike? John? Félicien? Ringo? Frankie? Eugène? Nicolas? Noël? Saül? Georges? Hubert? William? Walter? Dick? Joseph? José? David? Sam? Joe? Pat?

trez

FLASH

Le nom

Autrefois,° les noms de famille n'existaient pas. Ils apparaissent en France au douzième siècle.° Le nom de famille est héréditaire et il est en principe transmis° par le père. Il est très difficile pour un Français de changer de nom. Tout changement de nom doit être autorisé par le premier ministre.

Long ago
century
transmitted

Aujourd'hui, une femme mariée peut conserver° son nom d'origine. Un homme marié peut joindre le nom de sa femme à son nom et utiliser ce nom double sur les documents légaux.

keep

Les noms français les plus courants indiquent:
un prénom: Martin, Bernard, Thomas, Michel, Simon
une profession: Boucher, Charpentier, Marin, Marchand
une origine géographique: Dupont, Dulac, Montagne, Vallée
une couleur: Lebrun, Leblanc, Lenoir, Verdier
l'aspect physique: Legros, Petit, Lemaigre, Legrand, Joli
la parenté: Cousin, Neveu
le nom d'une province: Normand, Breton, Picard, Poitevin, Saintonge

ville de paris

alphabétique

i/z

Activité: *Questions personnelles*

1. Quel est votre prénom?
2. Quel est le prénom de votre père? de votre mère?
3. Quels sont les noms américains les plus communs pour les garçons? pour les filles?
4. Y a-t-il des prénoms à la mode aujourd'hui? Lesquels?
5. Quels sont les prénoms masculins que vous aimez? les prénoms féminins?
6. Quels sont les prénoms français que vous connaissez?
7. Quel est votre nom de famille?
8. Êtes-vous d'origine européenne? africaine? asiatique? indienne?
9. Est-ce que votre nom est d'origine anglaise? espagnole? italienne? allemande? française? russe? d'une autre origine? Laquelle?
10. Est-ce que votre nom a une signification? Laquelle?
11. Quels noms d'origine française connaissez-vous?

Vocabulaire: *L'aspect physique*

Le visage
>avoir **le visage ovale, rond, carré** [*square*]
>avoir **les cheveux roux** [*red*]**, blonds, châtains** [*chestnut*]**, bruns, noirs;**
>   **frisés** [*curly*] ou **lisses** [*straight*]
>avoir **les yeux bleus, verts, gris, marron**[1] [*brown*]**, noirs**
>avoir **le nez mince** [*thin*] ou **épais** [*broad*]
>avoir **la bouche mince** ou **épaisse**
>avoir **le teint** [*complexion*] **pâle, rose, bronzé** [*tan*]**, foncé** [*dark*]

La taille
>Combien **mesurez**-vous? Je **mesure** un mètre 70.

Le poids
>Combien **pesez**-vous? Je **pèse** 60 kilos.

L'aspect général
Pour un garcon:
>**beau** ≠ **laid** [*ugly*]**, moche** [*plain*]
>**petit** ≠ **grand**
>**maigre** [*skinny*] ≠ **gros** [*big, fat*]
>**svelte, mince, bien proportionné**
>**faible** [*weak*] ≠ **fort** [*strong*]**, musclé, robuste**

Pour une fille:
>**jolie, ravissante, mignonne** [*cute*] ≠ **laide, moche**
>**petite** ≠ **grande**
>**maigre** ≠ **grosse**
>**svelte, mince, bien proportionnée**
>**faible** ≠ **forte, athlétique**

[1] Quand il désigne une couleur, le mot «marron» est invariable: un pantalon **marron;** une robe **marron.**

La taille		Le poids	
2 mètres	= 6 pieds 7 pouces	100 kilos =	220 livres américaines
1 mètre 90	= 6 pieds 3 pouces	90 kilos =	198 livres américaines
1 mètre 80	= 5 pieds 11 pouces	80 kilos =	176 livres américaines
1 mètre 70	= 5 pieds 7 pouces	70 kilos =	154 livres américaines
1 mètre 60	= 5 pieds 3 pouces	60 kilos =	132 livres américaines
1 mètre 50	= 4 pieds 11 pouces	50 kilos =	110 livres américaines
1 mètre 40	= 4 pieds 7 pouces	40 kilos =	88 livres américaines

Activité: *Auto-portrait*

Faites votre auto-portrait en complétant les phrases suivantes.

1. J'ai le visage...
2. J'ai les cheveux...
3. J'ai les yeux...
4. J'ai le nez...
5. J'ai la bouche...

6. J'ai le teint...
7. Je mesure à peu près
   (approximativement)...
8. Je pèse à peu près...
9. Je suis...

Activité: *D'autres portraits*

Choisissez l'une des personnes suivantes et faites son portrait.

John McEnroe
Woody Allen
Stevie Wonder
Bill Cosby

Jane Fonda
Chris Evert-Lloyd
Blanche-Neige (*Snow White*)
Tina Turner

Activité: *Le personnage mystère*

Choisissez une personne célèbre (un/e athlète, un acteur ou une actrice, une personnalité politique, etc...). Faites le portrait de cette personne sans révéler son identité. Demandez à vos camarades qui est cette personne.

Rencontre avec...

Brigitte Bardot

Révélation du cinéma français dans les années 1950, Brigitte Bardot, est toujours° la plus célèbre des actrices françaises, même° si elle ne joue° plus depuis des années. Pour des millions d'admirateurs, Brigitte Bardot reste en effet le symbole d'une certaine femme française: désinvolte,° sensuelle, séduisante,° jolie à l'extrême et, bien sûr, irrésistible.

      Mais est-elle vraiment belle? C'est Brigitte Bardot elle-même° qui répond à cette question:

still / even / = joue dans les films

impertinent

attractive

herself

BRIGITTE BARDOT: Je ne suis pas belle. Pas vraiment. J'ai un genre.° — *style*

L'INTERVIEWER: Très franchement, vous vous trouvez comment?

BRIGITTE BARDOT: Cela dépend des jours mais en tout cas,° et je le répète, — *any case*
pas particulièrement belle. Mon visage a une certaine personnalité.
Mon nez est petit et mignon. J'ai des cheveux et une bouche... Je trouve
qu'il y a des tas° de femmes beaucoup plus belles que moi. Disons — beaucoup
qu'il y a un ensemble,° une harmonie entre mon visage, mes cheveux, — totalité
ma bouche et ma silhouette°... Mais rien de particulièrement formi- — *figure*
dable dans tout cela.

L'INTERVIEWER: Rien de raté° non plus! — ≠ réussi

BRIGITTE BARDOT: Voilà. C'est un ensemble!

Activité: *La beauté*

Il y a différents types de beauté. Pouvez-vous décrire les types suivants et
donnez un exemple d'une personne correspondant à ce type de beauté?

> beauté classique
> beauté naturelle
> beauté sophistiquée

《Chaque âge a sa beauté.》
—*Proverbe*

《La beauté ne se raconte pas.》
—*Simone de Beauvoir*

《La beauté n'est que la promesse du bonheur.》
—*Stendhal*

Activité: *Commentaire*

Commentez le proverbe: «Chaque âge a sa beauté». Pour cela, décrivez la
beauté chez...

> une jeune fille de 18 ans
> un homme de 30 ans
> une femme de 60 ans

Dossier 2
La personnalité

► *Document*

La personnalité d'après le prénom

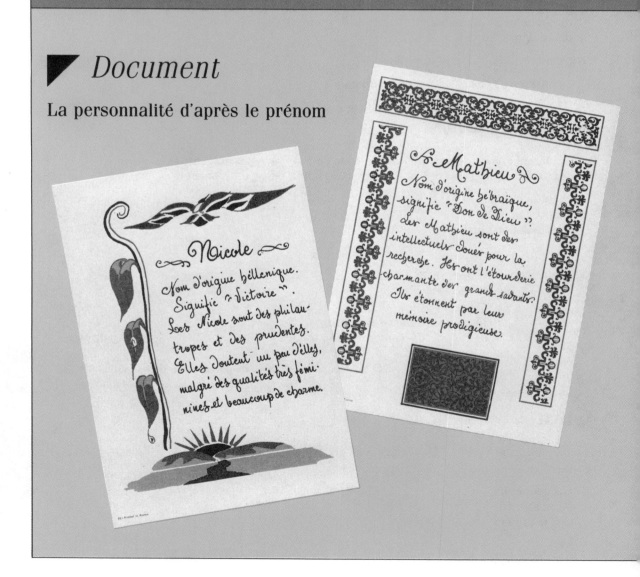

Nicole

Nom d'origine héllenique.
Signifie "Victoire".
Les Nicole sont des philan-
tropes et des prudentes.
Elles doutent un peu d'elles,
malgré des qualités très fémi-
nines et beaucoup de charme.

Mathieu

Nom d'origine hébraïque,
signifie "Don de Dieu".
Les Mathieu sont des
intellectuels doués pour la
recherche. Ils ont l'étourderie
charmante des grands savants.
Ils étonnent par leur
mémoire prodigieuse.

Guy

Nom d'origine germanique. Signifie « forêt ». Les Guy sont de doués, ils aiment à rendre service et, parfois, leurs affaires personnelles en souffrent. Ce sont de vrais amis. Ils sont musiciens.

François

Nom d'origine romaine. Signifie « libre ». Les François sont fort intelligents ; ils s'attaquent à des tâches impossibles et réussissent là où d'autres échouent. Leur lenteur n'est pas un handicap.

Véronique

Nom d'origine latine. Signifie « de Vérone ». Les Véronique sont la féminité même. Elles sont artistes, passionnées. Très jolies, elles ont un défaut charmant, la coquetterie.

Vocabulaire: *La personnalité et le caractère*

La personnalité
> **avoir de la personnalité**
> **avoir une forte personnalité** } avoir une individualité bien marquée

Le caractère
> **avoir du caractère** = avoir de la personnalité
> **avoir bon caractère** = être sociable, patient
> **avoir mauvais caractère** = être difficile, désagréable

Les traits (*m*) de la personnalité
> avoir (ou posséder) **une qualité** ≠ un défaut
> On **admire** les qualités de quelqu'un.
> On **tolère** (ou on ne tolère pas) ses défauts.

Les qualités... et les défauts

	Êtes-vous...	
(l'individualisme)	**individualiste...**	ou **conformiste?**
(l'optimisme)	**optimiste...**	ou **pessimiste?**
(l'idéalisme)	**idéaliste...**	ou **réaliste?**
(le sens de la justice)	**juste** [*fair*]...	ou **injuste?**
(l'honnêteté)	**honnête...**	ou **malhonnête?**
(la sensibilité)	**sensible** [*sensitive*]...	ou **insensible?**
(la sincérité)	**sincère...**	ou **hypocrite?**
(le sang-froid, le contrôle de soi)	**calme...**	ou **nerveux (nerveuse)?** et **agité(e)** [*excited*]?
(la simplicité)	**simple...**	ou **compliqué(e)?**
(l'énergie et le dynamisme)	**énergique** et **dynamique...**	ou **indolent(e)?**
(la politesse)	**poli(e)...**	ou **impoli(e)?**
(la passion)	**passionné(e)...**	ou **réservé(e)?**
(la spontanéité)	**spontané(e)...**	ou **calculateur (calculatrice)?**
(la personnalité)	**intéressant(e)...**	ou **ennuyeux (ennuyeuse)** [*boring*]?
(l'humour)	**amusant(e)** et **drôle...**	ou **triste** [*sad*]?
(la patience)	**patient(e)...**	ou **impatient(e)?**
(la prudence)	**prudent(e)...**	ou **imprudent(e)?**
(la tolérance)	**tolérant(e)...**	ou **intolérant(e)?**
(l'intelligence)	**intelligent(e)...**	ou **bête?**
(l'indépendance)	**indépendant(e)...**	ou trop **docile?**

(la persévérance)	**persévérant(e)**...	ou **inconstant(e)**?
(l'originalité)	**original(e)**...	ou **conformiste**?
(la loyauté)	**loyal(e)**...	ou **déloyal(e)**?
(le libéralisme)	**libéral(e)**...	ou **conservateur (conservatrice)**?
(la discrétion)	**discret (discrète)**...	ou **indiscret (indiscrète)**?
(l'affection)	**affectueux (affectueuse)**...	ou **froid(e)**?
(l'ambition)	**ambitieux (ambitieuse)**...	ou **résigné(e)**?
(le courage)	**courageux (courageuse)**...	ou **timide**?
(la curiosité)	**curieux (curieuse)**...	ou **indifférent(e)**?
(la conscience)	**consciencieux (consciencieuse)**...	ou **inattentif (inattentive)**?
(la générosité)	**généreux (généreuse)**...	ou **égoïste** [*selfish*] et **avare** [*stingy*]?
(l'action)	**actif (active)**...	ou **inactif (inactive)**?
(l'imagination)	**imaginatif (imaginative)**...	ou **sans imagination**?
(l'intuition)	**intuitif (intuitive)**...	ou **sans intuition**?
(le naturel)	**naturel(le)**...	ou **prétentieux (prétentieuse)**?
(la créativité)	**créateur (créatrice)** et **inventif (inventive)**...	ou **sans (imagination)**?
(l'énergie)	**travailleur (travailleuse)**...	ou **paresseux (paresseuse)** [*lazy*]?

À noter

Attention aux faux amis [*false cognates*]!
Une personne **sensible** est une personne qui montre ses sentiments.
Ce n'est pas nécessairement une personne logique ou intelligente.

《Nos qualités sont souvent l'envers de nos défauts.》
—*Proverbe*

《On voit les qualités de loin et les défauts de près.》
—*Victor Hugo*

Activité: *Auto-portrait et auto-critique*

Faites votre portrait... et votre critique en complétant les phrases suivantes.

> En général, je suis...
> Mes qualités principales sont...
> Malheureusement, je suis trop...
> Et je ne suis pas assez...
> Je devrais être plus...
> Je devrais être moins...

Activité: *Une question de personnalité*

Informez-vous sur les personnes suivantes. Décrivez la personnalité de ces personnes en utilisant les adjectifs du *Vocabulaire* (*pp. 14–15*) dans des phrases affirmatives ou négatives.

MODÈLE: Robert imite toujours ses amis.
Il est conformiste. Il n'est pas original.

1. Élisabeth manifeste toujours beaucoup de compassion quand ses amis sont tristes.
2. Marc a d'excellentes manières.
3. Gérard voit des problèmes partout. Il est toujours inquiet pour l'avenir [*future*].
4. Charlotte dit toujours la vérité même [*even*] quand la vérité est difficile à dire.
5. Henri déteste prendre des risques. Il hésite toujours quand il a une décision importante à prendre.
6. Ce soir Béatrice ne va pas sortir avec nous. Elle veut absolument préparer son examen.
7. Si vous avez un problème, n'allez pas voir Alain. Il pense uniquement à lui.
8. Jean-Louis est riche mais il n'aime pas dépenser son argent.
9. Philippe a des opinions bien définies et en général il ne respecte pas les opinions des autres personnes.
10. Où est Madame Lamblet aujourd'hui, samedi? Elle est à son bureau. Elle travaille tout le temps, même le week-end.

Activité: *Qualités professionnelles*

Dites quelles sont les deux qualités les plus importantes pour les personnes suivantes. Si possible, expliquez pourquoi.

pour un(e) artiste
pour un acteur (une actrice)
pour un comédien (une comédienne)
pour un(e) pilote
pour un professeur
pour un médecin
pour un(e) commerçant(e) [*shopkeeper*]
pour un homme (une femme) d'affaires [*business person*]
pour un(e) secrétaire
pour un chef de personnel
pour un chef d'entreprise
pour un(e) étudiant(e)
pour un écrivain [*writer*]
pour un chauffeur de taxi
pour un vendeur (une vendeuse)
pour un(e) journaliste
pour un(e) architecte
pour le (la) président(e)

Activité: *L'idéal*

Selon vous, quelle principale qualité doivent avoir les personnes suivantes? Quel défaut doivent-ils éviter [*avoid*]? Vous pouvez compléter les phrases suivantes en utilisant les adjectifs du *Vocabulaire* (*pp. 14–15*).

> MODÈLE: l'ami idéal
> **L'ami idéal doit être sincère.**
> **Il ne doit pas être prétentieux.**

1. l'amie idéale
2. le (la) camarade de chambre idéal(e)
3. le professeur idéal
4. les étudiants
5. les hommes politiques
6. les journalistes
7. le Président des États-Unis
8. mon futur patron [*boss*]
9. mon futur mari (ma future femme)

Activité: *Opinions*

1. Quel est l'homme que vous admirez le plus? Pourquoi?
2. Quelle est la femme que vous admirez le plus? Pourquoi?
3. Avec quel genre de garçons aimez-vous sortir? Pourquoi?
4. Avec quel genre de filles aimez-vous sortir? Pourquoi?
5. Quels sont les défauts que vous ne tolérez pas? chez vos amis? chez vos professeurs?

Test

Avez-vous bon caractère?

Pour savoir si vous avez bon caractère, étudiez les huit situations suivantes
et dites comment vous réagiriez.° *would react*

1. Vous avez rendez-vous avec votre meilleur(e) ami(e) pour aller à
   un concert. Votre ami(e) arrive au rendez-vous avec dix minutes de
   retard.
   a. Vous vous excusez d'être en avance.
   b. Vous ne dites rien.
   c. Vous faites la remarque: «L'exactitude° est la politesse des rois.°» *ponctualité / kings*

2. Vous passez la soirée avec un groupe d'amis. Ces amis décident d'aller
   voir un film que vous avez déjà vu et que vous avez trouvé idiot.
   a. Vous dites: «Puisque° la majorité veut voir ce film, je vais revoir le *Since*
   film avec eux.»
   b. Vous suggérez d'aller voir un autre film.
   c. Vous dites à vos amis qu'ils n'ont aucun° sens critique et vous *pas de*
   rentrez chez vous.

3. Vous achetez des disques dans un magasin. Quand vous rentrez chez
   vous, vous constatez° que l'employé(e) a fait une erreur de deux dollars *remarquez*
   sur le prix des disques en faveur du magasin.
   a. Vous dites: «Deux dollars, ce n'est rien», et vous ne faites rien.
   b. Vous retournez au magasin et demandez le remboursement des deux
   dollars.
   c. Vous écrivez une lettre d'insultes au propriétaire° du magasin. *owner*

4. Vous avez prêté votre guitare à un(e) ami(e). Quelques jours plus tard,
   votre ami(e) vous rend votre guitare... cassée.° *broken*
   a. Vous dites: «Après tout, ça n'a pas d'importance. Je n'aime pas la
   musique.»
   b. Vous demandez poliment mais fermement à votre ami(e) de payer
   la réparation.° *repair*
   c. Vous téléphonez aux parents de votre ami(e) et vous leur dites que
   l'éducation° de leur fils (fille) est à refaire.° *manners / to be taught over again*

5. Le professeur donne les résultats d'un examen. Vous êtes surpris(e) d'avoir une mauvaise note. Vous faites le calcul de vos points et vous vous apercevez° que le professeur a fait une erreur d'addition. *remarquez*
   a. Vous pensez que tout le monde fait des erreurs et vous ne faites rien.
   b. Vous allez voir votre professeur et vous lui demandez de rectifier son erreur.
   c. Vous allez voir le directeur (la directrice) de l'école et vous protestez d'une façon véhémente contre l'injustice des professeurs.

6. Vous êtes chez vous. C'est vous qui répondez au téléphone. Pour la quatrième fois, la même° personne vous appelle par erreur. *same*
   a. Vous dites que ce n'est pas grave.
   b. Vous conseillez à la personne d'appeler les renseignements.° *information*
   c. Vous menacez cette personne de faire une réclamation° à la compagnie de téléphone. *complain*

7. Vous avez perdu votre livre de français trois jours avant un examen important.
   a. Vous acceptez le risque d'avoir une mauvaise note.
   b. Vous expliquez la situation à votre professeur et vous lui demandez de vous prêter un autre livre.
   c. Vous décidez d'abandonner vos études de français.

Interprétation

- Si vous avez 5 réponses (a) ou plus, vous avez trop bon caractère. En fait, vous êtes très timide. Soyez plus énergique et n'ayez pas peur d'exprimer vos opinions.

- Si vous avez 5 réponses (b) ou plus, vous savez ce que vous voulez. Oui, vous avez du caractère. Vous avez certainement aussi le respect de vos ami(e)s.

- Si vous avez 5 réponses (c) ou plus, vous avez un caractère particulièrement désagréable. Êtes-vous certain(e) d'avoir des ami(e)s?

- Si vous n'appartenez° pas aux catégories ci-dessus, vous êtes probablement comme tout le monde. Vous avez généralement bon caractère, mais vos réactions ne sont pas toujours prévisibles.° *belong*

  faciles à prédire

Rencontre avec...

Georges Moustaki

Georges Moustaki est né en Égypte en 1934. Il arrive à Paris à l'âge de dix-sept ans. L'une de ses premières chansons, *Milord,* chantée par Édith Piaf, connaît un succès phénoménal. Mais Moustaki ne cherche pas la gloire... Au contraire! À l'époque où la sonorisation° permet aux stars de la chanson de se produire° devant de vastes publics, Moustaki préfère chanter sans micro devant un public intime mais sensible à ses chansons et à ses états d'âme.° C'est pour ce public que Moustaki chante les joies de l'amour, la mélancolie de l'exil et les mystères de l'être humain. Cet être humain, bien complexe, est fait de forces contraires et contradictoires. C'est cette dualité qu'évoque Moustaki dans sa chanson *Elle est elle...*

amplification du son [*sound*]
chanter

soul

Elle est elle...

Elle est docile elle est rebelle
Elle est changeante et éternelle
Elle est blue-jean elle est dentelle°   *lace*
Elle est vestale° elle est charnelle°   *chaste / sensual*

Elle est gamine° elle est femelle°   *enfant / femme*
Elle est fugace° elle est fidèle   *qui ne dure pas*
Elle est Mozart elle est Ravel
Elle est passion elle est pastel

Elle est jadis° elle est futur   *passé*
Elle est le hâvre° et l'aventure   *port*
Elle est le musc° et la lavande°   *parfum / eau de toilette*
Elle est l'Espagne elle est l'Irlande   (*lavender*)

Elle est consonne elle est voyelle
Elle est l'orage° et l'arc-en-ciel°   *tempête / rainbow*
Elle est guitare et violoncelle
Elle est tigresse elle est gazelle

Elle est piment° elle est cannelle°   *hot pepper / cinnamon*
Elle est la poudre° et l'étincelle°   *gunpowder / spark*
Elle est docile elle est rebelle
Elle est changeante et éternelle
Elle est elle est elle est elle est...

Activité: *Interprétation*

1. Dans cette chanson, Moustaki évoque la coexistence de qualités oppo-sées chez la femme. Quels exemples choisit-il dans les catégories sui-vantes pour exprimer ce dualisme?
   instruments de musique / compositeurs / périodes de l'existence / animaux / phénomènes naturels / parfums / épices et plantes aroma-tiques / pays

2. Moustaki choisit deux pays: l'Irlande et l'Espagne. Décrivez les con-trastes qui peuvent opposer ces deux pays (le climat, le terrain, les paysages, les gens, la culture).
   Voici d'autres pays. Qu'est-ce que ces pays évoquent pour vous?
   l'Italie / la Chine / la France / Israël / le Canada / Cuba / le Mexique / l'Union Soviétique

3. Choisissez l'une des autres catégories utilisées dans la chanson et expliquez les contrastes cités par Moustaki.

De jour en jour

Unité I

DOSSIER 3   *Les études*

DOSSIER 4   *La profession*

DOSSIER 5   *Le temps qui court*

Dossier 3
Les études

◤ *Document*

Quelques-unes des
universités françaises

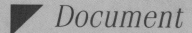
université de caen

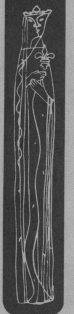

UNIVERSITÉ
DE
GRENOBLE

UNIVERSITÉ
DE
TOULOUSE-LE MIRAIL

UNIVERSITÉ de

Vocabulaire: *Les études*

Les écoles (*f*)
    Un(e) élève va dans **une école élémentaire** ou **secondaire**.
    Un lycéen (une lycéenne) va au **lycée**, école secondaire où il (elle) prépare
      le baccalauréat.
    Un(e) étudiant(e) va à **l'université**.
    Un instituteur (une institutrice) enseigne dans une école élémentaire.
    Un professeur enseigne dans une école secondaire ou à l'université.

Le système d'études
    Quand on est étudiant, on peut...
      étudier les sciences économiques
      faire de l'espagnol (*m*)
      faire des études (*f*) **de** chimie [*chemistry*]
      suivre des cours (*m*) **de** théâtre
      être étudiant(e) en droit [*law*]

    Voici quelques **disciplines** (*f*) et **sujets** (*m*) **d'étude**

les lettres (*f*) [*humanities*]
  la littérature
  les langues
  la philosophie
  le théâtre

les disciplines (*f*) **scientifiques**
  la chimie
  la physique
  les maths (*f*)
  la biologie
  l'astrophysique (*f*)
  l'électronique (*f*)

les études professionnelles
  la comptabilité [*accounting*]
  l'informatique (*f*) [*computer science*]
  la gestion des entreprises [*business administration*]
  le droit [*law*]
  le droit des affaires [*business law*]
  la médecine
  la technologie
  la pharmacie

les beaux arts [*fine arts*]
  l'art (*m*) **dramatique**
  la danse
  le dessin [*drawing*]
  la peinture [*painting*]

les disciplines sociales
  l'histoire (*f*)
  la géographie
  la sociologie
  les sciences (*f*) **économiques**
  les sciences politiques
  la psychologie
  l'archéologie (*f*)
  l'anthropologie (*f*)

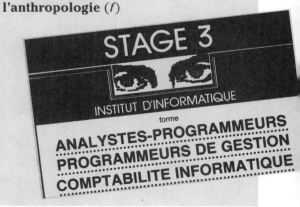

STAGE 3

INSTITUT D'INFORMATIQUE

forme

ANALYSTES-PROGRAMMEURS
PROGRAMMEURS DE GESTION
COMPTABILITE INFORMATIQUE

Les études et les examens (*m*)

Si on veut avoir une bonne **note** [*grade*] il faut **assister** [*to attend*] **aux cours**
et **prendre des notes** (*f*).

Il n'est pas recommandé de **sécher** [*to cut*] les cours.

Quand on **passe un examen, on se présente à l'examen.**

Si on a bien travaillé, on **est reçu à l'examen** (on **réussit à l'examen**).

Si on n'a pas bien travaillé, on **est recalé** (on **rate l'examen**).

Quand on a de bonnes notes (de bons résultats), on **obtient un diplôme.**

Quand on a de mauvaises notes (de mauvais résultats), on **redouble.**

La vie estudiantine

En France, **les frais** (*m*) **de scolarité** [*tuition*] ne sont pas très élevés.

Beaucoup d'étudiants ont **une bourse** [*scholarship*] qui leur permet de payer leurs
frais [*expenses*] d'étude, leur **logement** (*m*) et leur **nourriture** (*f*) [*food*].

Quand on est étudiant(e), on peut habiter dans **une résidence universitaire**
[*dorm*].

Beaucoup d'étudiants prennent leurs repas **au restaurant universitaire.**

Activité: *Leurs études*

Informez-vous sur les personnes suivantes et dites quelles études ces personnes ont faites.

MODÈLE: Ma tante est médecin.
Elle a fait des études de médecine.

1. Jacques Duroc est acteur professionnel.
2. Madame Thomas est avocate [*lawyer*].
3. Georges Rousseau travaille dans un laboratoire spécialisé dans l'analyse des produits toxiques.
4. Pour Mademoiselle Rémi, les ordinateurs [*computers*] n'ont pas de
   secret.
5. Monsieur Rimbaud est directeur du musée d'histoire naturelle.
6. Monsieur Charron prépare les rapports financiers de la société [*company*] pour laquelle il travaille.
7. Ma cousine est interprète aux Nations Unies.
8. Jeannette Langlois est journaliste spécialisée dans l'analyse des questions économiques et financières.

Activité: *Une étudiante française*

Christine Simon est étudiante. Complétez la description suivante avec les expressions du *Vocabulaire* (*p. 26*).

1. Christine Simon veut travailler pour une société d'avocats [*lawyers*] internationaux. Voilà pourquoi elle est étudiante en...
2. Elle veut aussi savoir comment fonctionnent les ordinateurs [*computers*]. Le soir elle... des cours d'... à l'Institut Technico-professionnel.
3. La famille de Christine n'est pas riche, mais Christine n'a pas de problèmes à payer ses... parce qu'elle a une...
4. Christine n'habite pas chez ses parents. Elle a une chambre dans une... où elle est en contact avec beaucoup d'étudiants.
5. En général, elle prend ses repas au... avec ses camarades d'université.
6. Christine est une étudiante sérieuse. Elle... à tous ses cours et elle reçoit des bonnes.... Elle va certainement... à ses examens.
7. Ce matin, malheureusement, elle a raté son autobus et elle a été obligée de... son cours de droit international!

Activité: *Questions personnelles*

1. À quel lycée êtes-vous allé(e)? (ou: À quel lycée allez-vous?) Avez-vous reçu un diplôme?
2. À quelle université allez-vous? (ou: À quelle université pensez-vous aller?) Est-ce une université publique ou privée? Combien y a-t-il d'étudiants?
3. Quels cours suivez-vous? Est-ce que vous assistez à tous vos cours? Est-ce que vous séchez parfois vos cours? Pourquoi?
4. Est-ce que vous êtes un(e) étudiant(e) sérieux (sérieuse)? En général, est-ce que vous prenez des notes en classe? Quelles notes est-ce que vous espérez avoir dans vos différents cours?
5. Quels diplômes est-ce que vous préparez? Est-ce que vous allez continuer vos études après? Où? Pourquoi?
6. Dans la spécialité qui vous intéresse, quelles sont les meilleures universités américaines?
7. Est-ce que vous habitez dans une résidence universitaire? Comment s'appelle cette résidence? Où prenez-vous vos repas?
8. Est-ce que votre école/université a des frais de scolarité? Ces frais sont-ils élevés?

Activité: *Vivent les études!*

Voici certains aspects de la vie scolaire et universitaire. Exprimez votre opinion personnelle sur chacun d'entre eux. Dites si c'est un aspect très important, assez important ou peu important.

> MODÈLE: avoir un diplôme
> **Il est très important d'avoir un diplôme.**

1. recevoir une formation professionnelle
2. avoir de bonnes notes
3. avoir de bons professeurs
4. avoir beaucoup d'amis
5. recevoir une bonne formation générale
6. développer ses talents
7. être en contact avec des gens intelligents
8. avoir une vie sociale active
9. pratiquer un sport
10. améliorer [*to improve*] son standing social
11. apprendre une deuxième langue
12. faire de la politique
13. être en contact avec des gens d'un milieu social différent
14. échapper au [*to escape from*] milieu familial

Activité: *Projet de classe*

Faites un sondage dans votre classe. Demandez à chaque élève de déterminer les trois aspects les plus importants et les trois aspects les moins importants de la vie scolaire. Présentez les résultats sous forme de tableau.

ECOLE

L'ECOLE FRANÇAISE
DES AFFAIRES INTERNATIONALES
LA MAJEURE « AFFS'INT »

- Une formation à la gestion mondiale
- Une étude systématique de toutes les fonctions
- Des stages à l'étranger et en France
- Des élèves enthousiastes
- Une équipe de professeurs ayant une forte expérience des affaires internationales.

FLASH

Petit catalogue des diplômes français

Diplôme	Âge moyen des candidats	Époque de la scolarité
Certificat d'études	14 ans	fin des études primaires
B.E.P.C. (Brevet d'Études du Premier Cycle)	14–16 ans	milieu des études secondaires
Baccalauréat	17–19 ans	fin des études secondaires
D.E.U.G. (Diplôme d'Études Universitaires Générales)	19–21 ans	après deux années d'université
Licence	19–22 ans	après trois années d'université
Maîtrise	20–23 ans	après quatre années d'université
Doctorat	24–29 ans	après un minimum de sept années d'université

Un peu d'histoire

Ce fameux bac

Ce fut[1] Napoléon qui institua le bac. Voici quelques étapes° dans l'histoire de cet examen qui reste le symbole des études françaises. *phases*

- Le baccalauréat fut instauré° en 1809. Cette année-là, il y eut[2] 32 candidats. En 1900, il y en avait 4.000. Aujourd'hui, il y en a plus de 350.000.

[1] passé simple d'**être**   [2] passé simple d'**il y a**

NOTE: The passé simple is a literary past tense used in written rather than spoken French. If you are unfamiliar with this tense, turn to the *Appendix*.

- Le bac a d'abord été un examen exclusivement masculin. La première «candidate» se présenta en 1861. (C'était une institutrice de 37 ans!) Aujourd'hui, 57% des candidats sont en réalité... des candidates.

- En 1809, le baccalauréat comportait° deux options: lettres et sciences. Aujourd'hui il y en a plus de 25.

  avait

- À l'origine, l'examinateur interrogeait le candidat sur une liste de questions préparées à l'avance et tirées au sort.° En un an, le candidat devait apprendre la réponse à 500 questions différentes. Ce système donna lieu à° la pratique du «bachotage», selon laquelle l'élève apprend par cœur un grand nombre d'informations sans en connaître nécessairement le sens.

  selected at random

  était à l'origine de

- Tous les candidats ne sont pas reçus au bac. En 1985, la proportion d'admis est d'à peu près 65%.

- Le bac se démocratise. En 1900, seulement un jeune Français sur cent passait le bac. Aujourd'hui, cette proportion est de 44%.

Activité: *Compréhension du texte*

Lisez attentivement les phrases suivantes. Ensuite complétez ces phrases avec l'option *a, b* ou *c* qui convient.

1. Le baccalauréat est un diplôme que les Français peuvent obtenir quand ils ont terminé leurs études...
   a. primaires   b. secondaires   c. universitaires
2. En général, les jeunes Français vont à l'université à l'âge de...
   a. 16 ans   b. 19 ans   c. 21 ans
3. Le baccalauréat est une institution qui a...
   a. 100 ans   b. plus de 150 ans   c. plus de 200 ans
4. Le baccalauréat est resté un diplôme exclusivement masculin pendant environ (approximativement)...
   a. 25 ans   b. 37 ans   c. 50 ans
5. Aujourd'hui, il y a... de femmes que d'hommes qui passent le baccalauréat.
   a. plus   b. moins   c. autant
6. Le bachotage est une forme d'études basée sur...
   a. la logique   b. la mémoire   c. le hasard
7. Depuis 1900, la proportion des jeunes Français qui passent le bac...
   a. a diminué   b. a augmenté   c. n'a pas changé

Enquête

Pour ou contre les examens

Êtes-vous pour ou contre les examens? Voici l'opinion de cinq étudiants français.

JEAN-CLAUDE (*étudiant en lettres*): Quand il y a des examens, on n'étudie pas pour apprendre, on étudie pour être reçu à ces examens. Les examens ne stimulent pas la curiosité intellectuelle. Ils la détruisent.° Ils n'encouragent pas les étudiants. Ils les paralysent. Ils leur donnent aussi une idée erronée° de leur valeur. En effet, les notes ne mesurent pas l'intelligence, le jugement, l'intuition des étudiants. Au contraire, elles mesurent leur assujettissement° à un système rigide et bête. Je suis contre le système des examens parce que je le trouve profondément anti-intellectuel!

HENRI (*étudiant en sciences*): Jean-Claude est un idéaliste. Je ne suis pas d'accord avec lui. On ne va pas à l'université pour s'amuser. Les étudiants ne sont pas des artistes. Quand on fait des études, on doit acquérir° une certaine discipline personnelle de travail. Les examens renforcent cette discipline et stimulent le désir d'apprendre. Je reconnais que c'est un moyen° souvent artificiel, mais aujourd'hui tout est artificiel.

ruinent

fausse

soumission

obtenir

une manière

ALBERT (*étudiant en médecine*): Je n'aime pas les examens, mais je les accepte. Personnellement, je les trouve absolument nécessaires, surtout dans la société technologique actuelle. Pour être médecin aujourd'hui, il faut avoir des connaissances énormes en biologie, en physiologie, etc... Comment être sûr que les étudiants acquièrent ces connaissances si les professeurs ne les soumettent pas au contrôle° *check* fréquent des examens? Les examens et les diplômes sanctionnent° le *confirment* degré de compétence. Il faut les maintenir...

MARTINE (*étudiante en médecine*): Moi aussi, je suis étudiante en médecine, et je ne suis pas complètement d'accord avec Albert. C'est vrai, pour être médecin aujourd'hui, il faut avoir des connaissances considérables. Mais il faut être aussi généreux, honnête et humain! Est-ce que les examens mesurent ces qualités-là? Non, vraiment, posséder un diplôme n'est pas suffisant!

BRIGITTE (*étudiante en sociologie*): Je condamne le système des examens. Je le trouve non seulement arbitraire mais aussi amoral et dangereux. Pourquoi y a-t-il des examens? Pour sélectionner une élite professionnelle et par conséquent pour maintenir les inégalités sociales! Si on est pour la justice et la démocratie, on est nécessairement contre les examens et les diplômes.

Activité: *Débats*

Prenez une position pour ou contre. Dans ce débat, vous pouvez utiliser les arguments présentés par l'un des cinq étudiants français.

1. On doit supprimer les notes.
2. On doit supprimer les diplômes.

FLASH

Les cancres° de génie

cancres = élèves stu-
pides et paresseux

Est-ce que les génies ont été des élèves supérieurs? Pas nécessairement!
Un grand nombre de personnes qui ont marqué leur époque considérait
l'école comme un martyre!° Des exemples? Il y en a des milliers.

une souffrance atroce

- Beethoven, Rossini et Verdi étaient mauvais... même en musique.

- Léonard de Vinci, Gauguin, Monet, Picasso étaient récalcitrants° aux
études.

resistant

- Newton, Darwin et Pasteur ont récolté° des places de derniers.

obtenu

- Mendel, qui découvrit les lois de l'hérédité, n'a jamais pu passer l'examen de maître d'école.°

instituteur

- Einstein, le père de la relativité, était d'une nullité scandaleuse dans
certaines disciplines: la botanique, la zoologie et l'anglais.

- Franklin et Gandhi étaient nuls° en calcul.

zéro

- Churchill était totalement allergique au latin.

- Napoléon, le génie militaire de son temps, était incapable d'utiliser un
fusil°... Mais à l'école c'était une terreur. Il se battait contre ses camarades. Il torturait son frère Joseph. Il ridiculisait ses professeurs. Il ne
respectait qu'une seule personne: sa mère.

Conclusion: Il n'y a pas de règle° pour devenir un génie.

méthode

Activité: *Paradoxes*

Les personnes ci-dessus ont fait d'importantes contributions à l'histoire
de l'humanité et pourtant [*however*] à l'école, ces personnes étaient loin
d'être des génies. Décrivez ces paradoxes en contrastant leurs contributions avec leurs médiocres aptitudes scolaires. Mais d'abord, identifiez
chaque personne par ses contributions!

MODÈLE: composer la sonate *Clair de Lune* [*Moonlight*]
**Beethoven a composé la sonate *Clair de Lune*... et pour-
tant à l'école il était mauvais même en musique.**

1. composer de nombreux opéras / composer *Aïda* et *La Traviata*
2. faire de nombreuses expériences [*experiments*] sur l'électricité / inventer le paratonnerre [*lightning rod*] / jouer un rôle important dans la
Révolution américaine

3. énoncer le principe de la relativité / être professeur à Princeton / recevoir le Prix Nobel de Physique
4. écrire de nombreux livres scientifiques / donner son nom à une théorie de l'évolution
5. fonder la microbiologie / découvrir de nombreux vaccins / inventer la pasteurisation
6. exprimer le principe de non-violence / libérer son pays de la domination anglaise
7. découvrir le principe de la gravitation universelle / publier un traité [*treatise*] d'optique
8. faire des recherches en médecine / faire des travaux en physique / peindre la *Mona Lisa*
9. être premier ministre d'Angleterre / recevoir le Prix Nobel en Littérature
10. être général à 24 ans / devenir empereur des Français / conquérir l'Europe

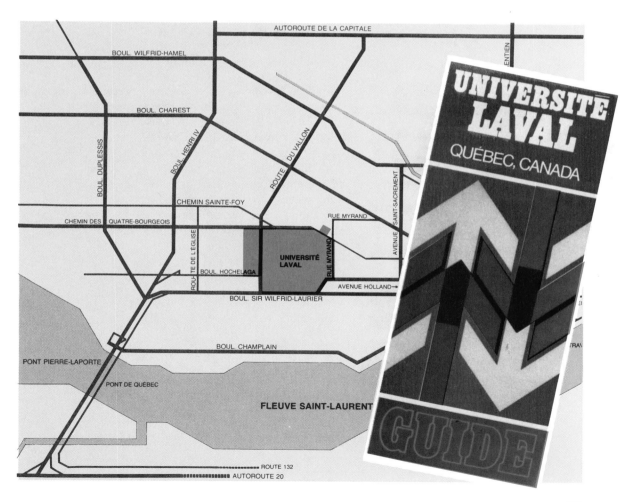

Rencontre avec...

Jacques Prévert

Jacques Prévert (1900–1977) reste l'un des poètes français les plus populaires. C'est aussi l'auteur d'un grand nombre de chansons et de scénarios de films. Poète anti-conformiste, Prévert prêche° l'amour, la liberté, la révolte contre les traditions... Avec beaucoup de sensibilité, d'humour et de fantaisie verbale, il prend la défense des humbles, des opprimés° et de ceux qui, en général, ne veulent pas jouer le jeu imposé par la société. Dans le poème suivant, Jacques Prévert décrit l'école élémentaire traditionnelle: le tableau noir, le maître° sévère et dépourvu° d'humour, les bons élèves sûrs d'eux-mêmes et supérieurs devant le tableau noir, et le «cancre», c'est-à-dire l'élève nul. Naturellement pour Prévert le cancre n'est pas la victime mais le héros car il se révolte contre le système.

preaches

victimes de l'oppression

instituteur
sans

Le Cancre

Il dit non avec la tête
mais il dit oui avec le cœur
il dit oui à ce qu'il aime
il dit non au professeur
il est debout
on le questionne
et tous les problèmes sont posés
soudain le fou rire° le prend
et il efface° tout
les chiffres et les mots
les dates et les noms
les phrases et les pièges°
et malgré° les menaces du maître
sous les huées° des enfants prodiges°
avec des craies° de toutes les couleurs
sur le tableau noir du malheur
il dessine le visage du bonheur.

uncontrollable laughter
erases

trick questions
in spite of
jeers / child prodigies
(pieces of) chalk

Activité: *Compréhension du texte*

1. Décrivez la scène: Où est le cancre? Est-il assis ou debout? Pourquoi? Que fait le maître?
2. Décrivez l'action: Est-ce que le cancre connaît les réponses aux questions du maître? Quelle est sa réaction? Que fait le maître? Que font les bons élèves? Que fait le cancre avec la craie?
3. Décrivez le sens du poème: Qu'est-ce que le tableau noir symbolise? Pourquoi? La sympathie de Prévert est-elle avec le professeur? avec les bons élèves? avec le cancre? Pourquoi? Qu'est-ce que les bons élèves symbolisent? Par quelles actions est-ce que le cancre exprime sa révolte contre le système? Qu'est-ce que son dessin symbolise?

▶ Document

Offres d'emploi

La recherche d'un emploi commence souvent par la lecture des petites annonces.

et
ice
dra

Merci de prendre RAPIDEMENT u
contact en écrivant ou en télépho
(20) 26.26.59 à Nicole DESMET,
Consultante, qui étudiera confide
votre dossier.

ND CONSULTANT
A2, Centre De Gau
Résidence Les Bail
59200 TOURCOIN

*...s aentaires, filiale a un Groupe leader
dans le domaine de la santé.*

*Nous recherchons dans le cadre
du développement de nos activités des*

DÉLÉGUES

UX

Représentant Exc

Accessoires Habilleme

+ pharmacien HF

Société matériel médico-chirurgical
zone Rambouillet/Chartres, recherche
PHARMACIEN HF pour un contrat à durée détermi-
née de 6 mois.

Rattaché directement au Directeur du Service de
contrôle qualité.

Ses domaines de responsabilités comporteront :
• le contrôle réception matières premières,
• le contrôle en cours de fabrication.

Anglais indispensable.

Nombreux avantages sociaux : restaurant d'entreprise,
possibilité logement, etc ...

Adresser CV et prétentions sous réf. 40933 à
projets publicité
12, rue des Pyramides 75001 Paris, qui fera suivre.

DelSey

Premier fabricant français de bagages d'affaires et de loisirs
recherche dans le cadre de son développement international

SECRETAIRE COMMERCIALE EXPORT

Sa mission :
- traitement des commandes - relations clientèle, transitaires,
transporteurs - suivi des opérations d'expédition.

Ce poste nécessite :
- B.T.S. secrétariat - anglais courant - excellente pratique de la
sténodactylo - première expérience dans un service export.
Des connaissances en traitement informatique seraient un atout.

Adresser C.V. détaillé, lettre manuscrite, photo récente et
salaire actuel à **DELSEY Division Internationale**
23, rue Saint-André 93012 BOBIGNY Cédex.

possibilité de véhicule de
la période d'essai,
...nération motivante : fixe +
...mission + primes.

*Merci d'adresser lettre de candidature avec
c.v., photo récente et prétentions s/réf. 141*

voyons un pote...

Nous le confierons à un homme ou une fe
justifiant déjà d'une première expérienc
acquise dans l'habillement auprès des dé
cialisés.

Envoyer votre CV détaillé, phot
salaire sous réf. F.405/A.

DIRECTRICE DE BOUTIQUE

PARIS

GASTON JAUNET, c'est une certaine idée de la mode. Une griffe qui revendique clairement sa vocation : apporter à la femme moderne, une nouvelle façon de vivre la mode.

Dans un quartier prestigieux de Paris, nous ouvrons une nouvelle boutique. Vous en assurerez la direction.

Soutenue par le siège pour la gestion, vous vous consacrerez totalement à l'action commerciale et à l'animation de vos équipes.

Positionné haut de gamme, ce recrutement s'adresse à des personnalités ayant une expérience réelle et réussie du prêt-à-porter de luxe (ou de la vente de produits de prestige).

Nous comptons sur vous (fin août/début septembre) pour réussir ce nouveau pari.

Merci d'adresser votre candidature (C.V., photo et prétentions) à Nicolas HENRI-ROUSSEAU, GASTON JAUNET, B.P. 207, rue Grangeard, 49309 CHOLET Cedex qui traitera confidentiellement votre dossier.

gaston jaunet P A R I S

CONTESSE

De formation DUT-BTS chimie ou équivalent, vous possédez une expérience minimum de 2 ans en laboratoire et de bonnes connaissances en anglais.

Merci d'adresser lettre manuscrite, C.V. et prétentions en précisant la réf. 3660 à **MEDIA P.A.** - 9, boulevard des Italiens - 75002 PARIS, qui tran...

MEDIA PA

ÊTES-VOUS VENDEUR ?

Une société leader dans la distribution technique pour l'industrie

recherche

UN JEUNE VENDEUR

(niveau bac environ 30 ans)

Ambitieux, persévérant, disponible pour des déplacements réguliers en Ile-de-France et amené à prendre des responsabilités tant sur le plan technique que commercial.

Votre formation sera assurée par le groupe.

La pratique de la langue anglaise est indispensable.

Vous présenter au 7, rue du Président-Wilson (92300) Levallois le 19 janvier 84 et demander M. Celton, à partir de 9 h

... **Paris-St-Lazare**,
puis ... anglais à compter de Septembre.

Libre rapidement.

PHILIPS

recherche un

jeune ingénieur commercial

pour assister sur le plan technique le CHEF DE PRODUIT HAUTE FIDÉLITÉ (compact disc - lecture laser).

Le candidat, de formation supérieure en ÉLECTRONIQUE, devra avoir outre le goût des contacts humains, des aptitudes commerciales.

PHILIPS

Le poste exige la connaissance de l'anglais courant et nécessite d'assez nombreux déplacements.

Envoyer lettre manuscrite, CV, photo et prétentions sous référence 536 à PHILIPS - Département du Personnel 50, avenue Montaigne 75008 PARIS

La profession **39**

Vocabulaire: *Métiers et professions*

Quelques métiers (*m*)
un coiffeur	une coiffeuse	[*hairdresser*]
un cuisinier	une cuisinière	[*cook*]
un électricien	une électricienne	
un mécanicien	une mécanicienne	
un ouvrier	une ouvrière	[*(factory) worker*]

Quelques professions (*f*)

Droit (*m*)
un avocat	une avocate	[*lawyer*]
un juge	une juge	[*judge*]

Médecine (*f*)
un dentiste	une dentiste	
un infirmier	une infirmière	[*nurse*]
un chirurgien	une chirurgienne	[*surgeon*]
un médecin		[*doctor*]
un pharmacien	une pharmacienne	

Sciences (*f*) et **techniques** (*f*)
un chercheur	une chercheuse	[*researcher*]
un chimiste	une chimiste	[*chemist*]
un informaticien	une informaticienne	[*data-processing specialist*]
un ingénieur		[*engineer*]
un programmeur	une programmeuse	
un scientifique	une scientifique	[*scientist*]
un technicien	une technicienne	

Commerce (*m*) et **finances** (*f*)
un banquier	une banquière	[*banker*]
un commerçant	une commerçante	[*shopkeeper*]
un comptable	une comptable	[*accountant*]
un homme d'affaires	une femme d'affaires	[*business person*]
un représentant	une représentante	[*sales representative*]
un vendeur	une vendeuse	[*sales person*]

Emplois (*m*) **de bureau**
un assistant	une assistante	
un chef de service	une chef de service	[*manager*]
un dactylo	une dactylo	[*typist*]
un employé de bureau	une employée de bureau	[*office employee, clerk*]
un secrétaire	une secrétaire	
un réceptionniste	une réceptionniste	

Fonction (*f*) **publique** [*Civil service*]

un diplomate	une diplomate	
un fonctionnaire	une fonctionnaire	[*civil servant*]
un postier	une postière	[*postal worker*]

Services (*m*)

un assistant social	une assistante sociale	[*social worker*]
un agent de voyages		[*travel agent*]
un agent immobilier		[*real estate agent*]
un interprète	une interprète	
un publiciste	une publiciste	[*advertising specialist*]
un traducteur	une traductrice	[*translator*]

Radio (*f*) et **cinéma** (*m*)

un acteur	une actrice	[*actor, actress*]
un journaliste	une journaliste	[*reporter, journalist*]
un metteur en scène		[*director*]
un présentateur	une présentatrice	[*TV or radio announcer*]

Arts (*m*) et **lettres** (*f*)

un architecte	une architecte	
un artiste	une artiste	
un décorateur	une décoratrice	
un écrivain		[*writer*]
un peintre		[*painter*]

Enseignement (*m*) [*Education*]

un professeur		
un instituteur	une institutrice	[*elementary school teacher*]

À noter

1. Une personne qui exerce **un métier** en général fait un travail manuel. Une personne qui exerce **une profession** fait en général un travail intellectuel.

2. Le nom de certaines professions est toujours masculin même [*even*] quand ces professions sont exercées par des femmes. Si on veut préciser, on peut ajouter le préfixe **une femme-** devant le nom de la profession.

C'est **une femme-médecin** qui a soigné [*took care of*] François.

3. En général, on n'utilise pas l'article indéfini (**un, une, des**) après **être**, excepté si le nom de la profession est modifié par un adjectif.

Mon cousin est **architecte.**
Mon cousin est **un excellent architecte.**

«Il n'y a pas de sot° métier.»
— *Proverbe*

foolish

«À chacun son métier.»
— *Proverbe*

«Il n'y a pas de métiers féminins et de métiers masculins. Il y a des métiers pour tous!»
— *Yvette Roudy, Ministre des Droits de la Femme*

Activité: *Quelle est leur profession?*

Lisez ce que les personnes suivantes ont fait et dites quelle est leur profession ou quel est leur métier.

MODÈLE: Monsieur Dumas a réparé ma voiture.
Il est mécanicien.

1. Le week-end dernier Madame Lasalle a vendu un appartement à un client américain.
2. Madame Richard est allée au Canada où elle a négocié un contrat très important avec une compagnie d'électronique.
3. Mon cousin a été félicité [*congratulated*] par un client pour l'excellent repas qu'il avait préparé.
4. Hier, à l'hôpital, cette femme a réussi une opération très délicate sur un homme qui avait été blessé [*injured*] dans un accident de voiture.
5. C'est Jean Laffont qui a tapé [*typed*] le contrat que la vice-présidente a signé ce matin.
6. C'est Madame Duchemin qui a dessiné les plans de notre maison.
7. C'est Antoinette Dumas qui a suggéré à ma mère de peindre la salle à manger en gris et le salon en rouge.
8. Simone Dupuis a joué le rôle principal dans le nouveau film de Pierre Dubois.
9. Quand nous sommes allés à Genève l'année dernière, c'est Madame Jacomme qui nous a vendu les billets d'avion et qui a réservé notre chambre d'hôtel.
10. Mon cousin parle plusieurs langues. C'est lui qui a traduit en espagnol et en italien les documents légaux établissant l'existence de la société multinationale INTERMONDE.
11. Monsieur Perrin travaille pour le Ministre de l'Agriculture. La semaine dernière il a visité le nouveau centre de recherches agronomiques de Normandie.
12. Ce matin, Maître Renaudot est allé au tribunal de Commerce pour défendre les intérêts de son client, la Société PARILUX.
13. Mademoiselle Salvat m'a coupé les cheveux et elle m'a fait un shampooing.
14. Gilbert Delorme a écrit un livre intéressant qui, malheureusement, n'a pas eu un grand succès.

Activité: *Extrêmes*

Comment classez-vous les professions d'après les critères suivants?

	Les trois professions les plus...	Les trois professions les moins...
passionnantes		
dangereuses		
intellectuelles		
utiles		
prestigieuses		
fatigantes		

Activité: *Qualifications professionnelles*

Certaines professions requièrent des qualités ou des talents particuliers. Analysez la liste des qualités et des talents suivants et dites pour quelle profession cette qualité ou ce talent est...

```
■              ■                ■                    ■
utile      très important    nécessaire       absolument
                                              indispensable
```

Si vous voulez, expliquez votre position.

> MODÈLE: le tact
>
> **Le tact est utile (absolument indispensable) quand on veut être diplomate. (Les diplomates doivent résoudre un certain nombre de situations délicates. Ils doivent concilier des points de vue différents. Ils doivent être prudents mais aussi fermes et honnêtes avec les gens.)**

l'énergie
l'honnêteté
l'honnêteté intellectuelle
l'impartialité
le sens des affaires
le goût [*good taste*]
le goût [*inclination*] du risque
le goût des responsabilités
le talent artistique
la connaissance [*knowledge*] des langues
la dextérité manuelle

le sens des responsabilités
le sens des responsabilités sociales
l'exactitude [*being on time*]
l'ordre
la mémoire
l'aplomb [*self-assurance*]
le sens de la précision
la confiance en soi [*self-confidence*]
le sens des contacts humains [*openness, warmth*]

Activité: *Avantages professionnels*

Chaque profession a ses avantages et ses inconvénients. Voici certains avantages:

un travail intéressant
un travail créateur
une grande indépendance
un emploi sûr
des revenus élevés
un grand rôle social
des collègues sympathiques
des bonnes conditions de
    travail

des responsabilités importantes
beaucoup de prestige
des possibilités de promotion
des possibilités de faire des
    voyages
des possibilités de rencontrer
    des gens intéressants
beaucoup de loisirs

Analysez une profession de votre choix en fonction des avantages ci-dessus.

MODÈLE: professeur

La profession de professeur a des avantages et des inconvénients. Le travail est assez intéressant. Les conditions de travail sont bonnes. Les vacances sont longues. Malheureusement les revenus ne sont pas très élevés...

Sondage

L'argent et le travail

«Est-ce que l'argent est un stimulant professionnel important?» Voilà les résultats de l'enquête faite par le magazine français *l'Express*.

35%	C'est un stimulant indispensable.
52%	C'est un stimulant important, mais il y en a d'autres qui sont aussi importants.
6%	C'est un stimulant peu important.
4%	L'argent ne joue pratiquement aucun rôle.
3%	Sans opinion

Activité: *Sondage*

Faites un sondage parmi [*among*] les étudiants de votre classe sur l'importance de l'argent. Posez la question ci-dessus et faites un tableau statistique des résultats.

Vocabulaire: *À la recherche d'un emploi*

La recherche du travail

On doit...

chercher du travail

préparer son curriculum vitae [*resume*]

poser sa candidature

aller à **une entrevue** professionnelle

faire **un stage** [*internship, training program*]

SPÉCIAL CARRIÈRES INFORMATIQUES

10 métiers informatiques

■ Analyste programmeur
■ Analyste
■ Programmeur d'application
■ Programmeur sur micro-ordinateur
■ Pupitreur

■ Opérateur sur ordinateur
■ Opératrice de saisie
■ Spécialisation en langage informatique
■ B.P. informatique
■ B.T.S. Services informatiques

Le travail

avoir un job, un emploi (**à mi-temps, à temps complet**), **un métier, une profession**

Un **métier** peut être **excitant, intéressant, passionnant...** ou au contraire, **rébarbatif** [*dull*], **ennuyeux, sans intérêt.**

être ouvrier (ouvrière), employé(e), cadre [*executive*], **patron (patronne)** [*boss*]

Un **patron** peut être **indulgent, tolérant, sympathique...** ou au contraire, **sévère, intolérant, tyrannique.**

Un **employé** peut être **consciencieux** et **travailleur...** ou au contraire, **peu consciencieux** et **paresseux.**

travailler dans une grande (petite, moyenne) **entreprise, une usine** [*factory*]

faire carrière dans les affaires (le commerce, l'industrie (*f*)), **la diplomatie, l'enseignement** (*m*), **la politique**

Activité: *Questions personnelles*

1. Avez-vous un job? Est-ce un job à mi-temps ou à temps complet? Est-ce un job fatigant? intéressant? ennuyeux? bien rémunéré? Où est-ce que ce job est situé? En quoi consiste-t-il? Est-ce que votre patron (patronne) est une personne sympathique? sévère? Comment s'appelle-t-il (elle)?

2. Avez-vous déjà travaillé? Dans quelle sorte d'entreprise? Quelles étaient vos responsabilités? Quels étaient les avantages et les inconvénients de ce travail?

3. Avez-vous préparé votre curriculum vitae? Qu'est-ce que vous décrivez dans ce curriculum vitae? L'avez-vous envoyé? À qui?

4. Avez-vous déjà fait un stage? Où? Dans quelles conditions? Qu'est-ce que vous avez appris pendant ce stage?

5. Cherchez-vous un job pour cet été? Quelle sorte de job? Qu'est-ce que vous allez faire pour trouver ce job?

6. Quelle profession ou quel métier voulez-vous exercer après vos études? Expliquez votre choix.

La Structure d'une Entreprise

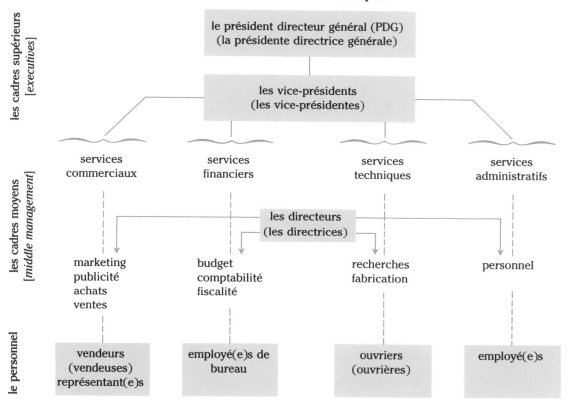

les cadres supérieurs *[executives]*

le président directeur général (PDG)
(la présidente directrice générale)

les vice-présidents
(les vice-présidentes)

services commerciaux

services financiers

services techniques

services administratifs

les cadres moyens *[middle management]*

les directeurs
(les directrices)

marketing
publicité
achats
ventes

budget
comptabilité
fiscalité

recherches
fabrication

personnel

le personnel

vendeurs
(vendeuses)
représentant(e)s

employé(e)s de
bureau

ouvriers
(ouvrières)

employé(e)s

Sondage

Les jeunes et le travail

«Quelle est la condition la plus importante pour réussir dans la profession que vous choisissez?» Un magazine français, *l'Express,* a posé cette question à plusieurs centaines de jeunes filles françaises. Voici comment celles-ci ont répondu:

50%	l'effort personnel
18%	les relations (les gens qu'on connaît)
17%	les diplômes
15%	la chance

Enquête

Les mères au travail

Autrefois, le rôle de la femme mariée était strictement limité aux travaux de la maison. Aujourd'hui, beaucoup de mères travaillent en dehors de chez elles. Pourquoi? Voici quelques raisons:

MADAME COLLET: J'ai 32 ans et un bébé de six mois. Je suis vendeuse dans un grand magasin. Je ne gagne pas énormément—4 500 francs par mois. Là-dessus,° je dépense 950 francs par mois pour faire garder mon bébé. Et puis, il y a les autres dépenses: le transport, les vêtements... et les impôts.° Le bénéfice est maigre. Pourtant, je n'ai pas hésité à continuer à travailler. Je sors de chez moi. Je vois d'autres choses que les quatre murs° de ma cuisine. Je vois d'autres personnes que mon mari. Je ne suis plus en prison.

Sur cet argent

taxes

walls

MADAME ROUMOIS: J'ai 45 ans. Mes trois enfants sont à l'université et au lycée. Ils sont assez grands pour s'occuper d'eux-mêmes. Je suis secrétaire. J'ai repris le travail que j'avais avant de me marier.

MADAME ALLARD: J'ai 34 ans et deux enfants. J'ai aussi une licence d'anglais et un diplôme de traductrice. Avant de me marier, je travaillais pour une banque internationale. J'ai continué. Pour moi, c'est une nécessité intellectuelle.

MADAME BARON: Si je travaille, c'est par nécessité économique. Mon mari est employé de banque. Il ne gagne pas assez pour que nous donnions à nos enfants ce que nous, nous n'avons pas eu. Oui, c'est par sacrifice que je travaille. Autrement je préférerais rester chez moi.

MADAME LAUNAY: Je suis décoratrice. C'est une profession intéressante et qui paie bien. En fait, je gagne plus que mon mari. Je ne crois pas que mes enfants (une fille de 15 ans et un garçon de 13 ans) souffrent de mon absence. Ils ont leurs copains et avec ce que je gagne, je peux leur offrir le ski chaque hiver et les vacances à l'étranger en été.

MADAME MERCIER: Si je travaille, c'est pour préserver l'équilibre entre mon mari et moi. Équilibre économique, mais aussi psychologique et intellectuel. La détermination des femmes à avoir une activité professionnelle est irréversible. C'est la seule façon de maintenir l'égalité entre l'homme et la femme.

Activité: *Analyse*

Analysez les opinions qui ont été exprimées dans l'enquête. Pour chaque personne, répondez aux questions suivantes:

Pourquoi est-ce que cette femme travaille?
D'après vous, est-ce que c'est une bonne raison?
Est-ce que cette personne est satisfaite de son travail?
　　Pourquoi ou pourquoi pas?

Rencontre avec...

Georges Simenon

Auteur de plus de 100 romans, Georges Simenon est l'écrivain le plus prolifique et le plus célèbre de la littérature policière. Son personnage principal est le commissaire° Maigret, petit homme simple et tranquille, antithèse même° du détective musclé et superdoué° auquel° la télévision moderne nous a habitués. L'originalité de Simenon consiste précisément à délaisser° l'intrigue° policière pour s'intéresser avant tout à la description des atmosphères et à l'analyse psychologique.

    Dans le passage suivant, extrait d'un livre autobiographique intitulé *Des Traces de pas,*° Simenon nous parle de son métier d'écrivain.

°détective
°*the very opposite /
super-gifted / to whom*
°*to set aside / plot*

°*footsteps*

(vendredi, 7 décembre 1973)

Il existe des centaines de métiers. Il en est un, par exemple, qui m'a toujours paru merveilleux: celui d'ébéniste.° Parce qu'on y manie° une matière qui est belle et qui sent bon. Parce qu'on y crée des formes.

Pourquoi suis-je allé choisir le seul° métier qui, en réalité, n'existe pas? Écrire. Mais écrire quoi? Qu'est-ce qui n'a pas encore° été écrit depuis que° le monde est monde? Il y en a pour qui cela consiste à polir des phrases harmonieuses. Ce n'est pas mon cas. J'ai toujours cherché, au contraire, à avoir le style le plus simple et le moins orné possible.

Qu'est-ce que je fais dans mon coin, mon microphone à la main? Supposer qu'un nombre plus ou moins grand d'êtres humains° seront intéressés par ce que je peux dire?

Aujourd'hui, en tout cas,° cela me paraît outrecuidant,° sinon stupide. Et j'ai fait cela pendant cinquante ans.

artisan qui fabrique des meubles / travaille avec les mains

unique

yet

since

human beings

in any case / arrogant

Activité: *Compréhension du texte*

1. Que fait un ébéniste? Avec quelle matière travaille-t-il? Quelles sont les caractéristiques de cette matière? Pourquoi, d'après Simenon, le métier d'ébéniste est un métier merveilleux?
2. Quel est le métier de Simenon? Pendant combien de temps a-t-il exercé ce métier? En quoi consiste ce métier pour lui? En quoi consiste-t-il pour d'autres écrivains? Pour Simenon, est-il facile à un écrivain d'être original? Pourquoi pas?
3. Avec quel instrument est-ce que Simenon travaille? Qu'est-ce qu'il suppose quand il travaille? Pourquoi est-ce que cela est outrecuidant?
4. À votre avis, est-ce que Simenon aime son métier? Pourquoi ou pourquoi pas?

Activité: *Interprétation personnelle*

1. À votre avis, quels sont les avantages et les inconvénients du métier d'écrivain?
2. Choisissez une profession artistique et décrivez ses avantages et ses inconvénients.

Le temps qui court

 ## *Document*

La création

Dans ce dessin, l'artiste Claire Bretécher nous montre d'une façon humoristique les difficultés de la création. Devant un travail difficile, il y a mille façons de s'occuper tout en perdant son temps...

CRÉATION

BRETECHER

Vocabulaire: *Le temps qui passe*

L'heure (*f*)
>
> **Quelle heure est-il?**
>> Il est... dix heures **du matin.**
>>> une heure **de l'après-midi.**
>>> onze heures **du soir.**
>>
>> **À quelle heure** vient-il?
>>> À midi. / À minuit.
>>> À deux heures **précises.** (À deux heures **exactes.**)
>>
>> Il **a de l'avance** (*f*); il vient avec **dix minutes d'avance.**
>> Il **est à l'heure.**
>> Il **a du retard;** il vient avec **vingt minutes de retard.**

La durée
>
>> **un instant, un moment**
>> **une seconde, une minute, un quart d'heure, une demi-heure, une heure**
>> **un jour** (une journée), **une semaine, un mois, un an** (une année)
>> **un siècle** = 100 ans: au deuxième siècle avant (après) Jésus-Christ
>> **une époque:** à notre époque

La mesure du temps
>
>> **Le chronomètre** indique les secondes.
>> **La montre** se porte au poignet.
>> **Une horloge** indique l'heure et les minutes.
>> **Une pendule** est une petite horloge.
>> **Un réveil (un réveille-matin)** est indispensable quand on a le sommeil lourd.
>> **Une montre** peut **indiquer l'heure exacte, avancer** de dix minutes, **retarder** de trois minutes.

Que fait-on de son temps?
>
> On peut... **consacrer son temps à** des choses utiles
>> **avoir de nombreux passe-temps**
>> **avoir le temps de** faire du sport
>> **avoir beaucoup de temps libre**
>> **perdre son temps**
>> **trouver le temps long**
>> **tuer** [*kill*] **le temps**

TGV. Gagnez encore du temps sur le temps *SNCF*

Paris ━━━━━━━━━━━ **Suisse**

FLASH

Ponctualité

Un Américain vous donne rendez-vous à deux heures. Comptez sur lui! Il sera là à deux heures précises, ou même un peu avant. Un Français vous donne rendez-vous à la même heure. Ne soyez pas étonné s'il vient à deux heures dix ou deux heures et demie ou trois heures. Peut-être même oubliera-t-il votre rendez-vous... Autre pays, autres mœurs.°   *customs*

Vertu cardinale des Américains, la ponctualité n'est pas le point fort des Français (ni des Françaises). En France, la notion de temps est extensible et il faut savoir interpréter. Voici comment:

Expression	Sens réel
à deux heures précises	entre deux heures et quart et deux heures et demie
à deux heures	pas avant deux heures et demie
dans un moment	dans une demi-heure
dans un instant	dans une heure
dans une petite minute	jamais
attendez quelques instants	revenez dans une heure
attendez un peu	revenez demain
attendez un petit peu	revenez la semaine prochaine

Courrèges
paris

				◆	◆ (a)		✕⚟S	®			✕⚟®	† P	✕⚟T	✕⚟	◆	®	✕⚟S	®	(b)®			®	(c)®
TOURS	D	2 6	3 14	4 54	5 17	6 33	7 12	7 53	9 »	9 35	11 6	11 14	11 32	12 9	13 31	14 29	15 10	15 37	16 30			17 10
St-Pierre-des-C.	D		3 27	5 3	5 26	6 39	7 17	8 2		9 44	11 11	11 20	11 38	12 17		14 38	15 19		16 41				17 19
Amboise	D					6 53			9 17		11 25	11 34						15 54	16 7				
Onzain	D								9 29			11 45						16 7					
BLOIS	D	2 51	4 15				7 12	7 44	8 29	9 43	11 45	11 58	12 4		14 2			16 19	17 12				
Mer	D								9 57									16 32					
Beaugency	D								10 8									16 42					
Meung-sur-Loire	D								10 16									16 50					
Les Aubrais	A	3 36	5 5	6 7			7 43	8 23	8 57	10 29		12 15				14 38		16 19	17 3	17 45			18 19
ORLÉANS	A	3 46	5 15	6 15			7 51	8 15	9 5	10 39		12 23		12 35		14 33		16 29	17 11	17 53			18 26
PARIS-AUST.	A	5 25	6 29	7 21	7 51	8 47	9 23	9 58	11 40	11 32	13 29		13 42	14 5	15 38	16 35	17 28	18 15	18 53			19 23

		✕⚟®	✕⚟®	P	®	(f)®	◆®		◆	®	✕⚟S	®	®		✕⚟		V®	(h)	(h)®	◆	®	(u)
PARIS-AUST.	D	6 16	6 45	6 50	7 10	7 52	7 55	9g 3	9 15	10 43	11 30	12 10	13 39	14 »	17 5	17 30	17 34	18 6	18 30			18 35
ORLÉANS	D	7 23		7 48	8 6		8 44	10 12		11 50		13 10	14 44		17 58							
Les Aubrais	D			7 57	8 14		8 55	10 19		11 42		13 18	14 57		18 7							
Meung-sur-Loire	D			8 8				10 32					15 11									
Beaugency	D			8 13				10 39					15 19									
Mer	D			8 21				10 48					15 29									
BLOIS	D	7 54		8 33	8 47			11 3		12 22		13 52	15 44	15 22	18 39		19 10					20 4
Onzain	D			8 41				11 14					15 55									
Amboise	D			8 52				11 27					16 7		18 58							
St-Pierre-des-C.	A	8 20	8 29	9 6	9 15	9 24	9 46	11 40	10 59	12 47	13 12	14 21	16 20	15 47	19 11	19 22		20 »	20 17	20 31	
TOURS	A	8 27	8 38	9 11	9 22	9 32	9 55	11 47	11 11	12 53	13 21	14 31	16 27	15 54	19 18	19 32	19 41	20 10	20 25	20 38	

Trains: PYRÉNÉES-EXPRESS, IBÉRIA-EXPRESS, LE DRAPEAU, SUD-EXPRESS (top); L'ÉTENDARD, SUD-EXPRESS, L'AUNIS (bottom).

Activité: *Êtes-vous ponctuel(le)?*

Est-ce que la ponctualité est une de vos qualités? Pour déterminer cela, complétez les phrases ci-dessous avec l'une des expressions suivantes:

> je suis en avance
> j'ai généralement (dix minutes) d'avance
> je suis à l'heure
> je suis en retard
> j'ai généralement (dix minutes) de retard

1. Quand je vais au cinéma...
2. Quand j'ai rendez-vous avec mon (ma) meilleur(e) ami(e)...
3. Quand je vais en classe...
4. Quand je prends le train...
5. Quand mon professeur veut me voir...
6. Quand mes parents m'attendent...
7. Quand je suis invité(e) à dîner...
8. Quand je suis invité(e) à une surprise-partie...

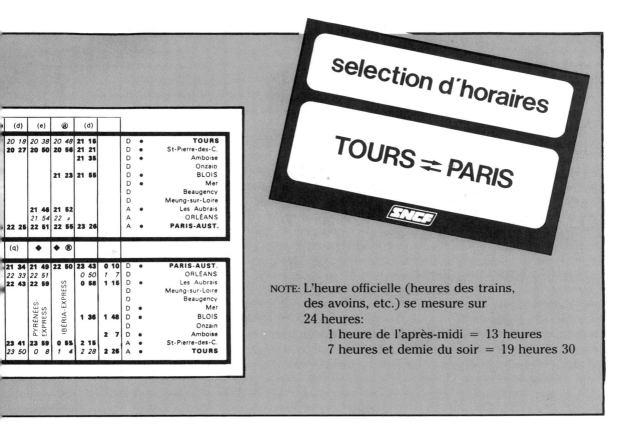

selection d'horaires

TOURS ⇌ PARIS

SNCF

NOTE: L'heure officielle (heures des trains, des avoins, etc.) se mesure sur 24 heures:

1 heure de l'après-midi = 13 heures
7 heures et demie du soir = 19 heures 30

Activité: *Questions personnelles*

1. Avez-vous une montre? Est-ce une montre à aiguilles [*hands*] ou une montre digitale?
2. Quelle est la marque de votre montre? Est-ce une marque américaine? suisse? française? japonaise?
3. Est-ce que votre montre retarde? avance? ou bien, est-ce qu'elle indique l'heure exacte?
4. Selon vous, quelles sont les meilleures montres?
5. Y a-t-il des pendules chez vous? au salon? dans la cuisine? dans votre chambre?
6. Avez-vous un réveil? À quelle heure vous réveillez-vous en semaine? le dimanche?

《L'heure, c'est l'heure.》

《L'exactitude est la politesse des rois.》
—*Dictons*

Un peu d'histoire

Comment mesurer le temps

Antiquité:

Le premier appareil à mesurer le temps n'était pas une horloge. C'était un appareil beaucoup plus simple: **un piquet** planté dans le sol.° L'ombre de ce piquet indiquait l'heure avec une assez grande précision.

la terre

   Ce sont les Égyptiens qui ont inventé **le cadran solaire.** Cet instrument était très pratique en Égypte, pays du soleil éternel. Oui, mais comment pouvait-on mesurer le temps la nuit? ou par une journée sans soleil? Pour éviter cet inconvénient, les Anciens utilisaient aussi **le sablier,** que l'on peut évidemment utiliser de jour et de nuit.

9ème siècle:

En signe d'amitié, le calife Haroun-al-Rachid offre un somptueux cadeau à l'empereur Charlemagne: **une clepsydre.** Une clepsydre est une horloge à eau.

10ème siècle:

Un moine° français, le moine Gerbert (le futur pape Sylvestre II) invente **le poids moteur** et **le balancier. L'horloge mécanique** est née.

monk

14ème—16ème siècles:

Les horloges se perfectionnent... et se compliquent. C'est de cette époque que date la fameuse horloge de Strasbourg. Cette horloge indique non seulement l'heure, mais aussi le jour de la semaine, le jour du mois, les signes du Zodiaque, les phases de la lune, le lever° et le coucher° du soleil,

rising / setting

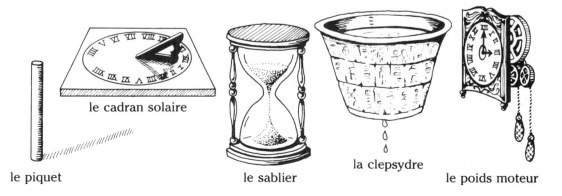

le cadran solaire

le piquet

le sablier

la clepsydre

le poids moteur

et les fêtes de l'année catholique! Aujourd'hui, l'horloge de Strasbourg fonctionne toujours.

17ème—18ème siècles:

L'horloge devient portative. C'est **la pendule** que l'on met sur la cheminée° et qui devient un objet de décoration. C'est aussi **la montre** que l'on met dans sa poche.

    Au 18ème siècle, un Français, Pierre Leroy invente **le chronomètre,** qui indique l'heure d'une façon extrêmement précise.

mantelpiece

19ème—20ème siècles:

Le progrès technique provoque de grandes innovations dans l'industrie de l'horloge: **l'horloge électrique** au 19ème siècle, **l'horloge à quartz, l'horloge atomique, la montre digitale...** Ces instruments mesurent l'heure avec une très grande précision.

Activité: *Chronologie*

Pouvez-vous placer ces personnages historiques dans l'ordre chronologique? Indiquez ensuite à quel(s) siècle(s) chacun a vécu. Dites aussi quel appareil à mesurer le temps cette personne a pu utiliser.

    MODÈLE: Socrate (470–399 av. J.–C.)
        Socrate a vécu au 4ème (quatrième) siècle avant Jésus-Christ. Il a pu utiliser un sablier.

1. Shakespeare (1564–1616)
2. Charlemagne (742–814)
3. Jules César (101–44 av. J.–C.)
4. Mozart (1756–1791)
5. Léonard de Vinci (1452–1519)
6. Napoléon (1769–1821)
7. Louis XIV (1643–1715)
8. Winston Churchill (1874–1965)
9. Jeanne d'Arc (1412–1431)
10. Rembrandt (1606–1669)
11. Einstein (1879–1955)
12. Platon (429–347 av. J.–C.)
13. Pasteur (1822–1895)
14. Charles de Gaulle (1890–1970)

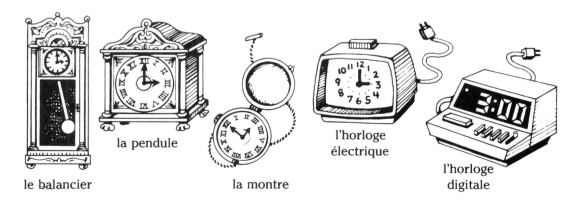

le balancier   la pendule   la montre   l'horloge électrique   l'horloge digitale

Enquête

Pour ou contre le temps perdu

Michèle discute de poésie avec ses amies. Bernard regarde un match de football à la télé. Hélène fait du piano. Nathalie écoute les lamentations de sa voisine, qui lui raconte sa vie. Gérard peut passer des heures à la terrasse d'un café à regarder les passants.

Est-ce que ces gens passent un moment agréable ou bien est-ce qu'ils perdent leur temps? Cela dépend du point de vue de chacun. Nous avons sollicité l'opinion de neuf jeunes Français sur le «temps perdu». Voici leurs réponses:

Pour

SYLVIE: Je n'ai jamais l'impression de perdre mon temps. Quand je lis, quand je me promène, même quand je rêve, je fais quelque chose d'agréable.

MARC: Je suis pour le temps perdu du moment que° je passe ce «temps perdu» avec mes amis, mes copains. Bien sûr, je suis contre le temps qu'on perd avec les raseurs.°

si

gens sans intérêt

JEANNETTE: Tout loisir, toute détente,° tout rapport° humain, ou même toute rencontre avec soi-même° est quelque chose d'enrichissant. Je ne vois pas comment on peut «perdre son temps».

≠travail / échange
oneself

JACQUES: S'il n'y avait pas le temps perdu, les loisirs, les week-ends, les vacances, il n'y aurait rien dans l'existence.

FRANÇOISE: Pour moi, le temps le plus précieux, c'est le temps que je passe à écouter, à regarder, à réfléchir,° à prendre conscience° de mon existence. C'est le temps que la majorité des gens considère comme du temps perdu.

penser / m'apercevoir

Contre

ROBERT: Je suis une personne organisée et j'ai horreur de perdre mon temps. Le temps perdu, c'est une occasion de moins de faire quelque chose d'utile.

ISABELLE: Quand je perds mon temps, je me sens malade, déprimée,° inutile... Si, par exemple, je passe mon dimanche à regarder la télé, invariablement le soir, j'ai mal à la tête.   en état de dépression

PAUL: Je suis contre le temps perdu, c'est-à-dire, le temps qui n'apporte rien. Par exemple, nettoyer° ma chambre, faire la cuisine, prendre un train, lire un livre idiot, regarder une émission de télé stupide, discuter avec des imbéciles...   arranger

THÉRÈSE: L'existence est trop brève pour que l'on perde° son temps!   pour perdre

Activité: *Discussion*

Avec quelle position exprimée dans l'*Enquête* vous identifiez-vous le plus? Pourquoi?

Activité: *Passe-temps*

Il y a différentes façons de passer son temps. Que pensez-vous des occupations suivantes? Dites si...

    a. c'est perdre son temps.
    b. c'est utiliser son temps de façon agréable.
    c. c'est employer son temps de façon utile.

1. étudier
2. apprendre le français
3. aller à l'université
4. aller à un concert
5. faire du jogging
6. faire la cuisine
7. faire des mots croisés
8. faire du yoga
9. jouer aux jeux-vidéo
10. bavarder [*to chat*] au téléphone
11. faire des achats
12. jouer aux cartes
13. lire un roman policier
14. lire de la poésie
15. faire la sieste
16. écouter des disques
17. nettoyer la maison
18. apprendre à programmer un ordinateur
19. collectionner les timbres

Activité: *Comment «tuer» le temps?*

Qu'est-ce que vous faites dans les circonstances suivantes?

1. Quand j'ai cinq minutes à perdre...
2. Quand j'ai une heure à perdre...
3. Quand j'ai un après-midi de libre...
4. Quand j'ai une journée de libre...
5. Quand je ne sais pas quoi faire...
6. Quand je m'ennuie...
7. Quand mes amis sont en retard à un rendez-vous...
8. Le week-end, quand il pleut...

Maintenant, demandez à vos camarades ce qu'ils font dans les mêmes circonstances.

> MODÈLE: **Qu'est-ce que tu fais quand tu as cinq minutes à perdre?**

Tableau

La spirale du temps

La permanence du temps est évoquée dans ce tableau de l'artiste Christian Gautier par une spirale, symbole de continuité et d'éternité. Tout part de la connaissance, représentée par un livre. De ce livre se détachent quelques feuillets° qui se transforment en feuilles° ballottées° par le vent. Dans ce passage du monde spirituel au monde végétal, il faut peut-être voir la grandeur et le déclin des grands courants de la civilisation. Mais le mouvement ne s'arrête pas au passage d'une civilisation. D'une feuille minuscule renaît un nouveau livre qui à son tour va se désintégrer et le mouvement de la spirale mystique continue...

pages / *feuillets* / tossed

«Le temps, c'est de l'argent.»

«Il faut être de son temps.»

«Chaque chose en son temps.»

«Tout arrive à qui sait attendre.»

«Le temps perdu ne se rattrape jamais.»

«Tout s'arrange avec le temps.»
—*Proverbes*

Activité: *Situations*

Lisez les situations suivantes et dites quel proverbe chaque situation illustre.

1. Rosalie Martin est écrivain. Quand elle allait à l'école secondaire, elle utilisait un stylo. À l'université elle a appris à taper à la machine. L'année dernière elle a acheté une machine de traitement de texte [*word processor*].
2. Jean-Claude est tombé amoureux d'une jeune fille qu'il a rencontrée pendant les vacances. Cette jeune fille avait promis de lui écrire mais ses lettres se sont espacées [*became less frequent*]. Finalement à Noël elle a écrit à Jean-Claude qu'elle avait rencontré un autre garçon et que.... Jean-Claude a pensé mourir de chagrin et il a maigri de dix kilos. À Pâques il a retrouvé son appétit. Maintenant nous sommes en juin et Jean-Claude ne pense plus à la jeune fille. Il pense aux vacances et aux nouvelles rencontres qu'il va faire sur la plage.
3. Françoise a un examen très important lundi matin et elle a décidé d'étudier tout le week-end. Malheureusement un camarade de classe lui a téléphoné samedi matin et ils sont allés à la campagne. Samedi soir, elle est allée au cinéma avec une amie. Dimanche matin elle a rendu visite à sa cousine chez qui elle est restée déjeuner, puis elle a fait la sieste. Il est maintenant huit heures du soir et Françoise est bien reposée. Elle va étudier toute la nuit. Oui, mais comment revoir 1.000 pages de texte en une nuit?

Activité: *Commentaires*

1. Pensez-vous que ces proverbes soient exacts?
2. Y a-t-il des proverbes américains qui expriment la même idée que les proverbes français ci-dessus? Quels sont ces proverbes?

Perspective

Les phases de la vie

Dans ce poème, Jeanne Saucier, poétesse louisianaise, compare avec humour les phases de la vie avec les temps de la grammaire française.

La Déclinaison d'une vie

J'ai un passé composé
    une vie pleine de souvenirs,
    de visages anonymes,
    de phrases incomplètes,
    de mots, de syllabes que je n'aurais pas dû dire,
    de lettres que je n'aurais pas dû écrire,
    de sentiments que je n'aurais pas dû sentir...

J'ai un passé simple
    Je vis de jour en jour
    de moment en moment,
    Je ne m'arrête pas pour penser où je vais,
    ou pourquoi j'y vais,
    ou où j'étais auparavant°...   *avant*

J'ai un futur proche
    vide, ouvert,
    à tout ce que je peux devenir,
    dans un monde basé sur la grammaire du 17ème siècle,
    réglée,° bien ordonnée, déclassée°...   *methodical / obsolete*

Activité: *Compréhension et interprétation*

1. Dans le premier paragraphe, l'auteur parle de son passé composé, qu'elle oppose à son passé simple. Est-ce qu'elle parle en fait d'un passé «complexe» ou peut-être «compliqué»? Quels regrets est-ce qu'elle exprime? Est-ce que ce sont de véritables regrets?
2. Dans le second paragraphe, l'auteur parle de son passé simple. Quel temps grammatical est-ce qu'elle utilise en fait? Pourquoi est-ce que son existence est simple?
3. Dans le troisième paragraphe, l'auteur parle de son futur proche. Qu'est-ce qu'elle attend de ce futur? Est-ce qu'elle a des projets précis? Est-ce qu'elle accepte l'idée d'un changement possible? Quelles sont les caractéristiques de la grammaire du dix-septième siècle?

Rencontre avec...

Guillaume Apollinaire

Guillaume Apollinaire (1880–1918) a été mêlé aux° grands mouvements artistiques et littéraires de son époque.° Journaliste, il s'est fait le champion des idées nouvelles exprimées par ces mouvements. C'est ainsi qu'il a défendu avec vigueur le cubisme, inventé par son ami Picasso.

    Mais Apollinaire n'est pas seulement un critique artistique et littéraire. C'est aussi un poète authentique.° Dans le poème suivant, il évoque avec nostalgie l'effet du temps sur les sentiments et les passions. Comme° l'eau qui coule,° le temps qui passe peu à peu entraîne° la disparition de l'amour. Le poète reste seul,° face au° souvenir douloureux° d'un passé qui n'existe plus... Le pont° Mirabeau à Paris sert de cadre° à ce poème.

involved in
temps

vrai
As
flows away /
 provoque
alone / devant /
painful
bridge / setting

Le Pont Mirabeau

Sous le pont Mirabeau coule la Seine
    Et nos amours
   Faut-il qu'il° m'en souvienne   que je
La joie venait toujours après le peine

   Vienne la nuit sonne l'heure[1]
   Les jours s'en vont je demeure°   je reste

Les mains dans les mains restons face à face
    Tandis que° sous   Pendant que
   Le pont de nos bras passe
Des éternels regards l'onde° si lasse°[2]   eau / fatiguée

   Vienne la nuit sonne l'heure
   Les jours s'en vont je demeure

L'amour s'en va comme cette eau courante
    L'amour s'en va
   Comme la vie est lente
Et comme l'espérance[3] est violente

   Vienne la nuit sonne l'heure
   Les jours s'en vont je demeure

Passent les jours et passent les semaines
    Ni temps passé
   Ni les amours reviennent
Sous le pont Mirabeau coule la Seine

   Vienne la nuit sonne l'heure
   Les jours s'en vont je demeure

[1] que la nuit vienne, que l'heure sonne   [2] l'onde (qui est) si lasse des éternels regards   [3] l'acte d'espérer (le retour de la personne qu'on aime)

Activité: *Analyse et compréhension*

1. Le poème que vous avez lu comprend [*includes*] un refrain et un certain nombre de strophes [*verses*]. Combien y a-t-il de strophes? Combien de vers [*lines*] a chaque strophe? Combien de vers a le refrain?

2. Dans la première strophe le poète compare l'amour au mouvement de l'eau. Comment? Pourquoi? Le poète décrit aussi deux sentiments opposés qui sont provoqués par l'amour. Quels sont ces sentiments?

3. Dans le refrain, le poète oppose le passage du temps à la permanence de l'individu. Quels sont les mots qui expriment le passage du temps? la permanence de l'individu?

4. Dans la deuxième strophe, le poète évoque un couple. De quelle façon décrit-il ce couple? À quelle structure compare-t-il la position des bras de l'homme et de la femme?

5. Dans la troisième strophe, le poète parle de la disparition [*disappearance*] de l'amour. À quoi compare-t-il cette disparition? À quoi oppose-t-il la rapidité de cette disparition? Comment décrit-il l'espérance?

6. Dans la quatrième strophe, le poète semble exprimer sa résignation envers la fuite [*flight*] du temps et la disparition de l'amour. Pourquoi? Le dernier vers de cette strophe, identique au premier, résume le sens de ce poème. Que symbolise la Seine? Que symbolise le pont Mirabeau?

L'heure de la détente

Unité II

 DOSSIER 6   *Vive le sport!*

 DOSSIER 7   *Pour garder la forme*

 DOSSIER 8   *Les plaisirs de la table*

Dossier 6
Vive le sport!

 ## Document

Courir, la nouvelle passion des Français

PARIS, le 23 septembre

Marathon international

J'aime **Courir**

AVON.

20 KILOMETRES DE PARIS **14 OCTOBRE**

ASSOCIATION SPORTIVE ET CULTURELLE DE L'AIR - MAIRIE DE PARIS

1er MARATHON DE REIMS

Trois courses ouvertes à tous:
- 1er MARATHON DE REIMS (CHAMPAGNE)
- 25 KMS HOMOLOGUÉS
- 10 KMS EN VILLE

28 octobre
à partir de 11h

DÉPART-ARRIVÉE DES ÉPREUVES
Complexe Sportif René Tys - Chaussée Bocquaine
(sortie Cathédrale de l'autoroute A4 à 75 mn. de Paris)

RENSEIGNEMENTS
A partir du 27 août : "Allo Marathon" (26) 47.22.66

Vocabulaire: *Les sports et l'exercice physique*

Quand on est **sportif (sportive)** [*athletic*], on peut...
> **pratiquer** un sport.
> **jouer au** basket, au volley, au foot.
> **faire du** jogging, du ski.

Les sports individuels

l'alpinisme (*m*) [*mountain climbing*]
l'athlétisme (*m*) [*track and field*]
la bicyclette
l'équitation (*f*) [*horseback riding*]
le jogging
la natation [*swimming*]
le patinage artistique [*figure skating*]
le patin à glace [*ice skating*]
le patin à roulettes [*roller skating*]

la planche à roulettes [*skateboard*]
la planche à voile [*windsurfing*]
la plongée sous-marine [*scuba diving*]
le ski
le ski nautique [*waterskiing*]
la voile [*sailing*]
le tennis
le squash

Les sports d'équipe

le basket(ball)
le baseball
le foot(ball) [*soccer*]

le rugby
le football américain
le hockey

On peut **faire partie d'une équipe** [*team*].
Dans une équipe de foot, il y a 11 **joueurs (joueuses)** [*players*].
Les joueurs doivent **s'entraîner** [*to train*].
Ils **disputent un match** [*game*], **un tournoi** [*tournament*],
    un championnat [*championship*].
Au football, l'équipe qui **marque** [*scores*] **un but** [*goal*] marque un point.

Les exercices (*m*)

On peut faire...
des exercices
de la gymnastique
de la culture physique [*physical fitness*]

de la danse rythmique
de l'aérobic (*m*)

Quelques mouvements:
s'agenouiller [*to kneel down*]
s'asseoir [*to sit down*]
se coucher [*to lie down*]

se lever [*to get up*]
se mettre debout [*to stand up*]
se pencher [*to lean*]

Les activités sportives
la natation
nager [*to swim*]   On nage dans une piscine, dans l'océan.
plonger [*to dive*]   On plonge d'un **plongeoir** [*diving board*].
l'athlétisme (*m*) et les autres sports
courir [*to run*]   On court un 100 mètres, un 1.000 mètres, ou le
marathon de Paris.
sauter [*to jump*]   On saute en **hauteur,** en **longueur.**
lancer [*to throw*]   On lance un frisbee, un ballon de volley.
attraper [*to catch*]   On attrape un frisbee, un ballon.
tirer [*to shoot*]   Au foot, on tire en tapant [*by hitting*] dans le
ballon avec les pieds.

À noter

En général, on utilise **faire** + *l'article partitif* avec les sports et les exercices qui nécessitent un seul participant.

On **fait de la natation, du ski, du jogging.**

En général, on utilise **jouer à** avec les sports et les activitités qui nécessitent deux ou plus de deux participants.

On **joue au tennis, au basket.**

Il y a des exceptions. Par exemple, on dit:

faire de l'aviron (*m*) [*to row crew*]

**sous cette
enseigne
un spécialiste**

Activité: *La bonne forme*

Chaque sport nécessite des qualités particulières. Selon vous, quel(s) sport(s) nécessite(nt) plus particulièrement les qualités suivantes?

de l'endurance
des muscles
le sens de l'équilibre
beaucoup d'entraînement
   [*training*]

de la grâce
du courage
de la patience
le sens de la stratégie

Activité: *Un peu de culture physique*

Vous êtes professeur d'éducation physique. Demandez à vos élèves (ou à plusieurs étudiants de la classe) de faire les choses suivantes.

s'asseoir
s'agenouiller
se coucher
se lever

se mettre debout
se pencher en avant
se pencher en arrière

Activité: *Sports pour chaque occasion*

Dites quels sports on peut pratiquer dans les endroits ou dans les circonstances suivantes.

> MODÈLE: Dans les Alpes...
>
> **Dans les Alpes... on peut faire du ski et de l'alpinisme.**

1. À la piscine...
2. À la Martinique...
3. Dans un stade...
4. Sur un terrain plat...
5. Sur un terrain accidenté [*bumpy*]...
6. Quand il y a de la neige...
7. Quand il fait très froid...

Hotel Vétiver
PLAGE – VOILE – PISCINE
TENNIS – PLONGÉE SOUS-MARINE

A 10 MN. DE FORT DE FRANCE,
UN HOTEL EN BUNGALOWS AU
BORD DE LA MER CARAIBE.

MARTINIQUE
TÉL.: 71 - 61 - 42

Activité: *Les sportifs*

Lisez ce que font les personnes suivantes et dites quel sport chacune pratique.

1. Jacqueline passe le ballon à Denise. Denise dribble, tire et marque un but. C'est la victoire pour l'équipe de leur école qui remporte le match par un score de 3 à 2.
2. François va à la plage. Il entre dans l'eau avec son équipement. Il se met debout lentement. Il est debout. Le vent le pousse. François se déplace sur les vagues [*waves*]. Il va de plus en plus vite. Tout d'un coup, il perd l'équilibre et tombe dans l'eau...

3. Gérard s'entraîne depuis des mois. Finalement le grand jour arrive. Gérard met ses chaussures, un short, un tee-shirt. Le voilà sur la ligne de départ avec cinq autres concurrents. Dans un instant l'officiel va donner le signal du départ. Gérard pense au record à battre: quarante-huit secondes et cinq dixièmes... Est-ce qu'il va battre ce record aujourd'hui?

4. Nicole a mis son vêtement noir, son masque. Elle ajuste son réservoir à oxygène. Elle est prête maintenant. Elle plonge... Bientôt la voilà dans un monde merveilleux et mystérieux: des plantes aux formes singulières, d'étranges créatures et des milliers de poissons multicolores.

5. Jean-Claude passe le week-end dans la ferme de son oncle. Ce matin il s'est levé tôt. Il a mis ses bottes et il est sorti de la ferme. Il ouvre la porte de l'enclos [*paddock*]. Papillon l'a reconnu. Jean-Claude a installé la selle [*saddle*]. Il a monté la bête et il est parti dans la campagne pour une promenade matinale.

Activité: *Questions personnelles*

1. Quels sports pratiquez-vous en été? en hiver? tous les jours?
2. Faites-vous du jogging régulièrement? Combien de kilomètres est-ce que vous courez en moyenne [*on the average*]? Est-ce que vous préférez courir sur un terrain plat ou sur un terrain accidenté?
3. Est-ce que vous faites de l'aérobic? de la gymnastique? Quelles sortes d'exercices faites-vous? Est-ce que vous vous entraînez? Où? Quand? Comment? Est-ce que vous utilisez un équipement spécial? Quel équipement? Est-ce que vous utilisez des poids [*weights*] pour développer vos muscles?
4. Est-ce que vous faites partie d'une équipe? Quelle équipe?
5. Est-ce que vous jouez au tennis? au squash? au volley? Est-ce que vous avez déjà participé à un tournoi? Est-ce que vous avez gagné ou perdu? Quand est-ce que vous allez disputer votre prochain match?
6. Est-ce que votre école ou votre université a des équipes sportives? Est-ce que ce sont des bonnes équipes? Qui est le meilleur joueur ou la meilleure joueuse?
7. Est-ce que vous regardez les sports professionnels à la télé? Quelles sont vos équipes favorites? Qui est votre athlète favori? votre athlète favorite?
8. Selon vous, quel est le sport le plus gracieux? le plus dangereux? le plus spectaculaire?

Perspective

Les Français et le sport

Aujourd'hui les Français nagent, courent, sautent, pédalent... Le football est toujours aussi populaire, le ski est une nécessité hivernale,° la planche à voile est à la mode et depuis les succès de Yannick Noah, le tennis est devenu une passion nationale. Les Français d'aujourd'hui ont finalement mis en pratique le proverbe qui dit que «Le sport, c'est la santé.» Mais est-ce que le sport a toujours été aussi populaire?

    de l'hiver

- Au dix-neuvième siècle, le sport était essentiellement un passe-temps aristocratique. Quelques individus fortunés° pratiquaient la boxe ou l'escrime° en salle et l'équitation à la campagne. D'autres individus, plus audacieux, lançaient° la mode des «bains de mer». Mais pour des millions de Français, le seul° exercice physique consistait à manier° la pelle° dans les champs et la pioche° dans les mines.

    riches
    fencing
    launched
    unique / *to wield*
    shovel / pickaxe

- Une loi° de 1880 rend la gymnastique obligatoire dans les écoles de garçons. Bien souvent cette loi n'est pas appliquée et le sport reste le privilège de quelques jeunes gens aisés.° C'est à cette époque que se développent les premiers clubs sportifs privés° comme le Racing Club fondé en 1882 par les élèves du lycée Condorcet à Paris, le Yacht Club de France, le Stade Français, le Cercle du Bois de Boulogne... Les sports pratiqués dans ces clubs sont l'athlétisme, l'aviron,° le football, le rugby et la boxe française[1] qui, vers 1900, devient le sport national.

    law
    riches
    private
    rowing

---

[1] sport de combat où l'on peut frapper [*hit*] l'adversaire avec les mains et les pieds

- Au début du vingtième siècle, le sport reste un sport amateur réservé à l'élite. Le tennis devient à la mode dans les années 20 avec le triomphe de Lacoste et des fameux Mousquetaires[2] en Coupe Davis. Vers 1930, la vogue du ski commence à Genève et à Chamonix. Le seul sport vraiment populaire est la bicyclette à laquelle la création du Tour de France en 1903 donne son essor.° Les dieux° du stade sont alors des champions cyclistes. La bicyclette devient la «petite reine°». C'est non seulement un sport mais aussi un moyen° de transport à la portée de° tous.

  encourage le développe-ment / gods
  queen
  méthode
  accessible à

- L'avènement° du Front Populaire[3] en 1936 encourage la démocrati-sation du sport. Les associations sportives laïques° se multiplient. Les colonies de vacances° donnent aux enfants des ouvriers des villes non seulement la possibilité de passer quelques semaines à la campagne ou à la mer, mais aussi le goût de° la nature et de l'exercice physique. La guerre° de 1939–1944 met fin° à ce premier effort collectif d'en-couragement du sport. La France d'après-guerre est trop occupée à reconstruire ses villes et ses usines° pour se préoccuper des perfor-mances sportives de ses citoyens.

  arrivée au pouvoir
  non-religieuses
  camps
  taste for
  war / an end
  factories

- À partir de° 1960, la situation va changer. Le gouvernement du général de Gaulle s'inquiète° en effet des résultats médiocres des athlètes français dans les compétitions internationales et particulièrement aux Jeux Olympiques. Considérant que l'honneur national est en jeu,° le gouvernement décide d'adopter une politique° officielle en faveur du sport. Un Ministère de la Jeunesse et des Sports est créé. Dans toutes les régions de France, les municipalités construisent des stades, des terrains de sport, des gymnases, des piscines, des courts de tennis.

  Starting in
  is worried
  at stake
  policy

[2] Les «quatre Mousquetaires» [*Musketeers*], Lacoste, Borotra, Brugnon et Cochet, ont gagné la Coupe Davis six fois—de 1927 à 1932. [3] gouvernement d'inspiration socialiste

■ Aujourd'hui, cette politique a eu des résultats positifs indiscutables. Le sport n'est pas seulement un spectacle que l'on regarde à la télévision tranquillement assis dans un fauteuil le samedi après-midi. Pour les jeunes Français, le sport est maintenant une expérience vécue: le tennis, le cyclotourisme, la gymnastique, le jogging connaissent un essor considérable. En ville, les salles de sport attirent° un grand nombre de jeunes et de moins jeunes qui viennent s'y faire une musculature et se «regonfler»° physiquement et moralement. Pendant l'année, des milliers de Français s'entraînent rigoureusement pour participer aux marathons organisés dans les grandes villes françaises: Paris, Reims, Strasbourg... Aujourd'hui le renouveau du sport français n'est pas seulement une question individuelle. Il s'affirme aussi par les succès des athlètes français en compétition internationale, comme la médaille d'or remportée° par l'équipe nationale de football aux Jeux Olympiques de Los Angeles en 1984.

attract

retrouver son bien-être
(*lit. to reinflate*)

gagnée

Activité: *Compréhension et interprétation*

1. D'après les renseignements contenus dans le premier paragraphe, quels sont les sports pratiqués par les Français d'aujourd'hui? Qui est Yannick Noah? Quelle est sa spécialité? Qu'est-ce que vous savez de lui?

2. Comment peut-on caractériser le sport en France au dix-neuvième siècle? Quels étaient les sports pratiqués à cette époque? Quels étaient les sports pratiqués aux États-Unis à la même époque? Est-ce que le sport aux États-Unis était un passe-temps démocratique? Pourquoi ou pourquoi pas?

3. Quel était le but de la loi de 1880 mentionnée dans le texte? Est-ce que cette loi a eu beaucoup de succès? Quelle a été le rôle des écoles et des universités américaines dans le développement des sports à cette époque? Donnez des exemples de rivalités inter-scolaires datant de cette époque.

4. Quels sont les sports à la mode en France dans la première partie du vingtième siècle? Quel est le sport le plus populaire? Quelle épreuve [competition] a popularisé ce sport? Quels étaient les sports populaires aux États-Unis à ce moment-là?

5. Qu'est-ce qu'une «colonie de vacances»? Quel est son but? Pourquoi est-ce que les gouvernements français de l'après-guerre ne se sont pas intéressés au sport?

6. De quelle époque date l'intérêt du gouvernement français pour le sport? Comment peut-on expliquer cet intérêt? Qu'est-ce qui a été fait? Quels résultats positifs est-ce que cette politique a eus? Aux États-Unis, est-ce que le gouvernement encourage les sports? Si oui, comment? En général, par qui et comment est-ce que le sport est encouragé?

7. Comparez les résultats des athlètes français et américains dans les compétitions internationales. Comment expliquez-vous ces résultats? Selon vous, quels sont les facteurs de succès dans ces compétitions? D'après vous, est-ce que les Français sont plus ou moins sportifs que les Américains? Expliquez votre position.

FLASH

Le sport et les Français

Voici quelques résultats d'une enquête sur le sport et les Français.

Pourquoi faites-vous du sport?

Pour «être bien dans ma peau»°	77%
Pour m'amuser	18%
Pour accomplir une performance	3%
Sans réponse	2%

*to feel good (lit. **peau:** skin)*

Pratiquez-vous un sport?

	oui	*non*
moins de 18 ans	56%	44%
de 25 à 30 ans	15%	85%
de 30 à 40 ans	10%	90%

Un peu d'histoire

Les Jeux Olympiques

Les Jeux Olympiques dans l'antiquité

L'histoire des Jeux Olympiques est très ancienne. La légende affirme que Hercule, fils de Zeus, est à l'origine des Jeux Olympiques. En réalité, les premiers jeux ont eu lieu à Olympia, en Grèce, probablement en 776 avant Jésus-Christ. À cette époque-là, la Grèce était divisée en un grand nombre de cités rivales. Ces cités étaient souvent en guerre. Pourtant,° une trêve° absolue était déclarée tous les quatre ans justement à l'occasion des Jeux Olympiques. Après les Jeux Olympiques, la guerre entre les cités rivales, hélas, recommençait souvent.

However / suspension d'hostilités

Les Jeux Olympiques étaient précédés par de grandioses cérémonies religieuses en l'honneur de Zeus. Puis les épreuves sportives commençaient. D'abord les courses, puis le pentathlon, le décathlon, la course de chariots et finalement la boxe. Les athlètes victorieux recevaient une couronne et étaient honorés comme des héros.

Les Jeux Olympiques avaient une très grande importance dans la Grèce Antique. C'est ainsi qu'on mesurait le temps par olympiades, une olympiade étant l'intervalle de quatre ans qui séparait deux Jeux consécutifs.

Les Jeux Olympiques modernes

C'est un Français, Pierre de Coubertin (1863–1937) qui eut le premier, l'idée de faire revivre les Jeux Olympiques. Coubertin était un idéaliste qui pensait que le sport était la meilleure façon° de former la jeunesse et de créer des liens° d'amitié entre les nations. C'est avec ces idées qu'il présenta son projet de Jeux Olympiques à des sportifs français. Ceux-ci trouvèrent le projet ridicule et refusèrent leur aide.

manière
relations

Coubertin s'adressa alors à des sportifs étrangers et, avec leur soutien,° il organisa les premiers Jeux Olympiques à Athènes en 1896. Ces Jeux furent modestes. Huit nations seulement—l'Angleterre, la France, le Danemark, l'Allemagne, la Suisse, la Hongrie, les États-Unis et, bien sûr, la Grèce—étaient représentées officiellement ou officieusement.°

support

non officiellement

Une idée était née. Elle allait prospérer rapidement. Aujourd'hui une centaine de nations participent tous les quatre ans aux Jeux Olympiques et le succès de ces Jeux est immense.

L'emblème olympique

L'emblème olympique est composé de cinq anneaux. Chaque anneau représente un continent. L'anneau bleu représente l'Europe. Le jaune représente l'Asie. Le noir représente l'Afrique. Le vert représente l'Océanie. Le rouge représente l'Amérique. Les cinq anneaux entrelacés symbolisent l'union des races.

Le credo et le serment° olympiques

oath

Le credo et le serment, prononcés à la cérémonie d'ouverture, reflètent l'esprit des Jeux. Ils ont été composés par Pierre de Coubertin. Les voici:

Le credo: «La chose la plus importante des Jeux Olympiques n'est pas de gagner mais de participer, comme la chose la plus importante de la vie n'est pas le triomphe mais la lutte.°»

le combat

Le serment: «Nous jurons que nous nous présentons aux Jeux Olympiques en concurrents° loyaux, respectueux des règlements° et désireux d'y participer dans un esprit chevaleresque° pour l'honneur de nos pays et la gloire du sport.»

competitors / rules
chivalrous

Activité: *Compréhension et interprétation*

1. Quelle est l'origine du nom donné aux Jeux Olympiques? Qu'est-ce que c'est qu'une olympiade? Dans la Grèce Antique, les Jeux Olympiques étaient-ils un symbole de paix ou de guerre? Pourquoi?

2. Quelles étaient les principales épreuves? Lesquelles de ces épreuves sont disputées dans les Jeux Olympiques modernes?

3. Comparez l'importance des Jeux Olympiques dans l'Antiquité et aujourd'hui.

4. Est-ce que l'histoire des Jeux Olympiques est une histoire continue depuis leur création dans l'Antiquité? Qui est le fondateur des Jeux Olympiques modernes? Quel était son objectif? Quelle a été la réaction des milieux [circles] sportifs français?

5. Où et quand ont eu lieu les premiers Jeux Olympiques modernes? Comparez les Jeux Olympiques modernes au moment de leur création et aujourd'hui.

6. Que représente l'emblème olympique? Quels sont les cinq continents dans la conception française? Y a-t-il une différence avec la conception américaine? Expliquez.

7. Qu'est-ce que les athlètes promettent de faire lorsqu'ils récitent le serment olympique? D'après vous, est-ce que ce serment est véritablement respecté? Pourquoi ou pourquoi pas?

La «petite histoire» des Jeux Olympiques d'été...

- Les Jeux Olympiques d'été ont eu lieu cinq fois sur le continent américain: à Saint Louis en 1904, à Los Angeles en 1932, à Mexico en 1968, à Montréal en 1976, et de nouveau à Los Angeles en 1984.

- Les Jeux Olympiques ont eu lieu deux fois à Paris: en 1900 et en 1924.

- **Athènes, 1896:** Aux premiers Jeux Olympiques, les États-Unis n'ont pas de délégation officielle. Les Américains remportent° cependant toutes les victoires en athlétisme, sauf deux. James B. Connolly, étudiant à Harvard, est le premier champion olympique. (Il avait demandé la permission à l'administration de Harvard de participer aux Jeux Olympiques, mais cette permission lui avait été refusée.) Un berger° grec, Spiridon Louys, remporte le marathon. Cette année-là, les épreuves de natation sont réservées aux marins des bateaux de guerre ancrés dans le port d'Athènes.

  obtiennent (gagnent)

  personne qui garde les moutons

- **Londres, 1908:** Le marathon est l'événement le plus mémorable et le plus dramatique de ces Olympiades. Après 42 kilomètres de course, un Italien, Dorando Pietri, arrive le premier dans le stade olympique. Il est si fatigué qu'il tombe. Des spectateurs l'aident à se relever. Il franchit° en vainqueur la ligne d'arrivée. Il tombe à nouveau. On le transporte à l'hôpital. Là, il apprend qu'il vient d'être disqualifié pour avoir été aidé.

  traverse

- **Stockholm, 1912:** Jim Thorpe, le célèbre athlète et joueur de football américain, gagne le pentathlon et le décathlon. Il sera disqualifié pour avoir participé professionnellement à un match de baseball.

- **Paris, 1924:** Quarante-cinq nations sont maintenant représentées. Pour la première fois, les femmes participent aux Jeux. Autre innovation: des épreuves° artistiques—poterie, architecture, sculpture—sont ajoutées aux programmes des Jeux. En natation, Johnny Weissmuller, qui va devenir le Tarzan le plus célèbre du cinéma, remporte deux médailles d'or.

  compétitions

- **Berlin, 1936:** La propagande nazie domine et corrompt l'atmosphère des Jeux. En fait, le grand vainqueur est un Noir américain, Jesse Owens, qui remporte quatre médailles d'or. Hitler refuse de participer aux cérémonies de clôture.°

  du dernier jour

- **Londres, 1948:** Une Hollandaise, mère de deux enfants, Fanny Blankers-Koen, remporte quatre médailles d'or (100 mètres, 200 mètres, 80 mètres haies,° relais 4 × 100 mètres).

  hurdles

- **Helsinki, 1952:** Pour la première fois, des athlètes soviétiques participent aux Jeux Olympiques. Le Tchèque, Emile Zatopek, surnommé «la locomotive humaine», remporte le 5.000 mètres, le 10.000 mètres et le marathon. Sa femme remporte le javelot.

- **Melbourne, 1956:** Symbole de l'entente entre les nations, le champion américain Harold Connolly, médaille d'or du marteau,° épouse une athlète tchèque, championne du disque.

- **Tokyo, 1964:** Le marathon est remporté par un soldat éthiopien, Abebe Bikila, qui court pieds nus.° Quinze jours avant sa victoire, il avait été opéré de l'appendicite.

sans chaussures

- **Munich, 1972:** Le nageur américain, Mark Spitz, remporte sept médailles d'or.

- **Montréal, 1976:** Une écolière roumaine de 14 ans, Nadia Comaneci, remporte trois médailles d'or et une médaille d'argent en gymnastique.

- **Moscou, 1980:** En signe de protestation contre l'invasion de l'Afghanistan par l'armée soviétique, les États-Unis refusent de participer aux Jeux Olympiques.

- **Los Angeles, 1984:** En mesure de revanche,° les pays du bloc soviétique boycottent les Jeux Olympiques.

In retaliation

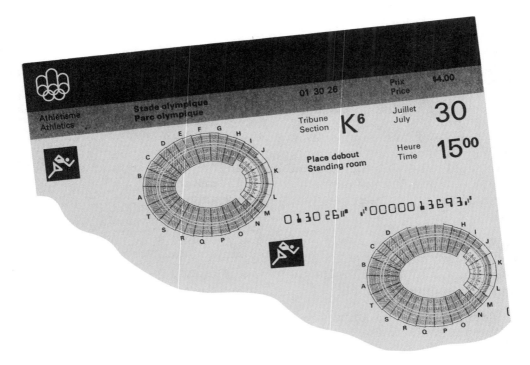

Activité: *Compréhension et analyse*

1. En principe les Jeux Olympiques sont apolitiques. En réalité, des considérations politiques ont marqué l'histoire des Jeux Olympiques. Donnez des exemples.
2. En principe, les Jeux Olympiques sont réservés aux athlètes amateurs. Selon vous, qu'est-ce que c'est qu'un athlète amateur? Cette conception du sport amateur était-elle interprétée de façon stricte ou non? Donnez un exemple. Pensez-vous que les athlètes qui participent aux Jeux Olympiques aujourd'hui sont de vrais amateurs? Expliquez votre position.
3. L'emblème olympique représente les cinq continents. Le texte que vous avez lu mentionne certains champions célèbres. Quels sont les continents qui sont représentés par ces champions? Quels sont les continents qui ne sont pas représentés?
4. La vocation des Jeux Olympiques est d'être universels. Est-ce que les Jeux Olympiques étaient universels au moment de leur création? Pourquoi pas? Et maintenant, sont-ils universels? Selon vous, quels sont les événements qui ont contribué à rendre les Jeux Olympiques universels?
5. Le texte que vous avez lu raconte les succès et les déceptions [*disappointments*] de plusieurs athlètes. Parmi ces athlètes, quel(le) est celui (celle) qui a été le (la) plus heureux (heureuse)? le (la) plus malheureux (malheureuse)? Pourquoi?

Activité: *Débats*

Prenez une position pour ou contre.

1. Le sport, c'est la liberté.
2. Les Jeux Olympiques, c'est de l'exhibitionnisme nationaliste.
3. On doit interdire les sports violents, comme la boxe.
4. Les athlètes professionnels sont trop payés.

Perspective

Un sport dans le vent

C'est à Los Angeles, en 1984, que la planche à voile a été pour la première
fois inscrite° au programme des Jeux Olympiques. Ce sport est en réalité *entered*
beaucoup plus ancien. L'idée de la planche à voile a été élaborée en effet
par un Français, Martin D'Estreaux, en 1913. Cette idée fut redécouverte
par deux Californiens, Hoyle Schweitzer et Jim Drake, qui perfectionnèrent
et popularisèrent ce nouveau sport.

La technique de la planche à voile est en principe assez simple. Une
fois hissé° sur la planche, le véliplanchiste oriente la voile au vent en *élevé*
inclinant le mât ou en manœuvrant le «wishbone» (ou bôme) qu'il tient
fermement dans les mains. On se dirige° ensuite en contrôlant l'orientation *steers*
de la voile avec le wishbone et en se déplaçant° à petits pas° sur la planche. *moving / steps*
Le secret est de ne jamais perdre l'équilibre! Et c'est là que la pratique
devient beaucoup plus difficile. Il faut au moins dix heures d'entraînement° *training*
avant de savoir manœuvrer correctement. Mais une fois la technique apprise,
on peut se lancer à l'assaut° des vagues.° Un véliplanchiste entraîné peut *attack / waves*
atteindre la vitesse° de 40 kilomètres à l'heure par grand vent. *speed*

Depuis 1975, ce sont les Européens, et surtout les Français, qui ont
adopté ce sport nouveau. On estime que sur le million de personnes dans
le monde qui s'adonnent° régulièrement à la planche, plus de 300.000 sont *pratiquent*
des Français. On trouve ces «fanas de la planche» sur toutes les plages de
France: la Côte d'Azur, la côte Atlantique, et les Départements d'Outre-Mer
comme la Guadeloupe et la Martinique.

Aujourd'hui ce sont des Français qui détiennent° les records de dis- *possèdent*
tance en planche à voile:

- **1979:** Traversée du détroit° de Bering d'Alaska à la Sibérie par Arnaud *strait*
de Rosnay.

- **1980:** Parcours° de 600 milles entre les Îles Marquises et Tahiti par *Course*
Arnaud de Rosnay.

- **1981–1982:** Traversée de l'Atlantique, de Dakar (Sénégal) à Kourou
(Guyane), 2.400 milles en 37 jours par Christian Marty.

Pour ceux qui préfèrent rester près des côtes, il y a d'autres sortes de
compétitions: le parcours olympique (autour de trois bouées°), les slaloms *buoys*
parallèles, et les figures libres° (compétition où priment° les Américains). *free style / être en pre-*
Ou on peut tout simplement faire de la planche pour s'amuser et passer *mière position*
un après-midi agréable au soleil.

Vocabulaire: *La planche à voile*

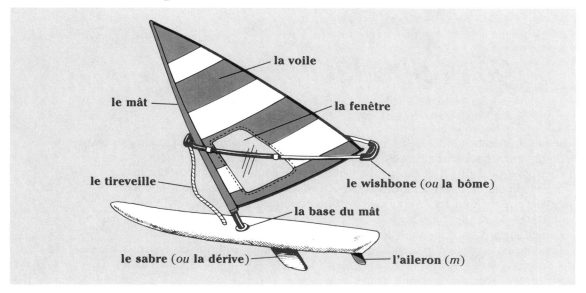

la voile

le mât

la fenêtre

le tireveille

le wishbone (*ou* la bôme)

la base du mât

le sabre (*ou* la dérive)

l'aileron (*m*)

Activité: *Compréhension*

Pour chaque phrase, choisissez l'option *a, b* ou *c* qui convient.

1. L'origine de la planche à voile remonte [*goes back*]...
   a. à l'Antiquité.
   b. aux premiers Jeux Olympiques modernes.
   c. au début du vingtième siècle.

2. **Véliplanchiste** est le nom...
   a. d'une marque de planche à voile.
   b. de la voile utilisée dans le sport de la planche à voile.
   c. de la personne qui fait de la planche à voile.

3. La qualité la plus importante pour faire de la planche à voile est d'avoir...
   a. des muscles.
   b. de la chance.
   c. le sens de l'équilibre.

4. La planche à voile est un sport particulièrement populaire...
   a. en France.
   b. en Espagne.
   c. aux États-Unis.

5. Aujourd'hui, la planche à voile est un sport...
   a. uniquement de vitesse.
   b. de vitesse et d'endurance.
   c. artistique, de vitesse et d'endurance.

Rencontre avec...

Jean Giraudoux

Jean Giraudoux (1882–1944) est l'un des grand romanciers° et auteurs dramatiques français modernes. Champion universitaire d'athlétisme, joueur de rugby, de football et de tennis, gymnaste, nageur, Giraudoux a été le grand avocat du sport à un moment où les Français s'intéressaient peu à cette activité. Pour lui, le sport est la source indispensable d'hygiène physique et de santé° morale. Dans le texte suivant, publié en 1928, Jean Giraudoux présente une série de réflexions personnelles. Ces réflexions soulignent° les contradictions qui peuvent exister dans la pratique du sport.

novelists

health

underline

Variations

Le sport est la paix.°   *peace*
Le sport est le contraire de la guerre.°   *war*
Le sport est le remède à la guerre.
Le sport prépare le pays à la guerre.
Le sport décidera de la guerre.
Le sport est international.
Le sport rapproche° les nations.   *brings closer together*
Le sport crée à l'intérieur de chaque patrie° des patries locales, toutes ennemies.   *homeland*
Le sport est l'esperanto[4] des races.
La conquête de la coupe Davis par les Français est une victoire nationale.
Dans le sport il n'y a ni vainqueurs° ni vaincus.°   *winners / losers*
En sport, seul le résultat compte.
Il y a toujours, à côté du vainqueur réel, un vainqueur moral.

[4] langue artificielle inventée en 1887 et basée sur les mots les plus communs des langues de l'Europe

Activité: *Compréhension et interprétation*

1. Dans les neuf premières lignes, Giraudoux déclare que le sport favorise [*promotes*] deux forces opposées. Quelles sont ces deux grandes forces? Est-ce qu'il y a une contradiction? Selon vous, comment est-ce que le sport peut favoriser la paix? Comment est-ce qu'il peut favoriser la guerre? Donnez des exemples.
2. Giraudoux dit que le sport est «l'esperanto des races». Qu'est-ce que l'esperanto? Quel est donc le rôle du sport selon Giraudoux? Êtes-vous d'accord? Expliquez votre position.
3. Dans la ligne suivante, Giraudoux parle d'une victoire sportive française. De quel sport est-il question? Êtes-vous d'accord qu'une victoire sportive est une victoire nationale? Selon vous, est-ce que Giraudoux a une conception nationaliste du sport? Est-ce que cette conception présente des dangers? Expliquez votre position.
4. Êtes-vous d'accord que dans le sport, «il n'y a ni vainqueurs ni vaincus»? Expliquez.
5. Dans l'avant-dernière ligne, Giraudoux dit que «seul le résultat compte». Est-ce que cette opinion est contraire au credo olympique (*page 82*)? Est-ce que cette phrase présente une contradiction avec la ligne précédente et la ligne suivante? Est-ce que le résultat dans une épreuve sportive est nécessairement la victoire? Quels sont les autres résultats possibles?
6. Êtes-vous d'accord qu'à côté du vainqueur réel, il y a un vainqueur moral? Expliquez.

Pour garder la forme

▶ *Document*

Quelques mauvaises habitudes à éviter

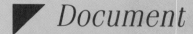

POUR GARDER
UN CŒUR DE CHAMPION...

FÉDÉRATION NATIONALE DE CARDIOLOGIE 50 RUE DU ROCHER 75008 PARIS
COMITÉ NATIONAL CONTRE LE TABAGISME 68 Bd SAINT-MICHEL 75006 PARIS

Ayez la gentillesse
de ne pas fumer. Merci

SANTÉ   PROPRETÉ

SÉCURITÉ

Vocabulaire: *En bonne forme*

La santé [*health*]...
>Vous **avez de bonnes couleurs.**
>Vous **avez l'air reposé(e).**
>Vous **respirez la santé.**
>
>Vous êtes **en bonne santé!**
>
>**Vous vous portez bien.**

ou **la maladie** [*sickness*]?
>Vous êtes **pâle.**
>Vous **avez l'air fatigué(e).**
>Vous êtes **maladif
>(maladive)** [*sickly*].
>Vous êtes **malade!** Vous
>êtes **en mauvaise santé!**
>Avez-vous **de la fièvre?
>la grippe** [*flu*]?
>**l'appendicite** (*f*)?
>Avez-vous **mal à la tête?
>au ventre? au dos?**

La forme: oui...
>Vous **êtes en forme.**
>
>**Vous vous sentez bien.**
>Vous êtes **athlétique.**

ou non
>Vous **n'avez pas l'air
>en forme.**
>**Vous vous sentez mal.**
>Vous êtes **chétif (chétive)**
>[*weak, puny*].

La ligne [*figure*]
>Vous devez **surveiller votre ligne!**
>**Êtes-vous au régime? Suivez-vous un régime?**
>Si vous êtes **maigre,** il faut **grossir.** Il faut **prendre du poids.**
>Si vous êtes **trop gros,** il faut **maigrir.** Il faut **perdre des kilos** (*m*).

VOUS AVEZ UNE AUTOMOBILE

AVEZ-VOUS UN VÉLO?

LE VELO, C'EST LA SANTE

UNION NATIONALE DES DEUX ROUES
59, AVENUE DE LA GRANDE ARMÉE   TEL. : 553.86.15
75016 PARIS

Activité: *Conséquences*

Différentes activités provoquent différentes conséquences chez l'individu.
Dites quelles conséquences les activités suivantes provoquent chez vous:
faire maigrir? faire grossir? mettre en forme? fatiguer? rendre malade?

> MODÈLE: manger beaucoup
> **Ça me fait grossir.**
> ou: **Ça me rend malade.**

1. faire de l'aérobic
2. manger à la cafétéria
3. boire du thé
4. fumer
5. faire de la gymnastique
6. danser le rock
7. rester inactif (inactive)
8. suivre un régime
9. aller dans un sauna
10. étudier

ROTONDE PHYSIC CLUB
44, rue Jules-Guesde, TOURS
tél. 66.59.76

Gymnastique d'entretien
Musculation - 2 saunas
Préparation aux sports

Maintenant demandez à un(e) camarade s'il (si elle) fait les choses ci-
dessus. Demandez-lui pourquoi (ou pourquoi pas).

> MODÈLE: manger beaucoup
> VOUS: **Est-ce que tu manges beaucoup?**
> VOTRE CAMARADE: **Non, je ne mange pas beaucoup.**
> VOUS: **Pourquoi pas?**
> VOTRE CAMARADE: **Parce que je ne veux pas grossir.**
> ou: **Parce que je n'aime pas manger.**
> ou: **Parce que je suis au régime.**

FLASH

L'ABC de la santé

Être en forme, c'est être en bonne condition—physiquement et moralement. Comment rester en forme? Voilà quelques conseils.

Faites

Mangez modérément.
Buvez des jus de fruits.
Levez-vous tôt.
Couchez-vous tôt.
Faites quelques exercices avant de vous coucher.
Utilisez votre bicyclette.
Utilisez vos jambes.
Faites une promenade après chaque repas.
Choisissez un sport et pratiquez ce sport deux ou trois fois par
    semaine.
Le week-end, allez au stade ou au gymnase.
Restez calme en toute circonstance.
Faites aujourd'hui le travail que vous avez à faire aujourd'hui.
Choisissez un passe-temps qui correspond à vos goûts
    (la photo, la musique, le théâtre...) et consacrez plusieurs
    heures par semaine à ce passe-temps.
Chaque soir, organisez vos activités du lendemain.

Ne faites pas

Ne fumez pas.
Ne mangez pas entre les repas.
Ne buvez jamais d'alcool.
Ne restez jamais longtemps inactif (inactive).
Ne dormez pas trop! Huit heures par jour au maximum!
Ne restez pas constamment planté(e) devant la télé... même si
    c'est pour regarder une émission de sport.
N'abusez pas de votre voiture ou de la voiture de vos amis.
Ne vous tourmentez pas inutilement.
Ne vous énervez pas.
Ne vous impatientez pas.

Activité: *À votre tour*

Dites si vous suivez chacun des conseils de *L'ABC de la santé*. Puis posez cette question à un(e) camarade.

> MODÈLE 1: Mangez modérément.
> VOUS: **Personnellement, je mange modérément. Et toi?**
> VOTRE CAMARADE: **Moi aussi.**
> ou: **Moi, je mange trop.**
>
> MODÈLE 2: Ne fumez pas.
> VOUS: **Personnellement, je ne fume pas. Et toi?**
> VOTRE CAMARADE: **Moi non plus.**
> ou: **Moi, je fume.**

Activité: *Malaises*

Complétez les phrases suivantes:

1. Quand j'ai mal à la tête, c'est parce que...
2. Quand j'ai mal au ventre, c'est parce que...
3. Quand je me sens fatigué(e), c'est parce que...
4. Je ne me sens pas en forme quand...
5. J'ai tendance à grossir quand...
6. J'ai tendance à maigrir quand...

Il va y avoir du sport dans le quartier!

espace vit'halles
la gym au cœur de Paris.
48, RUE RAMBUTEAU
PLACE BEAUBOURG - 277.21.71

crait ®
Toutes les tenues
DANSE CLASSIQUE
NOUVELLE GYM
50, rue de Rome
75008 PARIS
387.45.20
Galeries Lafayette
Stand CRAIT, 2ᵉ étage
ET SON RESEAU REVENDEURS SPORTS

Perspective

«*Un esprit° sain° dans un corps sain*» *mind / healthy*

Les habitudes françaises, longtemps considérées comme immuables,° *constantes* changent et changent vite. L'un des faits les plus marquants° des dix der- *noticeable* nières années est la nouvelle importance que les Français donnent à la santé et à la forme physique. Ce souci° de santé s'est d'abord exprimé sur *concern* le plan° culinaire avec le succès de la «nouvelle cuisine» et de la «cuisine *domaine* minceur»° dans les années 1970. Les Français ont appris à manger moins *slenderizing* et à manger mieux. Dans un second temps,° ils ont redécouvert les joies *Ensuite* et les avantages de l'exercice physique. Les chiffres sont significatifs: le nombre de Français faisant de la gymnastique a doublé dans les dix der- nières années. D'autres sports comme la bicyclette, le jogging, les arts martiaux connaissent aussi un regain de popularité. Signe des temps, ce sont les femmes qui, avec l'aérobic, donnent maintenant l'exemple. Les Françaises pratiquent avec vigueur et rigueur cette nouvelle forme d'exercice venue des États-Unis et mise à la mode par Jane Fonda.

Pour des milliers de Français et de Françaises qui font du sport, la pratique sportive est l'ingrédient essentiel du «bien-être»° physique et *well-being* moral. Ce qui compte, ce n'est plus l'esprit de compétition, ni la perfor- mance, c'est simplement le culte de la santé et la forme.

En somme, les Français d'aujourd'hui ont remis en valeur la vieille maxime: «Un esprit sain dans un corps sain.»

Activité: *Compréhension et analyse*

1. Quel changement s'est produit dans les habitudes françaises dans les dix dernières années? Comment ce changement s'est-il d'abord manifesté?
2. Est-ce que les habitudes alimentaires des Américains ont beaucoup changé dans les dernières années? Selon vous, est-ce que les Américains mangent une nourriture saine? Pourquoi ou pourquoi pas?
3. Quels sont les sports pratiqués par les Français qui désirent rester en forme? Est-ce que ces sports sont pratiqués aux États-Unis?
4. Selon vous, est-ce que les Américains font attention à leur forme physique? Comment?
5. Qu'est-ce que l'aérobic? Qui a mis à la mode cette forme d'exercice physique? Est-ce que c'est une forme d'activité que vous pratiquez?
6. Que représente le sport pour des millions de Français. Selon vous, est-ce que l'esprit de compétition est essentiel à la pratique du sport? Pourquoi ou pourquoi pas?

7. Selon vous, est-ce que la pratique du sport est essentielle au bien-être physique de l'individu? à son bien-être moral? Comment?
8. Que signifie la maxime «Un esprit sain dans un corps sain»? Selon vous, est-ce que les Américains pratiquent cet adage?

COURS DE DANSE GEORGE
19, Rue de Tournon, 75006 PARIS
... Tél. : 326.04.38

Quel exercice choisir?

Quels sont les activités physiques qui répondent à vos goûts et à vos besoins? Consultez le tableau ci-dessous.

	danse aérobic	basketball	vélo (dehors)	exercycle	jogging	patinage	volleyball	natation	marche à pied	squash	tennis	ski de fond
si vous n'êtes pas en forme	●		●		●			●	●			
si vous êtes en forme	●	●	●	●	●	●	●	●		●	●	●
si vous préférez la solitude			●	●	●	●		●	●			
si vous préférez la compagnie des autres	●	●			●	●	●		●	●	●	●
si vous détestez transpirer [*to sweat*]								●				
si vous voulez rester à l'intérieur	●			●		●	●	●	●			
si vous voulez être dehors			●		●	●			●		●	●
si vous n'avez pas beaucoup de temps				●	●			●				
si vous vous ennuyez facilement	●	●	●			●	●			●	●	
si vous avez l'esprit de compétition		●			●	●	●	●		●	●	
si vous n'êtes pas trop riche		●			●		●		●			
si vous avez un horaire flexible		●			●			●		●	●	●

Entrez sans fumer

Décret du 12.9.1977

MERCI.

C.N.C.T. 68, BD SAINT-MICHEL – 75006 PARIS

Perspective

Petite histoire d'une mauvaise habitude

Le tabac est d'origine américaine. Les premiers fumeurs étaient des Indiens. En signe d'amitié, ces Indiens offrirent leur tabac aux Espagnols, qui l'introduisirent en Europe vers 1500. En 1560, l'ambassadeur de France au Portugal, Jean Nicot, expédia de la poudre de tabac à sa reine... comme remède contre la migraine! Jean Nicot laissa à la postérité son nom (conservé dans le terme **nicotine**) et lança° une nouvelle mode qui devint une mauvaise habitude. Pour goûter à la drogue-miracle, tout le monde prétendait avoir la migraine.

    Cette mode excessive provoqua des réactions. En France, le roi Louis XIII interdit° la vente° du tabac. En Angleterre, le roi Jacques Ier écrivit un pamphlet contre les fumeurs. À Rome, le pape Urbain VIII excommunia ceux-ci.° En vain! Maintenant toute l'Europe était habituée au tabac.

    Il y avait différentes façons de consommer ce produit. On pouvait le fumer dans une pipe (on disait «pétuner» alors). On pouvait l'absorber par le nez, ce qui provoquait de délicieux éternuements.° Ou bien on pouvait le mâcher,° ce qui était une habitude absolument dégoûtante.

    Le cigare et la cigarette apparurent beaucoup plus tard, vers 1830. Ces nouveaux produits anoblirent° l'usage du tabac et le généralisèrent. Comme il était impossible d'empêcher les gens de fumer, le gouvernement français décida de profiter de leur mauvaise habitude: il monopolisa la manufacture et le commerce du tabac.

commença

forbade / le commerce

les fumeurs

sneezes

chew

gave status to

Activité: *Compréhension*

Complétez les phrases suivantes avec l'une des options *a, b* ou *c*.

1. Le tabac est un produit d'origine...
   a. espagnole   b. française   c. américaine

2. Jean Nicot était...
   a. un diplomate   b. un explorateur   c. un marchand de tabac

3. À l'origine, le tabac était considéré comme...
   a. un poison   b. un aliment   c. un médicament

4. La mode du tabac a provoqué chez les monarques européens une réaction...
   a. négative   b. positive   c. d'indifférence

5. Les premiers fumeurs fumaient le tabac dans...
   a. des cigarettes   b. des cigares   c. des pipes

6. Aujourd'hui la production des cigarettes en France est assurée par...
   a. l'État [*Government*]
   b. une grande entreprise privée
   c. des entreprises capitalistes

FLASH

Le paradoxe° du tabac

une absurdité

À l'égard du tabac, le gouvernement français se trouve dans une situation ambiguë et paradoxale.° D'un côté, puisque° la fabrication et la commercialisation du tabac sont un monopole d'État, le gouvernement tire° des bénéfices substantiels de la vente de cigarettes. D'un autre côté, le gouvernement est responsable de la santé des citoyens. Avec le système de Sécurité Sociale, c'est l'État qui prend en charge les dépenses° causées par les maladies liées° à l'usage et à l'abus du tabac. Dans ces conditions, comment donc justifier la vente de produits dangereux pour la santé publique?

contradictoire / *since*
dérive

expenses
linked

Devant ce dilemme, le gouvernement a choisi en faveur du public. Une loi de 1976 a réglementé° la publicité en faveur du tabac. Elle l'a interdite à la radio, à la télévision, au cinéma... Il est interdit de fumer dans les transports publics, dans les hôpitaux, dans les lycées et les collèges, dans les ascenseurs° publics.... Plusieurs campagnes nationales anti-tabac ont été lancées.° Il semble que ces mesures aient un effect positif, surtout chez les jeunes. En 1984, 32% des jeunes fumaient, contre 46% en 1977. Il reste des progrès à faire....

limité

elevators
launched

—Journal Français d'Amérique

Slogans:

«Une cigarette écrasée,[1] c'est un peu de liberté retrouvée.»

«Sans tabac, prenons la vie à pleins poumons.[2]»

Activité: *Interprétation*

1. Expliquez le paradoxe décrit dans le texte. Est-ce que ce paradoxe existe pour le gouvernement américain? Pourquoi pas?
2. Quelles mesures le gouvernement français a-t-il prises contre le tabac? Est-ce que ces mesures ont eu du succès?

---

[1] crushed out   [2] lungs

Rencontre avec...

Antoine de Saint-Exupéry

Aviateur et écrivain français, Antoine de Saint-Exupéry (1900–1944) est l'auteur de nombreux essais dans lesquels il exprime sa conception de la grandeur de la personne humaine et son respect pour les valeurs spirituelles. C'est aussi l'auteur du *Petit Prince,* conte° plein de fantaisie où il décrit sa rencontre imaginaire avec un enfant, le Petit Prince, unique habitant d'une distante planète. Ce conte, en principe destiné aux enfants, s'adresse aussi par ses symboles mystérieux aux adultes. *tale*

Avant de venir sur terre, le Petit Prince fait un voyage à travers° l'espace. Pendant ce voyage, il visite plusieurs planètes. Le passage suivant décrit la rencontre du Petit Prince avec l'habitant de l'une de ces planètes. *through*

Le Buveur°

La planète suivante était habitée par un buveur. Cette visite fut très courte, mais elle plongea° le petit prince dans une grande mélancolie:

—Que fais-tu là? dit-il au buveur, qu'il trouva installé en silence devant une collection de bouteilles vides° et une collection de bouteilles pleines.°

—Je bois, répondit le buveur, d'un air lugubre.°

—Pourquoi bois-tu? lui demanda le petit prince.

—Pour oublier, répondit le buveur.

—Pour oublier quoi? s'enquit° le petit prince qui déjà le plaignait.°

—Pour oublier que j'ai honte, avoua° le buveur en baissant la tête.

—Honte de quoi? s'informa° le petit prince qui désirait le secourir.°

—Honte de boire! acheva° le buveur qui s'enferma° définitivement dans le silence.

Et le petit prince s'en fut,° perplexe.

Les grandes personnes° sont décidément très très bizarres, se disait-il en lui-même° durant le voyage.

homme qui boit

mit

empty / full
très triste

demanda / felt sorry for him
admitted
demanda / aider
dit finalement / shut himself up
partit
adultes
to himself

Activité: *Compréhension du texte*

1. Est-ce que le Petit Prince est resté longtemps sur la planète suivante? Qui a-t-il rencontré là-bas? Quel a été l'effet de cette visite sur le Petit Prince?

2. Où était le buveur quand le Petit Prince est arrivé? Qu'est-ce qu'il faisait?

3. Pourquoi est-ce que le buveur boit? Qu'est-ce qu'il veut oublier? De quoi a-t-il honte?

4. Quels sont les sentiments du Petit Prince envers [*toward*] le buveur? Quelle conclusion est-ce qu'il tire [*draw*] de sa visite sur la planète du buveur?

Les plaisirs de la table

 ## Document

Le restaurant Barrier, situé à Tours, a deux étoiles (✪✪) dans le Guide Michelin. C'est donc l'un des très bons restaurants de France. Voici son menu.

CHARLES BARRIER À TOURS

XXXX ✪✪ **Barrier**, 101 av. Tranchée ✉ 37100 ☏ 54.20.39, patio fleuri – 🖼 🅿 AE ⓘ fermé 7 au 26 juil., 7 au 24 fév., dim. soir et merc. – **R** 255/310 et carte Spéc. Compote de joue de bœuf et de langue d'agneau. Saumon frais en papillote. Canard Challandais. Vins Bourgueil, Vouvray

AU   f

Menu

Foie Gras Frais des Landes
Confiture de Cochon et de Canard
Salade de Queues d'Écrevisses à la Ciboulette
Feuilleté d'Amourettes Tourangelles
Saumon Fumé à la Maison
Saumon Frais en Papillote
Sole de Canot Braisée, à la Lie de Vin
Cassolette de Queues d'Écrevisses Charles Barrier
Canard Croisé de Sauvage au Vinaigre de Miel
Pigeonneau de Touraine à la Fleur de Thym
Ballotine de Caille au Ris de Veau
Fromages de Chèvres de Touraine
Sorbets - Entremets - Petits Fours

Vins Régionaux
Chinon - Bourgueil Sélection Charles Barrier
Vouvray - Montlouis Sélection Charles Barrier
Vieux Marc de Touraine
Eau de Vie de Poire

Charles Barrier - Meilleur Ouvrier de France - 37002 Tours

Vocabulaire: *À table*

Les repas

le petit déjeuner [*breakfast*]   prendre le petit déjeuner
le déjeuner [*lunch*]   déjeuner
le dîner [*dinner*]   dîner

Quand on veut déjeuner, on peut **faire la cuisine** [*do the cooking*];
ou on peut aller **au restaurant, au restaurant universitaire, à la cantine**
  [*cafeteria at one's place of work*], **dans un self-service** ou **dans un snack**
  [*snack bar*].

Au restaurant on doit...
  réserver une table
  choisir le menu
  commander [*order*] **les plats** (*m*) [*dishes*]
  payer **l'addition** (*f*) [*bill*]
  donner **un pourboire** [*tip*] au **garçon** [*waiter*]
    ou à **la serveuse** [*waitress*]

Le menu
  les hors-d'œuvre (*m*) ou **l'entrée** (*f*)
    du jambon [*ham*], **du saucisson** [*salami*], **du pâté, la salade de tomates,**
      les olives (*f*)
  le plat principal
    la viande: un bifteck, un rôti [*roast*] **de bœuf** ou **de veau** [*veal*],
      une côtelette de porc [*pork chop*], **un gigot d'agneau** [*leg of lamb*],
      un poulet rôti [*roast chicken*]
    le poisson: le thon [*tuna*], **la sole**
  les légumes (*m*)
    des pommes (*f*) **de terre** [*potatoes*], **des frites** (*f*) [*French fries*], **des hari-**
      cots (*f*) [*beans*], **des haricots verts** [*string beans*], **des carottes** (*f*),
      du maïs [*corn*], **de la purée de pomme de terre** [*mashed potatoes*],
      des petits pois [*peas*], **des tomates** (*f*), **du riz** [*rice*],
      des champignons (*m*) [*mushrooms*]
  les pâtes (*f*) (*pasta*) et **les œufs** (*m*)
    des spaghetti (*m*), **des nouilles** (*f*) [*noodles*]
    un œuf à la coque [*soft-boiled egg*], **des œufs sur le plat** [*fried eggs*],
      des œufs brouillés [*scrambled eggs*]
  la salade et **le fromage**
    une salade verte, une salade de concombres
    un fromage, un yaourt
  les desserts (*m*)
    la glace à la vanille, la glace au chocolat, la crème [*custard*],
      un gâteau [*cake*], **une tarte** [*pie*]

CHAMPS-ELYSEES
la **MAISON**
D'ALSACE
SON FOIE GRAS.
SES HUÎTRES.
SES CHOUCROUTES.
39, Champs Elysées, Paris 8ᵉ. **359.44.24**

les fruits (m)
>   une pomme, une poire, une orange, une banane, un pamplemousse
>   [grapefruit], un ananas [pineapple], une cerise [cherry], une fraise
>   [strawberry], une framboise [raspberry], du raisin [grapes]
les autres ingrédients (m)
>   du sel, du poivre, de la moutarde, de la margarine, du beurre, de la
>   sauce tomate, de la confiture [jam]
le pain et les céréales (f)
>   une baguette [long French bread], du pain de seigle [rye bread], un toast,
>   des céréales

Activité: *Questions personnelles*

1. En général, où prenez-vous votre petit déjeuner? à quelle heure? Où et à quelle heure déjeunez-vous? Où et à quelle heure dînez-vous?
2. Généralement qu'est-ce que vous prenez au petit déjeuner? Qu'est-ce que vous avez mangé hier au déjeuner? au dîner?
3. Quel est votre repas préféré? Quel est votre plat préféré? votre légume préféré? votre dessert préféré? votre fruit préféré?
4. Quelle cuisine préférez-vous? la cuisine française? américaine? italienne? chinoise? mexicaine? Allez-vous souvent au restaurant? Quel est votre restaurant favori? Est-ce qu'il y a des restaurants français dans votre ville? Comment s'appellent-ils?
5. Faites-vous la cuisine? Avez-vous des spécialités? Lesquelles? Quels ingrédients utilisez-vous pour préparer ces spécialités?
6. Quand vous allez au restaurant avec des amis, est-ce que vous payez l'addition? Est-ce que vous laissez un bon pourboire? Combien? Avez-vous jamais travaillé comme garçon ou comme serveuse? Où et quand? Est-ce que les clients vous laissaient de bons pourboires?

Activité: *Travail d'équipe*

Choisissez un(e) camarade. Avec cette personne, préparez un menu pour les personnes suivantes. Préparez la liste des courses [shopping list] correspondant au menu que vous avez choisi.

1. deux végétariens
2. une personne qui suit un régime pour maigrir
3. le club français de votre école (30 personnes)
4. cinq étudiants français qui visitent votre école

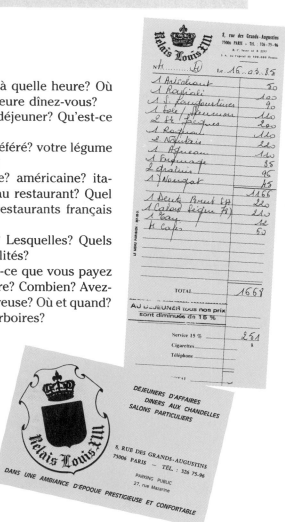

Le petit déjeuner français

Des croissants, un bon café chaud, du beurre et de la confiture. Le tout servi sur une table recouverte d'une belle nappe° blanche avec une rose dans un vase.

tablecloth

Voici l'image du petit déjeuner «typiquement français» telle qu'elle est présentée dans des brochures touristiques. Mais en réalité que prennent les Français pour le petit déjeuner? Voici le résultat d'un sondage récent à ce sujet.

Que mangent-ils?		Que boivent-ils?	
baguette	51%	café noir	26%
pain grillé	14%	café au lait	24%
croissant	14%	thé	23%
pain complet°	8%	café crème	9%
biscottes°	5%	chocolat	8%
brioche	3%	autres	10%
autres	5%		

whole wheat

Zwieback

BEURRE LAITIER

florilait *Lait frais pasteurisé entier de haute qualité* **candia**

lait frais pasteurisé entier de haute qualité conforme au décret 65.862 du 9.10.1965 • 36g de M.G. L

1 litre

Activité: *Sondage*

Faites un sondage semblable dans votre classe et présentez les résultats sous forme de tableau.
Vous pouvez ajouter d'autres éléments à votre liste: œufs, céréales, bacon, jus d'orange, lait, pâtisseries, etc.

Enquête

La France des fromages

Aujourd'hui, les fromages français sont universellement connus et appréciés. Depuis quelques années, certains d'entre eux ont fait leur apparition aux comptoirs° des supermarchés américains. Ces fromages ne représentent cependant qu'un minime échantillon° de l'étonnante° production fromagère française. On compte en effet plus de 400 variétés de fromages français. Ces fromages se distinguent par leur forme (ronde, carrée, triangulaire, cylindrique, pyramidale...), leur consistance (pâte dure ou molle), leur odeur, et avant tout leur saveur. Les caractéristiques particulières à un fromage dépendent du produit de base (lait de vache, de chèvre° ou de brebis°) et du procédé de fabrication.

counters

sample / astonishing

goat
ewe

Quelques fromages français

Chaque province de France a ses fromages régionaux mais les régions fromagères les plus importantes restent la Normandie, l'Est, la région des Alpes et du Jura et le Massif Central. En général, les fromages portent° le nom de la localité dont ils sont originaires. Voici quelques fromages français.

bear

le munster: C'est un fromage à pâte molle fabriqué dans les vallées d'Alsace et en particulier dans la région du Munster.

le camembert: C'est un fromage à pâte molle fermentée à base de lait de vache. Il a une forme circulaire et se vend en boîte. Selon la tradition, ce fromage a été imaginé pendant la Révolution française par une fermière originaire de Camembert, petit village de Normandie. Aujourd'hui, le camembert est fabriqué dans toutes les régions laitières françaises et imité dans un grand nombre de pays. C'est le fromage français le plus commun.

le brie: C'est un fromage assez semblable au camembert mais de dia-
mètre plus grand que l'on vend généralement en tranches.° Il est produit   *slices*
dans la Brie, une région située à l'est de Paris. Il a plusieurs variantes: brie
de Meaux, brie de Coulommiers, brie de Melun.

le roquefort: C'est un fromage fabriqué avec du lait de brebis. Le roquefort est un fromage très ancien. Selon la légende, l'empereur Charlemagne
(742–814) fut l'un des premiers amateurs de ce fromage à saveur très
particulière. Le lait de brebis nécessaire à sa fabrication est collecté dans
les laiteries° de la partie sud de la France, mais le fromage lui-même° est   *dairy farms / itself*
affiné exclusivement dans les caves du petit village de Roquefort-sur-Soulzon.

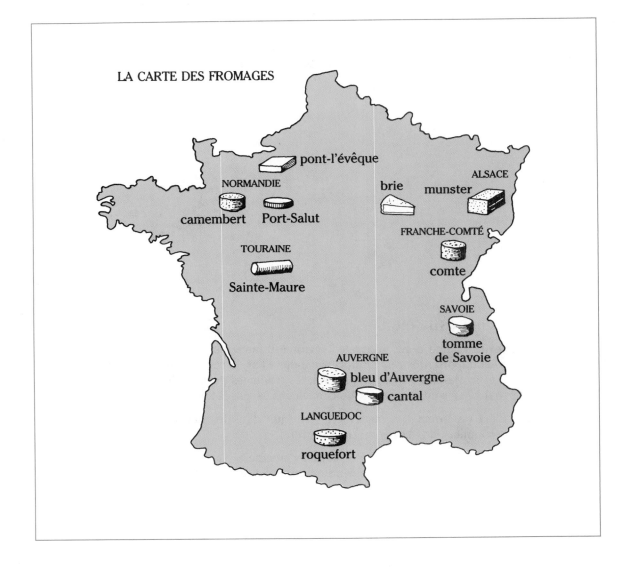

LA CARTE DES FROMAGES

pont-l'évêque

NORMANDIE   brie   munster   ALSACE

camembert   Port-Salut

FRANCHE-COMTÉ

TOURAINE

comte

Sainte-Maure

SAVOIE

tomme
de Savoie

AUVERGNE

bleu d'Auvergne

cantal

LANGUEDOC

roquefort

Comment déguster un fromage

Le fromage est le complément naturel et indispensable de tout bon repas. Il se prend en général entre la salade et les fruits. Les fromages secs se dégustent° avec un vin rouge.

peuvent être mangés

L'amateur de fromage doit respecter certaines règles° d'étiquette alimentaire.

rules

- **La première règle:** En coupant un fromage, on doit en respecter la forme générale.

  Dans un fromage rond (camembert), les portions sont découpées° en triangle.

  cut

  Dans un fromage carré (pont-l'évêque), les portions sont carrées ou rectangulaires.

  Si le fromage est en forme de pointe (brie), les portions sont coupées le long de la tranche.° On ne doit *jamais* couper le «nez» d'un fromage en pointe.

  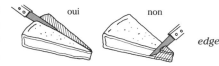
  oui   non

  edge

- **La deuxième règle:** En France, le fromage se mange avec un couteau (tenu dans la main droite) et un petit morceau de pain (tenu de la main gauche) sur lequel on place le fromage et que l'on porte à la bouche. La fourchette n'est jamais utilisée avec le fromage.

Activité: *Compréhension et interprétation*

1. Est-ce qu'on peut trouver des fromages français aux États-Unis? Où? Combien y a-t-il de variétés de fromages français? Est-ce qu'on peut trouver toutes ces variétés dans les supermarchés américains?
2. Quelles sont les différentes variétés de fromages américains?
3. Quelles sont les principales régions fromagères de France? Où est-ce qu'on fait le brie? le munster? le roquefort? le camembert?
4. Quelles sont les principales régions fromagères américaines? Quelles sortes de fromages fabrique-t-on dans ces régions? Quelles sont les caractéristiques de ces fromages?
5. Pendant quelle partie du repas est-ce qu'on mange le fromage en France? Et aux États-Unis?
6. Est-ce que les règles d'étiquette alimentaire sont semblables en France et aux États-Unis en ce qui concerne le fromage? Quelles sont les similarités? Quelles sont les différences?

FLASH

Nourriture et langage

Qu'est-ce qu'un navet? Cela dépend à qui ou de quoi vous parlez. Pour le cuisinier, un navet est un légume, mais pour le cinéphile, c'est un très mauvais film. Une patate est le terme familier qu'on emploie pour désigner une pomme de terre, mais c'est aussi une personne stupide et maladroite. Une bonne poire peut se servir au dessert, mais c'est aussi une personne généreuse, mais naïve.

Il existe de très nombreuses expressions françaises qui utilisent le vocabulaire de l'alimentation. Ces expressions font généralement partie du langage familier et populaire. Voici plusieurs de ces expressions:

les légumes

un **navet**	un mauvais film
être rouge comme une **tomate**	être très rouge
être poil de **carotte**	avoir les cheveux roux
ne pas avoir un **radis**	ne pas avoir d'argent
raconter des **salades**	raconter des mensonges; exagérer
s'occuper de ses **oignons** (*m*)	s'occuper de ses affaires
occupe-toi de tes **oignons**!	occupe-toi des choses qui te concernent!
mon (petit) **chou** [*cabbage*]!	mon chéri! (ma chérie!)

le pain et les pâtes

une **nouille**	une personne stupide et sans énergie
gagner son **pain**	gagner sa vie
avoir du **pain** sur la planche [*board*]	avoir beaucoup de travail
mettre la main à la **pâte** [*dough*]	faire un effort personnel pour obtenir quelque chose
acheter quelque chose pour une bouchée [*mouthful*] de **pain**	acheter quelque chose pour un très petit prix

le lait, le beurre et le fromage

un **fromage**	une sinécure; une situation avantageuse et pas fatigante
faire son **beurre**	s'enrichir
mettre du **beurre** dans les **épinards** (*m*) [*spinach*]	améliorer sa situation
monter comme une **soupe au lait**	se mettre en colère très rapidement

la viande et le poisson

défendre son **bifteck**　　　　　　　　défendre ses droits [*rights*]

manger de la **vache** enragée　　　　　avoir une existence très difficile

être serrés [*squeezed*] comme des　　　être dans un espace réduit avec d'autres
　sardines (*f*)　　　　　　　　　　　personnes

le sucre et les condiments (*m*)

une note **salée** [*salted*]　　　　　　　une note [*bill*] très élevée

avoir la **moutarde** qui monte au nez　se mettre en colère

mettre son **grain de sel** dans quelque　intervenir dans quelque chose sans y être invité
　chose

casser du **sucre** sur le dos de quelqu'un　dire du mal de quelqu'un en son absence

les fruits et les desserts

une **poire**　　　　　　　　　　　　　une personne généreuse mais naïve

une **tarte**　　　　　　　　　　　　　une personne stupide

c'est du **gâteau**　　　　　　　　　　c'est facile

tomber dans les **pommes**　　　　　　s'évanouir [*to faint*]

Activité: *Que dire?*

Imaginez que vous vous trouvez dans les situations suivantes. Quelle expression allez-vous utiliser?

1. Vous êtes au cinéma. Le film est long, absurde et mauvais. À la fin du film, vous exprimez votre opinion. Qu'est-ce que vous dites?
2. Un camarade veut aller dans un restaurant assez cher. Il demande si vous voulez aller avec lui. Vous comptez l'argent que vous avez dans votre portefeuille. Vous avez seulement deux dollars. Qu'est-ce que vous dites à votre ami?
3. Vous venez de recevoir une lettre de votre petit(e) ami(e). Un camarade de classe, très curieux, veut savoir qui vous a écrit. Aujourd'hui vous êtes de très mauvaise humeur. Qu'est-ce que vous dites?
4. C'est samedi. Vous devez laver votre voiture, faire les courses, nettoyer votre chambre, acheter des vêtements, écrire cinq lettres, faire vos devoirs... Qu'est-ce que vous dites?
5. Une amie vous dit qu'elle vient d'acheter une collection de 100 cassettes pour dix dollars. Qu'est-ce que vous lui dites?
6. Vous êtes dans l'ascenseur avec des amis. En principe l'ascenseur ne peut être utilisé que par 5 personnes, mais vous êtes 10. Qu'est-ce que vous dites?
7. Vous avez couru un 10.000 mètres avec un camarade qui n'a pas l'habitude de courir. À la fin de la course, votre camarade s'est évanoui [*passed out*]. Qu'est-ce que vous dites à son camarade de chambre?

Vocabulaire: *Quelques boissons*

Au petit déjeuner:
> **le lait, le café, le café au lait**

Au café:
> **boissons gazeuses: le coca-cola, la limonade**
> **eaux minérales: l'eau de Vichy**
> **jus** (*m*) **de fruits: le jus d'orange, le jus de tomate**
> **boissons non-alcoolisées: le thé, le café, le chocolat**
> **boissons alcoolisées: la bière, l'apéritif**

À table:
> avant le repas: **l'apéritif** (*m*)
> pendant le repas: **le vin**
> après le repas: **le café**
> > **les liqueurs** (*f*) : **la bénédictine, la crème de cacao,**
> > **la crème de menthe**
> > **les alcools** (*m*) : **le cognac, l'armagnac**

Un vin peut être **sec** [*dry*], **doux** [*sweet*], **pétillant** [*sparkling*].

On **débouche** une bouteille de vin avec **un tire-bouchon**.
On **décapsule** une bouteille de bière avec **un décapsuleur**.

le bouchon   la capsule

le tire-bouchon   le décapsuleur

EAU MINÉRALE NATURELLE GAZEUSE

bassin de Vichy Saint-Yorre

Activité: *Questions personnelles*

1. Que buvez-vous au petit déjeuner? au déjeuner? au dîner?
2. Quelles boissons gazeuses buvez-vous? Laquelle préférez-vous?
3. Buvez-vous des jus de fruits? Lesquels?
4. Quels vins français connaissez-vous?
5. Connaissez-vous des vins de Californie? Lesquels?

FLASH

L'harmonie des vins et des plats

Quel vin boire à table?

- **avec les entrées et les hors-d'œuvre:**   vins blancs secs, vins rosés

- **avec le poisson:**   vins blancs secs, champagne

- **avec la viande rouge:**   vins rouges

- **avec la volaille (poulet, canard):**   vins rouges légers, vins blancs

- **avec les fromages secs:**   vins rouges

- **avec les desserts sucrés:**   vins blancs doux, champagne demi-sec

- **avec la salade, la glace, les fromages à la crème:**   JAMAIS de vin

«**Jamais homme noble ne haït[1] le bon vin.**»
—*François Rabelais*

«**Dieu n'avait fait que[2] l'eau, mais l'homme a fait le vin.**»
—*Victor Hugo*

[1] *hates*   [2] *only*

Réserve Exceptionnelle
Vin d'Alsace
DEPUIS 1639
HVH
MUSCAT "HUGEL"
RÉSERVE
HUGEL ET FILS A RIQUEWIHR (Ht-RHIN)

Chablis Premier Cru
APPELLATION CHABLIS 1ER CRU MONTÉE DE TONNERRE CONTRÔLÉE
Montée de Tonnerre
ESTATE BOTTLED
1982
PRODUCE OF FRANCE
NET CONTENTS 750 ML
WHITE BURGUNDY WINE
ALC. 11 TO 14 % BY VOL.

ALSACE FRANCE
APPELLATION ALSACE CONTRÔLÉE
DEPUIS 1626
TRIMBACH
Estate Bottled
MUSCAT
RÉSERVE
F.E. TRIMBACH NÉGOCIANT A RIBEAUVILLÉ - HUNAWIHR HAUT-RHIN
PRODUCT OF FRANCE WHITE ALSATIAN WINE
BOTTLED IN ALSACE

Cidre
Calvados

Champagne

Alsace

Vins d'Anjou
et de Touraine

Chablis

Bourgogne

Pineau Cognac

Beaujolais

Côtes du Rhône

Châteauneuf
du Pape
Provence

Bordeaux
Sauternes

Roussillon

Armagnac

Grand Cru Classé
CHÂTEAU
Calon-Ségur
SAINT ESTÈPHE
Récolte
1979
Mis en Bouteille au Château 75 cl
Appellation Saint-Estèphe contrôlée

Enquête

Les vins de France

Un peu d'histoire

La vigne° était cultivée en Gaule bien avant la conquête romaine. Elle fut probablement introduite dans la région du Rhône par les navigateurs grecs et phéniciens.° L'occupation romaine étendit le domaine de la vigne à toute la région méditerranéenne, mais le véritable essor° du vin est lié° à la propagation° du christianisme. Chaque monastère, chaque couvent était entouré° d'un clos° où l'on cultivait la vigne.

grapevine

Phoenicians
développement / linked
extension
surrounded / enclosed
garden

Au Moyen Age, le commerce du vin prit une très grande importance et la culture de la vigne se développa dans les régions de transit: Bordeaux (commerce avec l'Angleterre), Bourgogne, Alsace...

En 1867, le phylloxéra[3] détruisit une grande partie du vignoble français. La vigne française fut replantée en plant° américain, plus résistant mais de moins bonne qualité.

seedling

La géographie des vins

La France est le deuxième pays producteur de vin du monde (après l'Italie, mais avant l'Espagne, l'Argentine, le Portugal... et les États-Unis). La plus grande partie de la récolte vient du Roussillon, du Languedoc et de la Provence qui produisent des vins rouges ordinaires (vins de table, vins de qualité courante).

Les grands vins français proviennent d'un nombre limité des régions:

	Vin rouges	Vin blancs
Bordeaux	Médoc (Château Lafite Rothschild, Château Margaux, Château Latour, etc.), Saint Émilion, Pomerol	Sauternes, Graves, Barsac, etc.
Bourgogne	Nuits St. Georges, Chambertin, Beaune, Clos-Vaugeot, etc.	Chablis, etc.
Champagne		Champagne
Vallée du Rhône	Châteauneuf-du-Pape	
Val de Loire (Touraine, Anjou)	Chinon, Bourgueil	Saumur, Vouvray, Pouilly Fuissé, Muscadet
Alsace		Sylvaner, Riesling

---

[3] Le phylloxéra est une sorte d'insecte parasite qui attaque la vigne.

Activité: *Compréhension*

Lisez les phrases suivantes et dites si elles sont vraies ou fausses. Si elles sont fausses, corrigez-les!

1. La Gaule est l'ancien nom de la France.
2. La culture de la vigne a commencé dans la région de Bordeaux.
3. La religion catholique a interdit la culture de la vigne en France.
4. L'existence du port de Bordeaux a facilité le développement de la vigne dans cette région.
5. Au dix-neuvième siècle, on importait beaucoup de vin américain en France.
6. L'Italie est le premier pays producteur de vin du monde.
7. La Provence et le Roussillon produisent les meilleurs vins français.
8. Le Saint-Émilion et le Pomerol sont des vins de Bordeaux.
9. Le Châteauneuf-du-Pape est un vin rouge.
10. Les vins d'Alsace sont généralement des vins blancs.

Le vin: poison national?

Un proverbe français dit qu'«un repas sans vin est une journée sans soleil». Avec cette belle maxime, la France était devenue le plus grand producteur de vin du monde, mais aussi le plus grand consommateur. En 1950, la consommation annuelle de vin était de 150 litres par habitant et un Français sur cinq pouvait être considéré comme un «buveur excessif». Si le vin était devenu la boisson nationale de la France, c'était aussi devenu l'un de ses plus graves problèmes économiques et sociaux. Mais, c'était en 1950...

Aujourd'hui, la situation a heureusement évolué. En trente ans, la consommation annuelle de vin est tombée de moitié.° De 150 litres par habitant, elle est passée à 80 litres en 1982. Et l'on parle d'une consommation de 30 litres ou même 20 litres à la fin du siècle.° *by half*

century

Pourquoi les Français ont-ils réduit leur consommation de vin? D'abord et surtout° pour protéger leur santé. Aujourd'hui les Français, avertis par les nombreuses campagnes anti-alcooliques, sont parfaitement conscients des dangers de l'alcool. Autre constatation, la consommation de vin est considérée par beaucoup de jeunes comme une pratique archaïque et vulgaire. Ceci explique la désaffection de la jeunesse pour le vin et le succès de boissons naturelles: eaux minérales, jus de fruits... La vente de ces boissons saines° progresse de 20% par an. Non, vraiment, le vin n'est plus à la mode.... *principalement*

healthy

Quelques slogans de la campagne anti-alcoolique:

> Santé—Sobriété—Sécurité

> Quand les parents boivent, les enfants trinquent.[4]

> Plus votre dose d'alcool augmente, plus elle vous diminue.

---

[4] **Trinquer** c'est choquer son verre contre celui d'une autre personne en signe d'amitié. Mais dans la langue populaire, **trinquer** veut dire **être la victime.**

Activité: *Compréhension*

Choisissez l'option *a, b* ou *c* qui complète les phrases suivantes.

1. En 1950, la France était le ___ pays producteur de vin.
   a. premier   b. second   c. troisième

2. Aujourd'hui la consommation de vin en France a tendance à ___ .
   a. augmenter   b. diminuer   c. rester stable

3. Les jeunes d'aujourd'hui tendent à consommer de plus en plus de ___ .
   a. vin   b. café   c. jus de fruits

4. Le changement d'attitude des Français vis-à-vis du vin peut être attribué ___ .
   a. au prix élevé du vin   b. à des considérations de santé   c. à des considérations morales

5. On peut dire aujourd'hui que beaucoup de Français considèrent le vin comme une boisson ___ .
   a. à la mode   b. naturelle   c. inférieure

Restaurant La Caravelle

L'excellent restaurant La Caravelle vous convie à une découverte culinaire hors du commun; cuisine européenne et fruits de mer servis dans une ambiance des plus chaleureuses.

68½ RUE ST-LOUIS, VIEUX-QUÉBEC
POUR RÉSERVATIONS: 694-9022

Côtoyez la Côte Nord

Bière froide / vin et cidre
Ouvert 24 heures / 7 jours

provi-soir
mon ami l'oiseau de nuit!

1065, boul. Laflèche (589-6201)
334, boul. Lasalle (296-2099)
Baie-Comeau

Rencontre avec...

Jean-Claude Vrinat

Diplômé d'une prestigieuse école de commerce, Jean-Claude Vrinat aurait pu faire une brillante carrière dans la finance ou l'industrie. Il choisit une tâche° plus ardue:° devenir le meilleur restaurateur de France. C'est chose faite aujourd'hui. Son restaurant, le *Taillevent,* est en effet considéré par beaucoup comme le meilleur restaurant du monde. Jean-Claude Vrinat doit cette réputation à un effort constant d'innovation et à un souci° passionné pour le détail. Chaque plat doit être un chef-d'œuvre.° Un repas au *Taillevent* n'est pas seulement une expérience culinaire, c'est une expérience artistique et culturelle!

Dans l'interview suivante, Jean-Claude Vrinat parle de son métier.

undertaking / difficile

care
masterpiece

QUESTION: Essentiellement, qu'est-ce que vous offrez à votre clientèle?

J.-C. VRINAT: Du bonheur, je pense, une certaine quiétude,° de nos jours aussi un petit peu du passé puisqu'on ne peut plus se permettre le luxe d'entretenir° chez soi une brigade de cuisiniers,° d'avoir une table comparable, d'avoir une cave° aussi riche...

tranquillité d'esprit

to keep / cooks

wine cellar

QUESTION: Quelle est l'importance du facteur personnel dans la direction d'un grand restaurant?

J.-C. VRINAT: Comme dans toutes les petites entreprises de type familial, le rôle de l'animateur° est primordial.° On le voit à mon emploi° du temps; j'y passe mes journées y compris° mes week-ends et *Taillevent* monopolise mon esprit. J'ai la chance d'avoir une femme qui le supporte° et qui a très bien compris que je suis un passionné.° Quand je m'occupe d'une chose, je le fais jusqu'au bout.° On peut dire que le facteur personnel joue à° 100%. C'est moi, par exemple, qui visite les vignobles° avec ma femme pour choisir les vins. C'est moi qui donne au chef les nouvelles recettes° ou listes des plats. Avec ma femme, nous nous occupons de la décoration. Autre exemple, nous nous sommes informatisés° depuis un an et demi; c'est moi qui ai choisi le matériel.

directeur / essentiel / schedule

including

puts up with

enthusiast

end

comes into play / vineyards

recipes

computerized

QUESTION: Comment innovez-vous?

J.-C. VRINAT: On procède par touches.° Au niveau de la cuisine, on commence par mettre une idée sur pied,° par exemple une recette. Je pense à un plat que nous avons servi pour la première fois aujourd'hui: une millefeuille° de coquilles Saint-Jacques° aux huîtres.° On a d'abord une idée; ensuite, on réalise cette recette; après, on en étudie le coût de revient° pour voir s'il est acceptable: il est beaucoup plus difficile de mettre au point° des plats avec des produits de prix raisonnables que de prix prohibitifs, tels que le homard,° le caviar ou la truffe.°

small steps

by conceptualizing an idea

pastry / scallops / oysters

basic cost

to perfect

lobster / truffle

QUESTION: Pouvez-vous décrire votre journée au *Taillevent?*

J.-C. VRINAT: Ma journée type, c'est de huit heures du matin à une heure du matin. Je commence généralement par la lecture du courrier° de façon que nous puissions traiter° toutes les réservations car nous en recevons énormément,° surtout de l'étranger. Puis, je vais à la réception° pour voir comment sont organisées les tables de la journée, donner la liste des réservations qui ont été acceptées et celles qui ne le sont pas. Je fais le tour de l'ensemble de la maison:° ce qui consiste à regarder le début de la mise en place° en salle à manger, passer en cuisine, voir la réception° des marchandises. Je passe à table à midi moins le quart, et je mange rapidement en vingt minutes!

mail

to handle

beaucoup / front desk

the entire restaurant

setting up

taking delivery

À partir de midi un quart, je suis à la disposition des clients, puisque j'ai comme principe de les accueillir° tous, de les conduire à leur table, de leur donner la carte et, éventuellement,° de les conseiller.

to welcome
if the occasion arises

Une fois que le service est lancé,° en général vers une heure et quart, une heure et demie, je passe en cuisine et, pendant trois quarts d'heure, j'assiste le chef. Ensuite, je reviens en salle pour qu'on me voie, qu'on sache que j'existe, que je ne suis pas parti ailleurs. Je ne suis libre qu'à quatre heures car je tiens à voir° tous les clients à l'arrivée et au départ.

commencé

insist on seeing

De quatre heures à six heures, en général, je m'occupe de tout ce qui est cuisine, documentation, recherche de fournisseurs,° mise au point de nouvelles recettes. De six à sept, c'est le moment de détente: lecture de journaux, documentation personnelle et aussi la famille. À sept heures, je redescends au *Taillevent* pour manger; alors là, c'est différent: je m'accorde une demi-heure à trois quarts d'heure pour essayer de nouveaux plats et des recettes nouvelles. Et, à huit heures moins le quart, je suis à nouveau disponible° pour les clients, et ce jusqu'à minuit et demi ou une heure du matin. Voilà ma journée.

suppliers

available

Activité: *Compréhension du texte*

1. Comment Jean-Claude Vrinat définit-il son produit? Pourquoi dit-il qu'il vend «du passé»?
2. À quelle type d'entreprise Jean-Claude Vrinat compare-t-il son restaurant? Pour lui, que signifie le mot «passionné»?
3. Comment choisit-il ses vins? Avec qui? Qui est-ce qui s'occupe de la décoration du restaurant?

4. Quelle nouveauté technique a été introduite dans la gestion [*management*] du restaurant? Depuis quand?
5. Quelles sont les étapes [*steps*] successives dans la création d'un nouveau plat? Quel type de plat est cité en exemple?
6. Est-ce que les considérations économiques entrent en jeu [*in play*] dans la création d'un plat? Expliquez.
7. À quelle heure commence la journée de Jean-Claude Vrinat? Quelle est sa première tâche [*task*]? Pourquoi la lecture du courrier est-elle importante?
8. Pourquoi va-t-il à la réception? Qu'est-ce qu'il fait ensuite?
9. À quelle heure déjeune-t-il? En combien de temps? Qu'est-ce qu'il fait ensuite? Comment s'occupe-t-il personnellement de sa clientèle? Pourquoi?
10. De quelles tâches administratives est-ce que Jean-Claude Vrinat s'occupe? Quel rôle personnel joue-t-il dans la cuisine de son restaurant? Comment passe-t-il la fin de la soirée? À quelle heure se termine sa journée?

Activité: *Développement*

1. Parmi les éléments suivants, quels sont les éléments qui contribuent le plus à la qualité d'un restaurant? Expliquez votre choix.

   la cuisine
   le service
   l'ambiance [*atmosphere*]
   le décor
   le type de clientèle

2. D'après vous, quels sont les avantages et les inconvénients du métier de restaurateur?
3. Aimeriez-vous être le/la propriétaire [*owner*] d'un restaurant? Pourquoi ou pourquoi pas?
4. Imaginez que vous êtes le/la propriétaire d'un restaurant. Décrivez votre restaurant: emplacement [*location*], type de cuisine, décor, ambiance, etc.

Une société en mouvement

Unité III

► *Document*

Le mariage

le carnet du jour

mariages

Le colonel et la baronne
Jacques de LAMBERT
des CHAMPS de MOREL
sont heureux de faire part du
mariage de leur fils

Robert POUILLÉ   Thibault

M. et Mme Roger
de la POIX
de FREMINVILLE
M. et Mme Pierre
KEUSSEYAN
sont heureux de vous faire part
du mariage de leurs enfants

Muriel et Ara

On nous
mariage de

M. Patri

fils du ma
Serge Mis
Mme Ser
avec

Mlle

FLORENCE et VINCENT uniront leurs vies
au cours de l'Eucharistie célébrée le
Samedi 20 Février à 15 heures 30
en l'Eglise St-Germain de Châtenay.
Avec leurs Parents, ils vous invitent
à partager leur joie et leur prière.

Madame S. CODET
135 bis bd du Montparnasse
Paris 6e

Mr & Mme J. LACOUR
84 rue Anatole-France
92 - Châtenay-Malabry

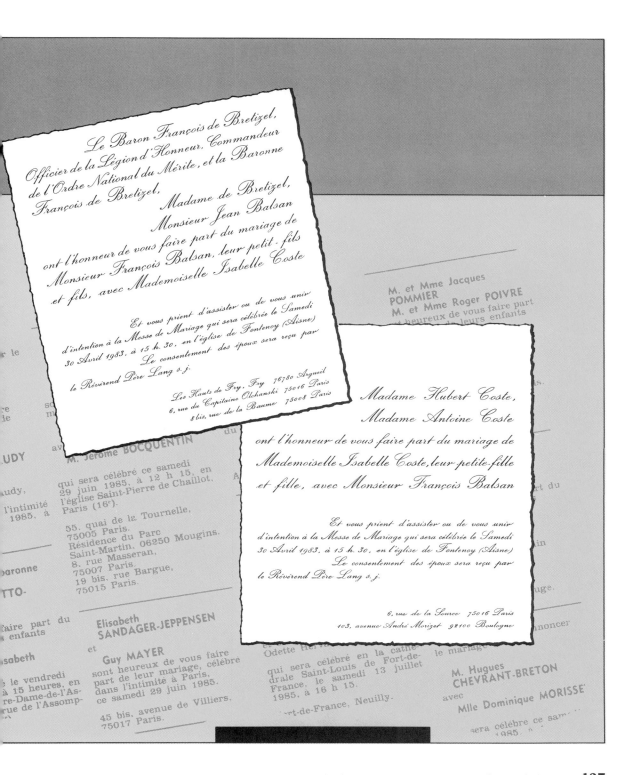

Le Baron François de Bretizel,
Officier de la Légion d'Honneur, Commandeur
de l'Ordre National du Mérite, et la Baronne
François de Bretizel,
Madame de Bretizel,
Monsieur Jean Balsan
ont l'honneur de vous faire part du mariage de
Monsieur François Balsan, leur petit-fils
et fils, avec Mademoiselle Isabelle Coste

Et vous prient d'assister ou de vous unir
d'intention à la Messe de Mariage qui sera célébrée le Samedi
30 Avril 1983, à 15 h. 30, en l'église de Fontenoy (Aisne)
Le consentement des époux sera reçu par
le Révérend Père Lang s. j.

Les Hauts de Fry, Fry 76780 Arqueil
6, rue du Capitaine Olchanski 75016 Paris
8 bis, rue de la Baume 75008 Paris

M. Jérome BOCQUENTIN

qui sera célébré ce samedi
29 juin 1985, à 12 h 15, en
l'église Saint-Pierre de Chaillot,
Paris (16ᵉ).

55, quai de la Tournelle,
75005 Paris.
Résidence du Parc
Saint-Martin, 06250 Mougins.
8, rue Masseran,
75007 Paris.
19 bis, rue Bargue,
75015 Paris.

Elisabeth
SANDAGER-JEPPENSEN
et
Guy MAYER
sont heureux de vous faire
part de leur mariage, célébré
dans l'intimité à Paris,
ce samedi 29 juin 1985.

45 bis, avenue de Villiers,
75017 Paris.

M. et Mme Jacques
POMMIER
M. et Mme Roger POIVRE
t heureux de vous faire part
de leurs enfants

Madame Hubert Coste,
Madame Antoine Coste
ont l'honneur de vous faire part du mariage de
Mademoiselle Isabelle Coste, leur-petite-fille
et fille, avec Monsieur François Balsan

Et vous prient d'assister ou de vous unir
d'intention à la Messe de Mariage qui sera célébrée le Samedi
30 Avril 1983, à 15 h. 30, en l'église de Fontenoy (Aisne)
Le consentement des époux sera reçu par
le Révérend Père Lang s. j.

6, rue de la Source 75016 Paris
103, avenue André Morizet 92100 Boulogne

Odette
qui sera célébré en la cathédrale Saint-Louis de Fort-de-
France, le samedi 13 juillet
1985, à 16 h 15.
-rt-de-France, Neuilly.

le mariag

M. Hugues
CHEVRANT-BRETON
avec
Mlle Dominique MORISSE
sera célébré ce sam
1985

Vocabulaire: *L'amitié et l'amour*

Les rencontres (*f*)
On peut...
rencontrer [*meet*] quelqu'un. En général on rencontre quelqu'un par hasard, dans la rue par exemple.
faire la connaissance [*meet*] de quelqu'un. On peut faire la connaissance d'une personne quand on est présenté à cette personne.
avoir un rendez-vous [*date*] avec quelqu'un.
sortir [*go out*] avec quelqu'un.

Les sentiments (*m*)
On peut...
éprouver [*feel*] de **la sympathie** [*warm feelings*], de l'affection, de **l'amitié** (*f*) [*friendship*], de l'amour pour quelqu'un.
L'amour n'est pas toujours **éternel:** il peut être **passager** [*fleeting*].
s'entendre [*get along*] **bien** avec quelqu'un.
tomber amoureux (amoureuse) [*fall in love*] de quelqu'un.
avoir le coup de foudre [*fall in love at first sight*] pour quelqu'un.
aimer bien [*like*] quelqu'un.
aimer [*love*] quelqu'un: passionnément, à la folie.
connaître [*experience*] **un grand amour.**

Les manifestations (*f*) **de l'amitié ou de l'amour** (*m*)
On peut...
embrasser [*kiss*] quelqu'un sur **les joues** (*f*) [*cheeks*] ou sur la bouche.
s'embrasser.

Les manifestations de désaccord (*m*) [*disagreement*]
On peut...
se disputer [*argue*] avec quelqu'un. On a **une querelle** avec cette personne.
se fâcher [*get angry*] avec quelqu'un. On est fâché avec cette personne.
se brouiller [*have a falling out*] avec quelqu'un. On est brouillé avec cette personne.

LE BAROMÈTRE DES SENTIMENTS

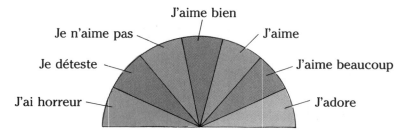

J'aime bien

Je n'aime pas

J'aime

Je déteste

J'aime beaucoup

J'ai horreur

J'adore

«L'amour n'est pas un sentiment. C'est un art.»
—*Paul Morand*

«Il ne faut pas badiner[1] avec l'amour.»
—*Alfred de Musset*

«La raison d'aimer, c'est l'amour.»
—*Antoine de Saint-Exupéry*

«Aimer, ce n'est pas se regarder l'un l'autre.
C'est regarder ensemble dans la même direction.»
—*Antoine de Saint-Exupéry*

Activité: *Opinions*

Voici certaines opinions. Pour chacune de ces opinions, dites si vous êtes absolument d'accord, généralement d'accord ou pas du tout d'accord. Expliquez votre position.

1. Quand on aime quelqu'un, on ne doit pas flirter avec d'autres personnes.
2. On peut être amoureux de plusieurs personnes à la fois.
3. On ne connaît le grand amour qu'une seule fois dans la vie.
4. Seuls les jeunes peuvent connaître un grand amour.
5. L'amour éternel est impossible.
6. Quand on est amoureux, on est toujours heureux.
7. L'amour est passager, l'amitié est éternelle.
8. Le mariage est la forme la plus normale de la vie à deux.
9. La jalousie est incompatible avec un véritable amour.
10. L'amour n'est pas un sentiment. C'est un art.
11. Il ne faut pas badiner avec l'amour.
12. S'aimer, c'est regarder ensemble dans la même direction.

Activité: *Sentiments*

Lisez les sentiments que les personnes suivantes ont pour d'autres personnes et décrivez leurs rapports. Pour cela, utilisez les verbes entre parenthèses dans des phrases affirmatives ou négatives.

MODÈLE: Jean-Louis est brouillé avec Denise. (écrire?)
Non, il ne lui écrit pas.

1. Philippe éprouve de l'admiration pour ses professeurs. (critiquer?)
2. Robert a horreur des gens snobs. (admirer?)
3. Charlotte éprouve de la sympathie pour Gérard. (aimer bien?)
4. Janine est fâchée avec Adèle. (inviter?)
5. Jacques trouve Monique sympathique. (donner rendez-vous?)

[1] *to trifle*

Activité: *Quels sentiments?*

Décrivez les sentiments des personnes de la *colonne A* en utilisant le verbe **éprouver** et les éléments des *colonnes B* et *C* dans des phrases affirmatives ou négatives. Soyez logique!

A	B	C
je	de l'amitié	Desdémone
nous	de la sympathie	Juliette
les étudiants	du respect	les gens riches
les Américains	de l'indifférence	les gens pauvres
Roméo	de la jalousie	les professeurs stricts
Othello	de l'amour	les Russes
	de l'admiration	les Français
	de la pitié	

MODÈLE: **Les Américains éprouvent de l'amitié pour les Français.**
OU: **Les Américains n'éprouvent pas d'amitié pour les Français.**

Sondage

Les jeunes et l'amour

Il m'aime un peu? beaucoup? passionnément? à la folie? pas du tout? Les secrets de la marguerite° n'intéressent pas tellement les jeunes Français d'aujourd'hui. Ou du moins s'ils les intéressent encore, l'amour n'est pas leur préoccupation la plus importante. Pour la majorité, le travail compte plus que l'amour. Un sondage d'opinion organisé par le magazine *l'Express* parmi les jeunes âgés de 15 à 20 ans, a révélé ce résultat assez surprenant!°

qui cause de la surprise

À la question, «Parmi les quatre choses suivantes—profession, amour, argent, action politique—quelle est celle que vous souhaiteriez° en priorité?» 61% ont choisi la profession. Une petite minorité ont choisi l'amour. Bien sûr, cela ne signifie pas que l'amour n'existe pas. Pourtant, lorsqu'on leur a posé la question. «Êtes-vous actuellement amoureux?» 57% des jeunes gens et des jeunes filles interviewés ont répondu que non. Autre constatation:° la majorité des Français croient au mariage et au bonheur. Où est donc le stéréotype du Français grand séducteur, allant de conquête en conquête?

voudriez

conclusion

Voici les questions du sondage:

1. Actuellement, êtes-vous amoureux (amoureuse)?

oui	38%
non	57%
ne veut pas répondre	5%

2. Si vous êtes amoureux (amoureuse), est-ce que c'est la première fois?

oui	36%
non	63%
ne veut pas répondre	1%

3. Est-ce que la personne que vous aimez vous aime aussi?

oui	75%
non	3%
ne sait pas	22%

4. Vos parents connaissent-ils votre vie sentimentale?

oui	67%
non	28%
ne sait pas	5%

5. Si un garçon et une fille entre 15 et 20 ans s'aiment profondément, que faut-il qu'ils fassent s'ils ne sont pas indépendants financièrement?

rester chez leurs parents et se voir régulièrement	75%
quitter leur famille sans se marier	11%
quitter leur famille pour se marier	11%
sans opinion	3%

6. Et s'ils sont indépendants, que faut-il qu'ils fassent?

rester chez leur parents et se voir régulièrement	14%
quitter leur famille sans se marier	25%
quitter leur famille pour se marier	59%
sans opinion	4%

7. Avez-vous peur du mariage?

	garçons	*filles*
oui, très peur	1%	2%
oui, un peu	23%	36%
non, pas du tout	76%	62%

Activité: *Études*

1. Répondez au questionnaire de *l'Express.*
2. Choisissez 5 des questions de *l'Express,* puis faites un sondage parmi vos amis. Comparez les résultats de ce sondage avec le sondage de *l'Express.*

Comment se sont-ils rencontrés?

Les Français ne se marient pas par hasard. Le mariage unit généralement un garçon et une fille qui se connaissent depuis un certain temps (relations de famille, de travail, de voisinage, etc.). Voici comment les futurs couples se forment.

Sur 100 jeunes mariés...

17% se sont rencontrés par relations d'enfance ou de famille.

17% se sont rencontrés au bal.

13% se sont rencontrés au travail ou pendant les études.

11% se sont rencontrés par présentations [*through mutual friends*].

11% se sont rencontrés par relations de voisinage.

3% se sont rencontrés par annonces ou agences matrimoniales.

28% se sont rencontrés dans des circonstances fortuites [*by chance*], dans les lieux de distraction ou réunions de société.

Activité: *Analyse*

Analysez le dessin humoristique à droite et répondez aux questions suivantes.

1. Où se passe la scène? À quelle époque de l'année?
2. Qui sont les deux personnes?
3. Que faisait la jeune fille quand le jeune homme est arrivé?
4. Quelles sont les intentions du jeune homme? Qu'est-ce qu'il fait? Qu'est-ce qu'il dit?
5. Comment est-ce que la jeune fille réagit? Que fait alors le jeune homme? Quelle est la réaction de la jeune fille?
6. Quelle est la «morale» de l'histoire? Selon vous, est-ce que cette histoire est drôle? Pourquoi ou pourquoi pas?

Vocabulaire: *La vie à deux*

Les fiançailles (*f*)
> **Les fiançailles** précèdent le mariage.
> Un jeune homme et une jeune fille qui s'aiment peuvent **se fiancer.**
>> Le jeune homme devient **le fiancé.**
>> La jeune fille devient **la fiancée.**

Le mariage
> On **épouse** quelqu'un.
> On **se marie avec** quelqu'un.
>> On se marie **religieusement,** c'est-à-dire à l'église.
>> On se marie **civilement,** c'est-à-dire à la mairie.
> On fait **un mariage d'amour** ou **un mariage de raison.**
> Les personnes qui ne sont pas mariés sont **célibataires.**

Le couple
> **Le mari** et **la femme** sont **les époux** (*m*). Ils forment **un couple.**
> Au début du mariage, ce couple est **un jeune ménage.**
> Le jeune ménage **fonde un foyer** [*starts a family*].
> Le couple peut être **uni** ou **désuni.**
> Si le couple est trop désuni, les époux **se séparent** et **divorcent.**

«On ne peut pas vivre d'amour et d'eau fraîche.»

«Loin des yeux, loin du cœur.»
—*Dictons*

Activité: *Questions personnelles*

1. Êtes-vous célibataire? fiancé(e)? marié(e)?
2. Avez-vous l'intention de rester célibataire? de vous marier? de fonder un foyer?
3. Avez-vous des amis mariés? À quel âge se sont-ils mariés?
4. Avez-vous assisté à un mariage civil? où? quand?
5. Avez-vous assisté à un mariage religieux? à quelle église/synagogue? Qui étaient les époux?
6. Est-ce que vous connaissez des jeunes ménages? Ont-ils des enfants?

Activité: *Au choix*

Complétez les phrases en exprimant votre opinion personnelle.

Quand...	il vaut mieux...	
on s'aime	se marier	rester célibataire
on a une religion	se marier à l'église	se marier à la mairie
on est fiancé	sortir avec son (sa) fiancé(e)	sortir avec d'autres personnes
on est jeunes mariés	avoir des enfants	ne pas avoir d'enfants
on forme un couple désuni	divorcer	rester marié
on est divorcé	rester célibataire	se remarier

Pour ou contre le mariage

Voici huit opinions, quatre pour et quatre contre le mariage.

Pour

MARIE-CLAUDE (*20 ans*): J'aimerais avoir des enfants. Je ne suis pas particulièrement conformiste, mais je ne vois pas comment je pourrais élever une famille si je n'étais pas mariée.

PIERRE (*18 ans*): Pour moi, le mariage est la façon la plus normale de vivre à deux dans notre société.

JACQUES (*19 ans*): Je suis désorganisé et instable. Je crois que le mariage m'apportera l'équilibre mental et affectif que je recherche.

MARYLÈNE (*23 ans*): Je crois au grand amour. Je crois aussi qu'on ne le rencontre qu'une fois dans la vie. Seriez-vous d'accord pour le laisser échapper,° si vous le rencontriez?

to let it escape

Contre

JACQUELINE (*21 ans*): Je connais un jeune homme depuis un an. Nos parents souhaitent que nous nous marions. Pourquoi? Nous sommes heureux comme cela. Mariés, nous aurions le sentiment de ne plus avoir notre liberté et finalement nous serions malheureux. Pourquoi gâcher° une belle chose?

ruiner

JEAN-MARC (*19 ans*): Quand on s'aime vraiment, le mariage est superflu.

SERGE (*22 ans*): J'ai été plusieurs fois amoureux. Chaque fois, c'était absolument sincère. On ne peut pas se marier avec toutes les filles qu'on trouve sympathiques. Si je m'étais marié avec la première fille que j'ai aimée, je serais aujourd'hui très malheureux.

NICOLE (*20 ans*): La vie à deux, peut-être! Le mariage, non! Je suis trop indépendante. Je ne supporterais pas d'être éternellement l'esclave° d'un homme ou d'une famille... même si je les aimais éperdument.°

slave
totalement

Activité: *Discussion*

Avec laquelle des positions précédentes vous identifiez-vous? Pourquoi?

Activité: *Compatibilité*

La compatibilité est-elle nécessaire au succès du couple? Exprimez votre opinion personnelle en commençant vos phrases par l'une des expressions suivantes.

Il faut absolument...
Il est préférable...
Il n'est pas indispensable...
Il est inutile...
Il est dangereux...

MODÈLE: avoir la même nationalité
Il est préférable que les deux personnes aient la même nationalité.

1. avoir la même religion
2. avoir la même origine sociale
3. avoir les mêmes idées politiques
4. avoir la même éducation
5. avoir des personnalités très semblables [*similar*]
6. se connaître depuis longtemps
7. s'aimer passionnément
8. vouloir des enfants
9. avoir une profession
10. avoir les mêmes projets [*plans*]
11. avoir la même conception de l'existence
12. se respecter mutuellement
13. tolérer les défauts de son partenaire
14. obéir à son partenaire
15. être fidèle [*faithful*]

Activité: *Le couple idéal*

Qu'est-ce qui compte le plus et qu'est-ce qui compte le moins pour un couple à divers moments de l'existence? Exprimez votre opinion personnelle en remplissant le tableau ci-dessous. Si vous voulez, vous pouvez utiliser les expressions de l'Activité, *«Compatibilité»*.

	Ce qui compte le plus, c'est...	Ce qui compte le moins, c'est...
Au moment du mariage	1. 2. 3.	1. 2. 3.
Après 5 ans de mariage	1. 2. 3.	1. 2. 3.
Après 20 ans de mariage	1. 2. 3.	1. 2. 3.
Après 50 ans de mariage	1. 2. 3.	1. 2. 3.

Activité: *Débats*

Choisissez une position pour ou contre.

1. La société doit protéger le mariage.
2. Le mariage est une institution archaïque.
3. La société contemporaine doit encourager le célibat.
4. Le divorce ne doit être permis que pour des raisons exceptionnelles.

Rencontre avec...

Albert Camus

Journaliste, romancier,° auteur de pièces° et d'essais philosophiques, Albert Camus (1913–1960) reste l'un des écrivains français les plus marquants° du vingtième siècle. En 1957, il a reçu le Prix Nobel pour l'ensemble de son œuvre° littéraire.

    Le passage que vous allez lire est tiré de *L'Étranger,* un roman publié en 1943 dans lequel Albert Camus exprime sa philosophie de «l'absurde». Pour Camus, la vie n'a pas de sens car° elle n'est qu'une série d'habitudes et de gestes machinaux.° Ce sentiment de l'absurde est la caractéristique essentielle des relations entre l'homme et le monde. Mais la constatation° de l'absurde n'est pas une fin en soi.° Elle aboutit à° la révolte. C'est en se révoltant que l'homme exprime son individualité.

    Le roman *L'Étranger* se situe en Algérie, terre natale de Camus.° Meursault, le héros narrateur, est un employé de banque sans ambition et sans passion. Refusant d'analyser ses sentiments et ignorant° les jugements de la société, Meursault reste un «étranger» dans un monde qui n'a pas de signification.° Tout lui est égal° parce que tout lui est indifférent.° C'est ce qu'il exprime à son amie Marie Cordona qui lui propose le mariage.

    ▸ Le soir, Marie est venue me chercher et m'a demandé si je voulais me marier avec elle. J'ai dit que cela m'était égal et que nous pourrions le faire si elle le voulait. Elle a voulu savoir alors si je l'aimais. J'ai répondu comme je l'avais déjà fait une fois, que cela ne signifiait rien mais que sans doute je ne l'aimais pas. «Pourquoi m'épouser alors?» a-t-elle dit. Je lui ai expliqué que cela n'avait aucune° importance et que si elle le désirait, nous pouvions nous marier. D'ailleurs,° c'était elle qui le demandait et moi je me contentais de dire oui. Elle a observé alors que le mariage était une chose grave.° J'ai répondu: «Non.» Elle s'est tue° un moment et elle m'a regardé en silence. Puis elle a parlé. Elle voulait simplement savoir si j'aurais accepté la même proposition venant d'une autre femme, à qui je serais attaché de la même façon. J'ai dit: «Naturellement.»

novelist / plays
prominent

work

parce que
mechanical
acknowledgment
end in itself / leads to

land of Camus's birth

unaware of

meaning / the same / sans importance

pas d'
En réalité

sérieuse / remained silent

Elle s'est demandé alors si elle m'aimait et moi, je ne pouvais rien savoir sur ce point. Après un autre moment de silence, elle a murmuré° que j'étais bizarre, qu'elle m'aimait sans doute à cause de cela mais que peut-être un jour je la dégoûterais° pour les mêmes raisons. Comme je me taisais,° n'ayant rien à ajouter,° elle m'a pris le bras en souriant et elle a déclaré qu'elle voulait se marier avec moi. J'ai répondu que nous le ferions dès qu'°elle le voudrait.

whispered

*would disgust her / remained silent
to add*

as soon as

Activité: *Compréhension du texte*

1. Qui est Marie? Qu'est-ce qu'elle a proposé à Meursault? Est-ce qu'il a accepté?
2. Qu'est-ce que Marie veut savoir de Meursault? Comment répond-il? Pour lui, est-ce que l'amour a un sens? Est-ce que l'amour est essentiel au mariage?
3. Comment Marie considère-t-elle le mariage? Quelle est l'opinion de Meursault à ce sujet? Comment Marie réagit-elle à l'expression de cette opinion?
4. Comment Meursault exprime-t-il son indifférence vis-à-vis de Marie? Est-ce qu'il s'intéresse vraiment aux sentiments de celle-ci?
5. Qu'est-ce que Marie pense de Meursault? Est-ce qu'elle l'aime?

Activité: *Analyse et interprétation*

1. Décrivez les relations entre Marie et Meursault. Décrivez leur personnalité respective.
2. Comparez l'attitude de Marie et de Meursault envers le mariage.
3. Selon vous, est-ce que l'amour est l'ingrédient essentiel de la vie à deux?
4. Dans la philosophie de l'absurde, l'homme reste indifférent devant un monde qui n'a pas de sens. Expliquez le sentiment de l'absurde chez Meursault.
5. Selon vous, est-ce que le mariage est un acte philosophiquement «absurde»?

Activité: *Dialogue*

Transformez le texte que vous avez lu en dialogue. Jouez ce dialogue en classe.

Dossier 10
Oui à la famille!

▶ *Document*

La naissance

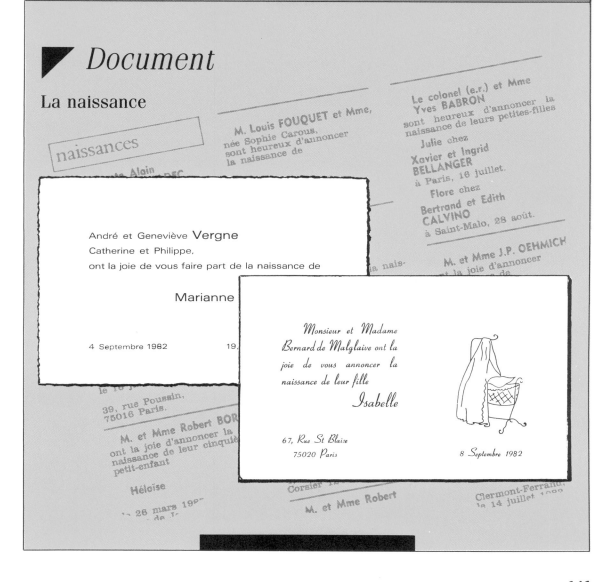

naissances

M. Louis FOUQUET et Mme,
née Sophie Carous,
sont heureux d'annoncer
la naissance de

Le colonel (e.r.) et Mme
Yves BABRON
sont heureux d'annoncer la
naissance de leurs petites-filles

Julie chez
Xavier et Ingrid
BELLANGER
à Paris, 16 juillet.

Flore chez
Bertrand et Edith
CALVINO
à Saint-Malo, 28 août.

...te Alain ...EC

M. et Mme J.P. OEHMICH
...nt la joie d'annoncer
...de

...a nais-

André et Geneviève **Vergne**
Catherine et Philippe,
ont la joie de vous faire part de la naissance de

Marianne

4 Septembre 1982   19.

Monsieur et Madame
Bernard de Malglaive ont la
joie de vous annoncer la
naissance de leur fille
Isabelle

67, Rue St Blaise
75020 Paris

8 Septembre 1982

...le 10 j...
39, rue Poussin,
75016 Paris.

M. et Mme Robert BOR...
ont la joie d'annoncer la
naissance de leur cinquiè...
petit-enfant

Héloïse

...26 mars 198...
...de l...

Corsier 1...
M. et Mme Robert

Clermont-Ferrand,
le 14 juillet 198...

Vocabulaire: *La famille*

Les membres (*m*) de la famille
    La famille proche ou **la cellule familiale** comprend:
        les parents (*m*): **le père, la mère**
        les enfants (*m*): **le fils, la fille; le frère, la sœur**
        Une famille nombreuse a au moins trois enfants.
    La famille éloignée comprend:
        les grands-parents: le grand-père, la grand-mère
        les petits-enfants: le petit-fils, la petite-fille
        les beaux-parents [*stepparents; in-laws*]: **le beau-père, la belle-mère**
        les parents [*relatives*]: **l'oncle** et **la tante, le neveu** et **la nièce, le cousin**
          et **la cousine**
        On a **des cousins germains** [*first cousins*] et **des cousins éloignés.**

Le rôle de la famille
    l'éducation (*f*): les parents **élèvent** les enfants
    la protection: les parents **protègent** les enfants contre l'adversité
    le dévouement (*m*) [*devotion*]: les membres de la famille **sont dévoués** les
        uns envers les autres
    le respect: les enfants doivent **respecter** les parents
    les conseils: les parents **donnent des conseils** aux enfants
    la confiance: les enfants **ont confiance** en leurs parents

Les rapports familiaux
    Les parents peuvent être... **sévères** ou **indulgents, autoritaires** ou **tolérants,**
        incompréhensifs ou **compréhensifs**
    Les enfants peuvent être... **obéissants** ou **désobéissants, dociles** ou
        difficiles

La bonne entente, c'est...
    respecter les membres de la famille
    accepter leurs opinions
    avoir des rapports cordiaux, agréables avec la famille
    entretenir de bons rapports avec la famille
    s'entendre avec la famille

Le conflit, c'est...
    avoir des disputes et des querelles avec la famille
    avoir des rapports tendus avec la famille
    entretenir de mauvais rapports avec la famille
    faire des reproches à la famille
    être révolté contre la famille
    se révolter contre ses parents
    rejeter leurs opinions

Activité: *Questions personnelles*

1. Faites-vous partie d'une famille nombreuse? Combien de frères avez-vous? combien de sœurs? Quel âge ont-ils?
2. Est-ce que vos grands-parents habitent avec vous? Où habitent-ils? Allez-vous souvent chez eux?
3. Avez-vous des cousins germains? combien? Où habitent-ils? Est-ce que vous les voyez souvent?
4. Avez-vous des oncles et des tantes? Est-ce que vous leur rendez visite? à quelles occasions?
5. Assistez-vous souvent à des réunions familiales? à quelles occasions?
6. Vos parents sont-ils plutôt autoritaires? sévères? indulgents? tolérants?
7. Demandez-vous souvent conseil à vos parents? sur quels sujets?
8. Avez-vous totalement confiance en vos parents? Est-ce que vos parents ont totalement confiance en vous?
9. Est-ce que vous vous entendez bien avec vos parents? Entretenez-vous de bons rapports avec les autres membres de votre famille?
10. Avez-vous des disputes avec vos frères et vos sœurs? à quelles occasions?
11. Dans votre famille, qui a le rôle effectif de chef de famille? Qui prépare le budget familial? Qui s'occupe le plus de l'éducation des enfants?

Activité: *Le rôle des parents*

Quel est le rôle des parents dans la société moderne? Exprimez votre opinion personnelle d'après le modèle.

MODÈLE: donner une bonne éducation
à leurs enfants
Oui, il faut que les parents donnent une bonne éducation à leurs enfants.
ou: **Non, il n'est pas nécessaire que les parents donnent une bonne éducation à leurs enfants.**

1. être sévères
2. être indulgents
3. se sacrifier pour leurs enfants
4. payer les études de leurs enfants
5. donner de l'argent de poche à leurs enfants
6. assurer la formation morale de leurs enfants
7. former la personnalité de leurs enfants
8. protéger leurs enfants contre l'adversité
9. engager le dialogue avec leurs enfants
10. donner des conseils à leurs enfants

Activité: *Le rôle des enfants*

Selon vous, est-ce que les enfants doivent faire les choses suivantes?

> MODÈLE: obéir à leurs parents
> **Oui, il faut que les enfants obéissent à leurs parents.**
> ou: **Non, il n'est pas nécessaire que les enfants obéissent à leurs parents.**

1. respecter leurs parents
2. respecter les opinions de leurs parents
3. aider leurs parents dans l'adversité
4. assister aux réunions familiales
5. conserver les traditions familiales
6. se sacrifier pour leurs parents
7. informer leurs parents de leur vie sentimentale
8. avoir confiance en leurs parents
9. critiquer les parents

Activité: *Conflits*

Dites si les choses ci-dessous peuvent être une source de conflit entre vos parents et vous. Dans vos phrases, utilisez l'une des expressions suivantes: **jamais, rarement, de temps en temps, parfois, la plupart du temps, toujours.**

> MODÈLE: la politique
> **La politique est souvent une source de conflit entre mes parents et moi.**

1. l'usage du téléphone
2. l'usage de la voiture familiale
3. mes notes en classe
4. mes amis
5. mes vêtements
6. mon avenir
7. mes opinions
8. les travaux domestiques
9. les loisirs
10. l'argent de poche

FLASH

La famille d'hier

La famille était considérée comme la base la plus solide de la société. Elle était protégée par la loi, les institutions, la religion. Elle avait ses caractéristiques immuables.°   *qui ne changent pas*

La famille tribu

La famille comprenait° les parents et les enfants, mais aussi les grands-parents, les oncles, les tantes, les cousins. Tout ce monde vivait souvent dans la même ville ou le même village, et souvent dans la même maison.   *incluait*

La famille hiérarchisée

Dans la famille traditionnelle, chacun avait un rôle bien défini. Le père avait le titre d'empereur. La mère assumait les fonctions de ministre de l'éducation, de ministre des finances, de ministre des affaires intérieures.

La famille cloison[1]

La famille garantissait une certaine protection contre les circonstances difficiles de l'existence. Elle isolait aussi ses membres du monde extérieur. On se mariait généralement entre personnes du même milieu économique et social. On se mariait rarement entre classes sociales différentes. La famille était ainsi un facteur d'inertie° et un obstacle à l'intégration sociale.   *resistant to change*

Activité: *Compréhension*

Dites si les phrases suivantes sont vraies ou non. Si elles sont fausses, rectifiez-les.

1. Autrefois, les enfants avaient de nombreuses occasions de voir leurs grands-parents.
2. C'est le père qui était le chef de famille.
3. Le père et la mère avaient des rôles différents.
4. En général, c'était la mère qui s'occupait de l'éducation de ses enfants.
5. En général, il y avait une grande solidarité entre les membres d'une même famille.
6. Autrefois, il n'y avait pas de barrières entre les différentes classes sociales.

---

[1] *closed (lit. separated from others by a dividing wall [une cloison])*

Sondage

Et la famille d'aujourd'hui?

On connaît les lamentations de la génération plus âgée: «Il n'y a plus de religion, plus d'État! Il n'y a plus de respect de la hiérarchie, plus d'autorité des maîtres, plus d'amour du travail! Les valeurs fondamentales de notre société disparaissent. En fait, tout disparaît! Il n'y a même plus de nature!» Et la famille? Est-ce qu'elle disparaît, elle aussi?

La famille ne peut pas disparaître. C'est une nécessité biologique. On ne naît pas sans père et sans mère. Ce qui disparaît, c'est le caractère traditionnel des rapports familiaux. Si on ne choisit ni ses parents, ni ses frères, ni ses sœurs, on peut maintenant choisir l'environnement de la famille que l'on veut créer. Voilà le changement fondamental.

Pour analyser ce changement, le magazine *l'Express* a interrogé un grand nombre de jeunes Français et de jeunes Françaises. Quelle est leur conception de la famille? Quel rôle assignent-ils à celle-ci? Ont-ils une attitude positive ou négative envers la famille? Et d'abord, y croient-ils?

Avant de découvrir les opinions des Français, répondez à chaque question vous-même.

1. **Votre opinion du rôle éducatif de vos parents:**
   Est-ce que vos parents se sont occupés de vous?
   a. oui, comme il faut
   b. plutôt trop
   c. plutôt pas assez
   d. sans opinion

2. **L'éducation de vos enfants:**
   Pensez-vous que vous élèverez vos enfants comme vos parents vous ont élevé(e)?
   a. oui
   b. non
   c. sans opinion

3. **Le nombre idéal d'enfants:**
   Combien d'enfants voulez-vous avoir?
   a. aucun
   b. un
   c. deux
   d. trois
   e. quatre et plus
   f. sans opinion

4. **Le rôle futur de la famille:**
   Croyez-vous que dans l'avenir [*future*] l'unité de la cellule familiale sera aussi importante qu'aujourd'hui?
   a. plus importante
   b. moins importante
   c. sans opinion

5. **À quoi sert la famille?**
   Pour chacune des choses suivantes, est-ce que le rôle de la famille est très important ou pas?
   a. pour l'éducation des enfants?
   b. pour la protection contre l'adversité?
   c. pour le développement individuel des époux?

6. **Le divorce:**
   Quelle est votre attitude envers le divorce?
   a. Je condamne le divorce par principe.
   b. Je suis sûr(e) que je ne divorcerai pas.
   c. C'est une éventualité possible que je redoute [*fear*].
   d. C'est une éventualité possible que je ne redoute pas.

Résultats du questionnaire

1. a. 61%,   b. 21%,   c. 15%,   d. 3%

2. a. 50%,   b. 44%,   c. 6%

3. a. 8%,   b. 10%,   c. 42%,   d. 31%,   e. 0%,   f. 9%

4. a. 66%,   b. 23%,   c. 11%

5. très important: a. 85%, b. 58%, c. 51%; pas important: a. 11%, b. 30%, c. 37%; sans opinion: a. 4%, b. 12%, c. 12%

6. garçons: a. 7%, b. 47%, c. 38%, d. 8%; filles: a. 5%, b. 47%, c. 41%, d. 7%

Conclusion: Vive la nouvelle famille!

«Vive la famille!» Ce n'est pas le défi° d'une minorité de conservateurs, d'idéologues ou de moralisateurs. C'est le cri de la jeunesse française d'aujourd'hui. Oui à la famille, mais à la famille moderne, à la famille renovée. Oui à la famille fondée sur des rapports libres entre ceux qui la composent. Voilà la conclusion du sondage fait par *l'Express* auprès de jeunes Français âgés de 15 à 20 ans.   *challenge*

Dans leur grande majorité, les jeunes pensent que la préservation de la cellule familiale est indispensable pour l'éducation des enfants (85%), pour leur protection contre les difficultés de l'existence (58%), et même pour le développement individuel des époux (51%).

61% des jeunes pensent que leurs parents se sont occupés d'eux «comme il faut», même si la moitié d'entre eux ont décidé d'éduquer leurs enfants d'une manière différente. Il est évident que le respect des enfants pour leurs parents ne disparaît pas aussi rapidement qu'on le dit!

Trois quarts° des jeunes veulent avoir au moins deux enfants. Peut-être changeront-ils d'idées, mais au départ, leur attitude envers la famille est plus positive que celle de leurs parents. ^{3/4}

La majorité des jeunes pensent que l'unité de la famille aura tendance à diminuer. Est-ce que cette opinion contredit l'attachement des jeunes aux valeurs familiales? Pas nécessairement! Cela signifie simplement qu'ils imaginent une famille différente de la famille traditionnelle. Une famille différente, moins isolée, plus ouverte et surtout plus libre. Et avant tout, ils veulent une famille.

Activité: *Compréhension*

Dites si les phrases suivantes sont vraies ou fausses.

1. Les jeunes Français croient à la famille.
2. La majorité des jeunes Français veulent avoir une famille nombreuse.
3. Dans leur majorité, les jeunes Français pensent qu'ils ont reçu une bonne éducation.
4. La famille d'aujourd'hui est moins hierarchisée que la famille d'autrefois.
5. Comme leurs parents, les jeunes Français condamnent le divorce par principe.

Activité: *Vive la famille!*

Pour chacune des circonstances suivantes, indiquez si celle-ci encourage les familles à avoir des enfants, décourage les familles à avoir des enfants, n'a pas d'influence sur la famille.

1. le confort
2. l'urbanisation
3. l'inflation
4. le coût des études
5. le matérialisme
6. l'égalité des sexes
7. l'idéalisme des jeunes
8. la mobilité de la société
9. la plus grande égalité sociale
10. le nouveau féminisme
11. la renaissance de la religion
12. les progrès de la médecine
13. la facilité de l'existence
14. les problèmes économiques

Activité: *La famille moderne*

Dites si les éléments suivants sont généralement absents ou présents dans la famille moderne et dans votre famille.

1. l'amour
2. l'autorité paternelle
3. l'autorité maternelle
4. la confiance
5. la sécurité
6. le respect des traditions
7. l'affection
8. la discipline
9. l'égalité
10. la sincérité
11. la possibilité du dialogue
12. les problèmes économiques
13. la tolérance
14. la patience
15. le manque [*lack*] de communication
16. les petites disputes
17. l'incompréhension
18. l'égoïsme
19. la jalousie
20. les querelles continuelles
21. l'isolement [*isolation*]

Des éléments ci-dessus, indiquez ceux qui constituent les trois meilleures protections de la famille, et ceux qui constituent les trois plus graves dangers pour la famille.

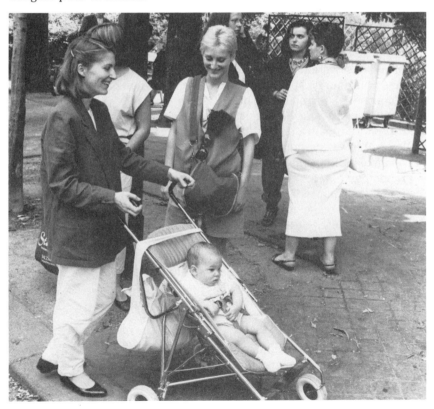

Rencontre avec...

Jean-Paul Sartre

Philosophe existentialiste, Jean-Paul Sartre (1905–1980) a illustré cette philosophie dans de nombreux essais, romans et pièces de théâtre. En 1964, il a refusé le Prix Nobel de Littérature pour protester contre l'hypocrisie du monde contemporain. Il a poursuivi son activisme politique en dénonçant toute entrave° à la liberté et en combattant pour la paix et pour le respect des droits de l'homme.

    Sartre perdit son père à l'âge d'un an et passa une partie de sa petite enfance° chez ses grands-parents. À la suite° du remariage de sa mère en 1917, il alla habiter à la Rochelle chez son beau-père. C'est cette époque de sa vie qu'il évoque dans l'interview suivante.

    Mais, à partir de° dix ans, un fait° nouveau s'est produit, à onze ans plutôt, puisque° j'étais chez mes grands-parents et j'étais au lycée, au lycée Henri-IV,[2] ma mère s'est remariée, et ça a été certainement une période qui a tout changé pour moi puisque, d'une part,° ma mère qui était jusque-là entièrement dévouée° à ma cause, et que je considérais un peu comme une grande sœur, ma mère a introduit quelqu'un dans ma vie, et en plus° ce quelqu'un devenant le maître de mes destinées, je me suis trouvé partir à La Rochelle où il avait été nommé directeur de chantiers navals° qui appartenaient à la maison Delaunay-Belleville. Je me suis donc déplacé, j'ai quitté mes grands-parents, je me suis trouvé dans un autre milieu familial, qui d'ailleurs ne me comprenait guère° puisque mon beau-père était essentiellement un homme de science, un ingénieur, et en plus je me suis trouvé dans un monde nouveau, c'est-à-dire une ville de province pendant la guerre.[3]

    En ce qui concerne ma vie avec mon beau-père, c'était un homme fort bien,° il était parfait. Il avait décidé de se charger° du côté scientifique de mon éducation. Et les résultats furent minces.° Je me souviens qu'il essayait de me faire apprendre la géométrie et le résultat était plutôt que je désapprenais° ce que je savais. Il le faisait le soir, après dîner. Alors ma mère— qui avait été très longtemps, comme vous le savez, ma meilleure amie, pendant toute mon enfance—était gênée,° elle était prise entre deux feux,° et je me rappelle qu'une fois, ça a été la dernière gifle° que j'ai reçue de

obstacle

early childhood / Après

from the age of /
occurrence
since

on the one hand

devoted

moreover

navy shipyards

not much

very proper / to take
charge
meager

was unlearning

bothered / caught in a
dilemma
slap

---

[2] un lycée de Paris   [3] la Première Guerre mondiale (1914–1918)

ma vie, mon beau-père m'avait posé un problème, et puis j'avais répondu plutôt insolemment,° je ne sais pas; elle est partie furieuse dans la cuisine. Alors mon beau-père et moi, on s'est expliqué,° et la chose est redevenue tout à fait normale, nous avons recommencé à parler de cette géométrie, et à ce moment-là ma mère, qui méditait sa colère° à la cuisine, est revenue et toc°, m'a donné deux gifles, ce qui a fait crier° mon beau-père, et moi-même je suis parti dignement.° Je me rappelle cette histoire pour montrer comment c'étaient des rapports° familiaux compliqués. Mon beau-père, évidemment, à cette époque-là, je le considérais mal, comme un intrus.°

    Je crois qu'une des choses importantes pour moi de ce mariage (qui en fait était fait par ma mère avec les meilleures intentions du monde: elle ne pouvait plus rester à la charge° de mon grand-père qui devenait trop vieux) ça a été de me faire faire une rupture intérieure avec ma mère, si vous voulez, comme si je n'avais pas voulu avoir de chagrin° et que j'avais jugé mieux de faire la rupture. Alors j'ai conservé° de l'affection pour ma mère toute ma vie, mais ce n'était plus la même. Ça s'est fait comme ça. Je n'ai pas du tout considéré—dans ce qu'on pourrait appeler le conscient°—il n'y a jamais eu d'ennui° direct par rapport aux relations de ma mère avec mon beau-père; je n'ai jamais été inquiété, je ne me suis jamais dit «mais qu'est-ce que c'est, elle me prend quelque chose», ou «voilà comme elle est». Non. Ça a été plutôt une rupture qui a été faite en somme° vers onze ans.

avec insolence
resolved our misunderstanding
anger
bang / yell
in a dignified manner
relationships
intruder

as a dependent

sorrow
kept

consciousness / aggravation

as a matter of fact

Activité: *Compréhension du texte*

1. Où habitait Sartre quand il avait onze ans? À quelle école allait-il? De quel fait nouveau parle-t-il?
2. Quel changement émotionnel est-ce que le mariage de la mère de Sartre a provoqué chez l'enfant? Comment considérait-il sa mère avant? Est-ce que ce sentiment a changé? Comment?
3. Quels changements matériels est-ce que ce mariage a-t-il causés? Dans quelle ville est-ce que Sartre est allé habiter? Pourquoi?
4. Quel était le métier du beau-père de Sartre? Où travaillait-il?
5. Comment Sartre juge-t-il son beau-père?
6. Quel rôle est-ce que le beau-père veut jouer dans l'éducation de Sartre? Quels sont les résultats? À votre avis, pourquoi? Dans quelle situation la mère de Sartre se trouve-t-elle?
7. Un jour, comment est-ce que Sartre a répondu à son beau-père? Comment a réagi la mère de Sartre? Quelle a été la réaction de son mari? Quelle a été la réaction de son fils?
8. Expliquez ce que Sartre veut dire quand il parle de la «rupture intérieure» causée par le mariage de sa mère.

Place aux femmes!

▶ *Document*
C'est si bon d'être une femme.

Une femme séduisante, une femme rer
femme informée, une femme impliquée
une femme changeante, une femme app
femme triomphante, une femme créati
vante, une femme ardente, une femme
femme importante, une femme passionn
une femme affirmée, une femme boule
cultivée, une femme conquise, une femm
quérante, une femme fascinante, une f
une femme lumineuse, une femme passi
remarquée, une femme vraie, une femr

rquable, une femme spontanée, une
ne femme excessive, une femme jalouse,
tissante, une femme romanesque, une
une femme dépensière, une femme vi-
clatante, une femme irrésistible, une
e, une femme drôle, une femme précise,
rsante, une femme brillante, une femme
ère, une femme calme, une femme con-
me désinvolte, une femme généreuse,
née, une femme présente, une femme
astucieuse, une femme.

Vocabulaire: *La femme française*

La femme au travail
    Une femme-cadre exerce une profession libérale.
    Une employée travaille dans un bureau ou un magasin.
    Une ouvrière travaille dans une usine.

La femme chez elle
    Une femme d'intérieur s'occupe de sa maison.
    Une maîtresse de maison reçoit les invités.
    Une ménagère fait les courses.

La femme engagée [*politically active*]
    La féministe fait partie du MLF (Mouvement de la Libération des Femmes).

Revendiquer [*to claim*] ou **réclamer**...
    l'égalité civile et économique
    le statut [*status*] **égal avec l'homme**
    la distribution équitable [*fair*] **des tâches** (*f*) **domestiques** [*chores*]

Être contre et **lutter contre**...
    l'inégalité (*f*)
    la discrimination
    l'exploitation (*f*) de la femme
    les humiliations (*f*)
    l'idée de **la femme-objet**

Activité: *Problèmes?*

Dites si les éléments suivants sont aujourd'hui un problème pour les femmes américaines.

1. l'exploitation
2. la discrimination sociale
3. l'inégalité des salaires
4. l'inégalité des professions
5. les préjugés anti-féministes
6. la tyrannie du mari
7. le chauvinisme du mâle
8. l'esclavage familial
9. la servitude des travaux domestiques
10. la discrimination dans l'éducation
11. l'absence de chances réelles
12. la peur de ne pas réussir

Activité: *Progrès?*

Dites si oui ou non vous croyez que les femmes ont fait les choses suivantes. Expliquez votre position.

MODÈLE: obtenir l'égalité de salaires?
> **Oui, je crois que les femmes ont obtenu l'égalité de salaires. Aujourd'hui elles sont payées comme les hommes.**

ou: **Non, je ne crois pas que les femmes aient obtenu l'égalité de salaires. Aujourd'hui elles gagnent moins d'argent que les hommes, même si elles font le même travail.**

1. obtenir l'égalité politique?
2. améliorer leur situation générale?
3. perdre leur féminité?
4. devenir financièrement indépendantes?
5. avoir une influence politique aux dernières élections présidentielles?
6. s'émanciper socialement?
7. faire beaucoup de progrès?
8. changer l'ordre établi?

Quelques premières

En France

Est-ce que l'égalité entre les sexes existe en France aujourd'hui? En théorie, peut-être. En pratique, non. Pourtant, des progrès sensibles ont été accomplis dans cette direction. Voici quelques «premières» qui ont marqué l'émancipation de la femme en France.

1788 Condorcet, un philosophe et homme politique, réclame pour les femmes le droit à l'instruction et à l'emploi.

1849 Pour la première fois, une femme se présente aux élections. (Situation paradoxale à une époque où les femmes n'ont pas le droit de vote!)

1851 Pour la première fois, une femme est décorée de la Légion d'Honneur, qui était alors une décoration exclusivement militaire. Cette femme avait participé à toutes les campagnes de Napoléon.

1861 Pour la première fois, une Française est reçue au baccalauréat. C'est une institutrice de 37 ans.

1868 Première femme-médecin.

1882 Création d'une ligue pour le droit des femmes. Son inspirateur: un homme—Victor Hugo.

1900 Première femme-avocat.

1903 Marie Curie, Française d'origine polonaise, est la première femme à recevoir un Prix Nobel. (En 1911, elle recevra un second Prix Nobel.)

1945 Les Françaises votent pour la première fois.

1947 Pour la première fois, une femme est ministre dans un gouvernement français.

1962 Pour la première fois, une femme mariée peut signer un chèque sans l'autorisation de son mari.

1967 Première femme pilote de ligne.

1972 Première ambassadrice.

1976 Première femme-général.

1980 Marguerite Yourcenar, première femme élue à l'Académie Française.

1981 Création d'un Ministère des Droits de la Femme.

Et ailleurs

1691 *États-Unis:* Les femmes votent pour la première fois dans l'état de Massachusetts. Elles perdent ce droit en 1780.

1862 *Suède:* Les femmes votent aux élections municipales pour la première fois.

1869 *États-Unis:* Les femmes votent dans l'état du Wyoming.

1905: *Allemagne:* Bertha Kinsky, première femme à obtenir le Prix Nobel de la Paix.

1909 *Suède:* Selma Lagerlœf, première femme à obtenir le Prix Nobel de Littérature.

1942 *Pérou:* Conchita Cintron, première femme toréador.

1963 *Union Soviétique:* Première femme dans l'espace, Valentina Térechkowa.

1966 *Inde:* Indira Gandhi est élue premier ministre.

1972 *États-Unis:* Première femme-rabbin, Sally Preisand.

1975 *Cuba:* Le «Code de la famille» stipule que l'homme et la femme ont l'obligation de partager toutes les tâches domestiques.

1981 *États-Unis:* Sandra O'Connor, première femme à la Cour Suprême américaine.

Activité: *Compréhension*

Dites si les phrases suivantes sont vraies ou fausses. Si elles sont fausses, rectifiez-les.

1. En France, les femmes peuvent voter depuis moins de 50 ans.
2. Il n'y a jamais eu de Prix Nobel féminins.
3. Il y a des femmes-médecins en France depuis plus de cent ans.
4. Il y a trente ans, une femme française mariée ne pouvait pas signer de chèque.
5. En France, les femmes ne peuvent pas être diplomates.
6. Une Américaine a été la première femme de l'espace.

Portraits

Quelques militantes françaises

Jeanne d'Arc (*1412–1431*):

À l'époque où Jeanne d'Arc vivait, la France était occupée par les Anglais. Devant ce désastre, Jeanne décida de prendre sur elle le destin de son pays. Elle commença par conquérir la confiance du roi qui lui donna une armée. Puis elle conquit° la confiance de ses troupes avec qui elle battit les Anglais et libéra la France.   *gained*

Hélas, Jeanne ne fut pas récompensée de sa vaillance. Abandonnée par le roi, trahie par ses compagnons d'armes, elle fut capturée par ses ennemis et brûlée°... Jeanne avait 20 ans!   *burned*

Olympe de Gouges (*1748–1793*):

Cette idéaliste était en avance sur son temps... Malheureusement pour elle! Au moment où les Révolutionnaires français proclamaient «les droits de l'homme et du citoyen», Olympe de Gouges écrivit un pamphlet qu'elle intitula «Les droits de la femme et de la citoyenne». Ce pamphlet, bien sûr, réclamait l'égalité de la femme et de l'homme. Pour cet acte sacrilège, Olympe de Gouges fut condamnée... et guillotinée.

George Sand (*1804–1876*):

George Sand (née Aurore Dupin) s'illustra° par son dédain de conventions. Elle quitta sa province et un mari odieux° pour conquérir Paris. Là, habillée en homme et fumant le cigare, elle fit scandale, mais elle devint la romancière° la plus célèbre de son époque. Elle inspira aussi des hommes de génie, parmi lesquels le grand Frédéric Chopin.

est devenue célèbre

détestable

femme qui écrit des romans [*novels*]

Louise Michel (*1830–1905*):

Louise Michel était socialiste à une époque où la France avait un empereur. C'était aussi une activiste et une révolutionnaire.

En 1871, elle participa à la Commune (qui fut la dernière des révolutions françaises) et monta sur les barricades. Arrêtée, elle fut déportée en Nouvelle-Calédonie, c'est-à-dire à l'autre bout du monde. Amnistiée, elle revint° en France où elle reprit le combat pour une société plus juste et plus équitable.

Louise Michel, qu'on surnomma la «Vierge Rouge», se signala non seulement par sa ferveur révolutionnaire, mais aussi par son humanité et sa charité.

retourna

Simone de Beauvoir (*1908—1986*):

Fille d'un avocat parisien, Simone de Beauvoir était destinée, par la tradition familiale, à mener une existence bourgeoise facile et sans intérêt. Anti-conformiste, elle décida de faire des études de philosophie. Après avoir brillamment réussi celles-ci, elle commença une carrière d'écrivain. Son livre, *Le Deuxième Sexe,* dans lequel elle attaquait avec vigueur la société sexiste contemporaine, eut un succès immédiat.

Mais Simone de Beauvoir n'est pas seulement un écrivain. C'est avant tout une femme d'action qui a milité pour l'émancipation morale, intellectuelle et sociale de la femme, et plus généralement pour la justice, pour la liberté et pour la paix. En 1974, Simone de Beauvoir fut élue présidente de la Ligue du Droit des Femmes.

Activité: *Discussion*

1. Des cinq portraits que vous avez lus, quel est celui qui vous paraît le plus sympathique? le moins sympathique? Pourquoi?
2. Choisissez une héroïne américaine et décrivez rapidement sa biographie. Vous pouvez utiliser l'un des portraits ci-dessus comme modèle.
3. D'après vous, qui sont les femmes qui ont le plus contribué à l'amélioration de la condition féminine aux États-Unis? Justifiez votre choix.

Enquête

Les femmes vues par elles-mêmes

Les femmes d'aujourd'hui n'ont pas nécessairement des opinions iden-
tiques sur les sujets qui les intéressent et préoccupent: la politique, le
travail, la famille... Voici l'opinion de plusieurs femmes que nous avons
interrogées.

Politique

- La place de la femme est à la maison... pas à la tribune.°   à faire de la politique

- Bien sûr que les femmes ont un rôle à jouer en politique. S'il y avait
  des femmes au gouvernement, il n'y aurait pas de guerre!

- Aujourd'hui la crise la plus grave est la crise de la famille. Il faut des
  lois qui protègent celle-ci... Il faut élire° des femmes pour faire voter   choisir aux élections
  ces lois.

- Même si nous votons pour des femmes, ce sont les hommes qui continuent à décider.

Travail

- Le travail libère l'individu. Pour nous, les femmes, le travail est devenu
  une nécessité. Il nous donne l'indépendance. L'indépendance économique, bien sûr, mais surtout l'indépendance psychologique et
  intellectuelle.

- Le travail féminin est un phénomène irréversible. C'est le seul moyen
  d'éliminer l'inégalité qui existe entre l'homme et la femme.

- D'accord, je suis pour le travail féminin. Je trouve parfaitement normal
  que les femmes soient avocates, médecins, juges, ingénieurs. Mais il
  y a des limites... Je ne serais pas très rassurée, par exemple, d'être
  dans un avion piloté par une femme.

- L'essentiel ce n'est pas que la femme travaille, c'est qu'elle ait le choix.
  Le choix de rester à la maison si elle le désire ou le choix d'avoir un
  emploi. Actuellement, ce choix n'est pas possible...

- Si la femme décide de travailler, la société doit prendre en charge la
  garde des enfants.

- Je travaille dans une usine. Mon travail est épuisant.° Je préférerais   fatigant
  rester chez moi, m'occuper de mes enfants et de mon mari. Je ne
  trouve rien d'inférieur dans le rôle de mère et d'épouse.

- Jamais je n'accepterais d'être opérée par une femme-chirurgien.

- Je suis secrétaire. Eh bien, dans mon travail je préfère être commandée par un homme. Les femmes se jalousent entre elles. Elles ne s'intéressent qu'à la nourriture, à la mode et à la beauté. Les hommes ont des conversations plus intelligentes.

Famille

- Le jour où elle se marie, le femme devient une esclave. C'est le mari qui donne les ordres, c'est la femme qui les exécute. Cet état de choses doit cesser. De nouveaux rapports° doivent être établis. Des rapports *relationships* basés non plus sur l'autorité, mais sur le respect mutuel... et la division des tâches domestiques.

- Je ne vois rien de déshonorant à rendre mon mari heureux. C'est lui qui travaille. C'est normal que je m'occupe de lui quand il rentre à la maison!

- Un mari qui fait la cuisine ou qui fait les courses,° je trouve cela ridicule. *achète la nourriture* Il est évident que les rôles sont différents dans une famille, et que la femme a probablement le rôle le plus difficile. Mais c'est la loi de la nature et de la société. Dans toute société, les rapports entre individus nécessitent la distribution de rôles différents pour chacun.

- La femme est mère. C'est une nécessité biologique. Cela ne signifie pas qu'elle doit être l'esclave du foyer.° Les rôles doivent être distribués *de la maison* plus équitablement. Il faut que le mari s'occupe davantage° de l'édu- *plus* cation de ses enfants. Il faut que la femme ait plus de loisirs. Aujourd'hui, c'est nécessaire pour l'équilibre de la famille.

Activité: *Analyse*

Étudiez chacune des opinions qui ont été exprimées. Choisissez une opinion dans chaque catégorie (politique, travail, famille). Dites si vous êtes entièrement d'accord, partiellement d'accord ou pas du tout d'accord. Expliquez votre position.

Activité: *En famille*

Selon vous, qui doit avoir les rôles suivants dans la vie de la famille: le mari? la femme? le mari et la femme? Commencez vos phrases par **Il est normal (Il n'est pas normal) que...**

> MODÈLE: faire la cuisine
> **Il est normal que la femme fasse la cuisine.**
> ou: **Il est normal que le mari et la femme fassent la cuisine.**

1. travailler
2. gagner l'argent du foyer
3. faire le ménage [*housework*]
4. faire les courses [*shopping*]
5. acheter les vêtements
6. préparer le budget
7. s'occuper des enfants
8. être responsable de la discipline
9. être responsable de l'éducation des enfants
10. choisir la voiture familiale
11. réparer la voiture
12. faire les petites réparations de la maison
13. organiser les loisirs de la famille
14. être le chef de la famille

— Quand je serai grand,
c'est moi qui commanderai à la maison,
je resterai célibataire !...

Sexe et langage

On dit: «Madame Durand est un professeur remarquable.» On dit aussi: «Sylvie fait d'excellentes études de médecine. Si elle continue, ce sera un excellent médecin.» **Un** professeur! **Un** médecin! Pourquoi pas **une** quand on parle d'une femme? Qu'y a-t-il de particulièrement masculin à exercer la profession de médecin? ou de professeur? ou d'ingénieur? ou de jockey? ou de chef d'orchestre? Et pourquoi dit-on **un** mannequin, quand la plupart des mannequins sont en réalité des femmes?

On dit **un** cadre lorsqu'il s'agit d'un homme. D'accord, mais pourquoi doit-on préciser **une femme**-cadre lorsqu'il s'agit d'une femme? On dit **un homme** politique, mais on ne dit pas **une femme** politique. Pourquoi? Est-ce que les femmes ne font pas de politique?

On dit: «Les Français ont élu **X** comme président.» Et les Françaises? Elles ne votent pas? On dit: «Il y a 250 millions d'Américains.» Absurde, surtout quand la majorité des Américains sont en réalité... des Américaines.

On dit: «Jacques et Sylvie sont d'excellents amis.» Pourquoi le pluriel est-il masculin? On dit aussi en parlant de Nathalie, de Michèle, de Jacqueline, de Françoise, de Monique et de Robert: «Ils sont allés à Paris.» Pourquoi **ils** quand la majorité est féminine?

On dit: «Quand on est étudiant, on aime aller au cinéma.» Et les étudiantes, elles, est-ce qu'elles ne vont jamais au cinéma?

Le langage est un phénomène culturel. Il reflète les valeurs d'une société, mais il en traduit aussi les préjugés. Quelles réflexions peut-on faire sur une société dont la langue reste systématiquement sexuée?

dc

HÉLÈNE BÉLANGER
DOCTEUR EN CHIROPRATIQUE

407, ST-LAURENT, SUITE 110, MONTREAL, QUEBEC H2Y 2Y5 (métro Place d'Armes)
SUR RENDEZ-VOUS (514) 871-8520

Rencontre avec...

Simone de Beauvoir

Issue° d'une famille bourgeoise, la romancière° Simone de Beauvoir (1908–1986) a cherché son émancipation dans la création intellectuelle et la production littéraire. Dans son essai *Le Deuxième Sexe,* publié en 1949, elle s'attaque aux préjugés° de son époque en analysant et en démystifiant la condition féminine. Pour elle, l'«éternel féminin» n'est qu'un stéréotype. S'il existe des différences entre l'homme et la femme, ces différences sont purement artificielles car° elles sont imposées par une société à prédominance mâle. L'infériorité apparente de la femme n'est que la conséquence de son esclavage. En réalité l'homme et la femme sont égaux.

Originaire / *novelist*

prejudices

parce que

Écrivain engagée,° Simone de Beauvoir participe activement au mouvement féministe. L'interview que vous allez lire date de 1960 et a été faite à une époque où subsistaient° de forts préjugés anti-féminins.

°politically active

°still existed

QUESTION: Croyez-vous vraiment que les femmes peuvent toujours accéder° aux postes° importants?

°have access to
°fonctions

S. DE BEAUVOIR: Mais oui, c'est ainsi. À capacité égale, les femmes n'attendent° pas le même avancement° que leurs collègues hommes. À vrai dire,° ni les femmes ni les hommes n'aiment se trouver sous les ordres d'une femme. Une femme, professionnellement très capable, se trouve devant un vrai barrage° d'hostilité, de méfiance.°

°expect / promotion
°En réalité

°barrier / distrust

Vous insistez sur le côté de triomphe, de conquête chez les femmes qui arrivent° à occuper un poste important. C'est bien vrai, il y a chez les femmes ce côté exaltant d'en arriver là où l'homme est déjà blasé.° Lorsque j'ai eu vingt-deux ans, je me rappelle à quel point l'agrégation[1] fut pour moi une conquête, alors que Sartre,[2] au contraire, se plaignait:° «Maintenant que je suis agrégé,° ça ne peut être que l'enlisement°...»

°réussissent
°indifférent

°was complaining
°diplômé / stagnation

Il se passe une chose bizarre: jusqu'à dix-neuf ans et au-delà les filles, maintenant, font les mêmes études que leurs frères, lisent les mêmes livres, s'intéressent au monde, à la politique. Elles acquièrent le goût° du risque, de l'aventure. Et puis, tout d'un coup,° elles s'arrêtent dans leur élan.° Parfois, la famille ne veut pas dépenser autant d'argent pour les études d'une fille qu'elle le ferait pour un fils. Parfois, la jeune fille prend un peu peur, se dit: on va me prendre pour une de ces intellectuelles agressives, je ne trouverai pas de mari. Il y a celles qui disent: je travaillerai deux ou trois ans, puis je me marierai...

°taste
°soudainement
°progrès

QUESTION: Elles finissent,° en somme,° dans la médiocrité?

°end up / in short

S. DE BEAUVOIR: Oui, voyez-vous, les femmes de mon âge ont ouvert la voie:° nous sommes devenues des agrégées, des avocates. C'était vraiment une conquête. Maintenant, celles qui ont suivi nos traces deviennent des «petites avocates», des «petites» ceci ou cela. Elles disent: «C'est déjà bien beau, pour une femme.» Elles n'essaient pas d'aller plus loin, de devenir vraiment excellentes dans leur métier. Elles s'installent dans la médiocrité.

°way

QUESTION: Vous ne croyez pas du tout qu'il s'agit° d'une véritable infériorité intellectuelle?

°il est question

[1] diplôme de l'enseignement supérieur

[2] philosophe existentialiste, ami de Simone de Beauvoir

S. DE BEAUVOIR: Non, absolument pas. Un jour, pas tellement lointain, les femmes, vraiment intégrées dans la société, montreront ce dont° elles sont capables. Maintenant, elles sont, comme vous le dites, hybrides. Hybrides avec un sentiment de culpabilité.° Vous voyez, les hommes n'ont pas le choix. Il faut qu'ils fassent une carrière. Pour les femmes, il y a toujours ce dilemme: faut-il faire une carrière? Faut-il s'occuper d'une maison, des enfants? Pour les femmes, il n'y a pas assez de choses qui «vont de soi».°

of what

guilt

soient complète-
ment acceptables

QUESTION: Vous parlez du sentiment de culpabilité des femmes. De quoi se sentent-elles coupables?°

guilty

S. DE BEAUVOIR: De tout. De travailler. De ne pas travailler. Il y a deux catégories de femmes: celles pour qui leur foyer° est le centre du monde— et les indépendantes, celles qui misent° surtout sur leurs intérêts professionnels. Ces dernières° se disent perpétuellement: «Je devrais peut-être m'occuper davantage de ma maison.» Ou: «Je devrais me marier, avoir des enfants...» Mais la femme au foyer, elle, n'est pas heureuse non plus. Dans le temps, astiquer,° faire la cuisine, cirer les parquets,° c'était pour la femme une certaine domination de la matière. Maintenant, l'intérieur n'est plus un royaume.° La femme au foyer n'a plus l'impression, en abdiquant° sa liberté, de réaliser un inéluctable° destin. Elle questionne, elle doute. Elle pense avec envie à son amie, avocate qui, elle, est «quelqu'un». Ni celles qui restent chez elles, ni celles qui travaillent ne trouvent aujourd'hui dans leur condition la pleine réalisation d'elles-mêmes.

famille
stake their lives
The latter

nettoyer / *to wax*
the floors

kingdom
renonçant à /
inévitable

Activité: *Compréhension du texte*

1. D'après Simone de Beauvoir, est-ce que les femmes ont les mêmes possibilités professionnelles que les hommes? Quelle est la réaction d'un homme qui est sous les ordres d'une femme? Quelle est la réaction d'une femme dans les mêmes circonstances? À quel obstacle est-ce qu'une femme compétente doit faire face?
2. Quel diplôme est-ce que Simone de Beauvoir a obtenu? À quel âge? Quelle a été sa réaction à ce moment-là? Quelle a été la réaction de Sartre?
3. D'après Simone de Beauvoir, jusqu'à quel âge les femmes sont-elles à égalité avec les hommes? Pour quelle raison est-ce qu'elles ne continuent pas leur études? De quoi ont-elles peur?

4. Quelle voie est-ce que les femmes comme Simone de Beauvoir ont ouverte? D'après Simone de Beauvoir, est-ce que les femmes d'aujourd'hui ont de l'ambition? Qu'est-ce que Simone de Beauvoir leur reproche?
5. D'après vous, qu'est-ce que c'est qu'une «petite avocate»?
6. Est-ce que Simone de Beauvoir croit à l'infériorité intellectuelle des femmes? Est-ce qu'elle est optimiste en ce qui concerne l'avenir des femmes? Quel sentiment ont les femmes d'aujourd'hui?
7. À quelle obligation est-ce que les hommes doivent faire face?
8. Quel dilemme est-ce que les femmes doivent résoudre?
9. En quelles catégories est-ce que Simone de Beauvoir classe les femmes? Quelles questions se posent les femmes qui travaillent?
10. Quelle satisfaction représentait autrefois l'accomplissement des travaux domestiques [household chores]? Est-ce que cette satisfaction existe toujours? Pourquoi est-ce que la femme qui reste chez elle n'est pas satisfaite? Pourquoi pense-t-elle avec envie à son amie qui travaille?
11. Selon Simone de Beauvoir, est-ce qu'il est possible pour une femme de se réaliser?

Activité: *Interprétation et analyse*

1. La société a considérablement changé depuis 1960, époque à laquelle a été réalisée l'interview que vous avez lue. Décrivez les changements positifs qui ont eu lieu pour la femme.
2. Simone de Beauvoir décrit le dilemme de la femme moderne: Aujourd'hui une femme peut choisir la vie professionnelle ou la vie familiale, mais quel que soit [whatever] son choix, cette femme sera malheureuse. Êtes-vous d'accord?
3. Beaucoup de femmes modernes ont une vie professionnelle et une vie familiale. Pensez-vous qu'elles puissent réussir dans les deux? Expliquez votre position.
4. Pensez-vous qu'une femme puisse se réaliser complètement en restant à la maison?

La France et les Français

Unité IV

Dossier 12
La France: un pays

Document

Un pays qui va de l'avant

et un peuple

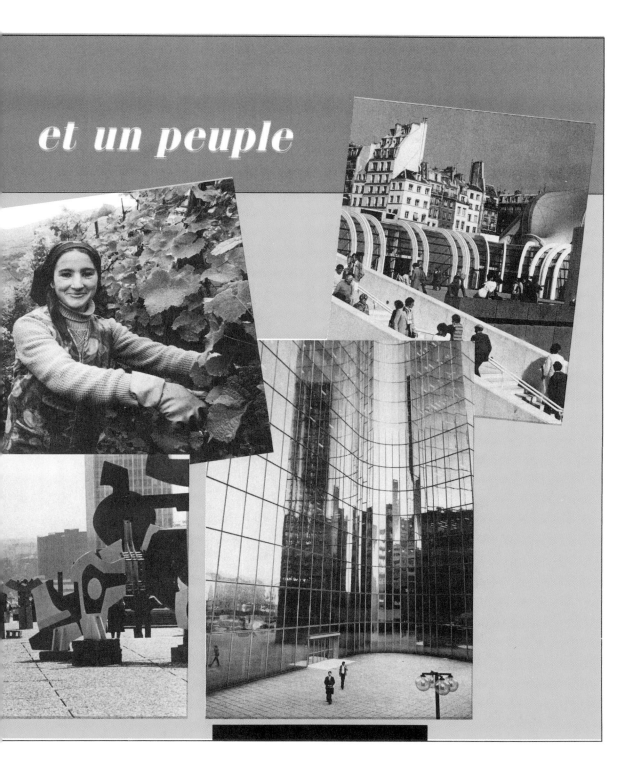

Vocabulaire: *Un peu de géographie*

Géographie (*f*) **physique**

les dimensions (*f*)

La superficie [*area*] d'un pays est sa surface. Elle est mesurée en **kilomètres carrés** (km^2).

Le territoire est la surface sur laquelle vit un groupe humain. **Une nation** occupe un territoire national.

Une frontière [*border*] marque la limite d'un territoire et sépare deux pays. Une frontière peut être **naturelle** (une rivière, par exemple) ou **artificielle** (un parallèle).

le relief

Le relief peut être **montagneux** [*mountainous*] et **accidenté** [*uneven*] ou **plat** [*flat*].

une montagne [*mountain*]	un sommet [*peak*]
une colline [*hill*]	une vallée [*valley*]
un plateau	une plaine

les eaux (*f*)

un océan, une mer [*sea*]

une côte [*coast, shore line*], **le bord de la mer** [*seashore*]

un fleuve [*large river*], **une rivière** [*small river*], **un ruisseau** [*brook*]

un lac [*lake*], **un étang** [*pond*]

le climat

Le climat peut être **chaud, doux** [*mild*] ou **froid, sec** [*dry*] ou **humide.**

les points cardinaux [*compass points*]

l'est (*m*)   **l'ouest** (*m*)   **le nord**   **le sud**

le nord-est   **le sud-ouest**

le nord

l'ouest — l'est

le sud

Géographie humaine

Une population est l'ensemble des personnes qui vivent dans un espace.

Un peuple [*a people*] est constitué par les personnes qui vivent dans un pays et qui ont en commun un certain nombre d'institutions.

Un habitant [*inhabitant*] est une personne qui habite dans **un lieu** (un pays, une ville, une province).

Les gens (*m*) [*people*] sont les personnes, en général.

Géographie politique

Le monde [*world*] est constitué par l'ensemble des pays.

Un pays [*country*] est **un état** [*state*] indépendant. Un pays est divisé en un certain nombre de divisions administratives:

un état: aux États-Unis

une province: au Canada

un département: en France

Activité: *Questions personnelles*

1. Dans quel état habitez-vous? Dans quelle région des États-Unis est-ce que cet état est situé (à l'est? au sud?)? Combien y a-t-il d'habitants dans cet état? dans la ville où vous habitez?
2. Est-ce que vous habitez loin d'un océan? À quelle distance approximative? Allez-vous souvent au bord de la mer? Où allez-vous? Est-ce qu'il y a un fleuve dans la région où vous habitez? une rivière? un lac? Comment s'appellent-ils? Est-ce que vous y allez souvent? Préférez-vous nager dans une piscine, dans une rivière, dans un lac ou dans la mer?
3. Est-ce que vous faites du ski? du camping? de l'alpinisme? du ski nautique? Où allez-vous pour ces activités?
4. Décrivez le climat de la région où vous habitez. Décrivez aussi son relief.
5. Quelle est votre région préférée? Pourquoi?

Activité: *La géographie américaine*

1. Avec quels pays est-ce que les États-Unis ont une frontière commune? Est-ce que c'est une frontière naturelle? Expliquez.
2. Combien y a-t-il d'habitants aux États-Unis? Quels sont les états les plus peuplés? les moins peuplés? Quelles sont les régions (l'est? le nord-est? le sud-ouest?...) où la population augmente? où la population diminue?
3. Est-ce que les États-Unis sont un pays montagneux? Dans quelles régions sont situées ces montagnes? Quelles sont les montagnes les plus élevées?
4. Quels sont les principaux fleuves des États-Unis? Quel est le fleuve le plus long des États-Unis?

Perspective

La France: Quelques données statistiques

Comment présenter la France? Avec des statistiques? Pourquoi pas? Les statistiques sont utiles. Elles situent un peuple dans son cadre physique, économique, social, politique. Elles facilitent les comparaisons. Elles suggèrent des observations générales. Elles donnent des réponses simples aux questions compliquées. Voici quelques données° statistiques sur la France. *data*

La France métropolitaine

La France est située à l'extrémité ouest de l'Europe. Elle a une superficie de 500.000 kilomètres carrés (équivalent à 211.000 milles carrés).[1] Par sa superficie, la France est donc égale aux quatre cinquièmes du Texas, ou— si vous préférez—à deux fois le Wyoming ou deux fois l'Oregon. Si on la compare à l'Est des États-Unis, la France occupe un territoire aussi grand que les six états de la Nouvelle-Angleterre, la Pennsylvanie, l'Ohio et l'état de New York réunis.° *together*

    Le centre géométrique de la France est à peu près situé à Moulins. Traçons un cercle autour de ce centre. Le cercle qui entoure la France a un diamètre de 1.100 kilomètres (ou 700 milles). C'est la distance approximative entre New York et Chicago (ou encore entre San Francisco et Seattle, ou Dallas et Atlanta).

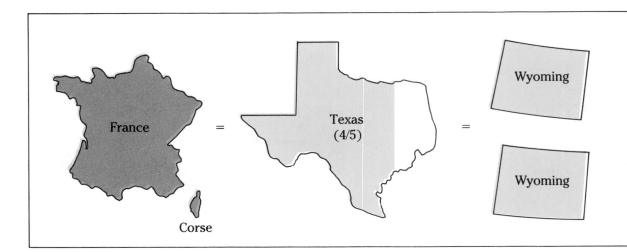

France = Texas (4/5) = Wyoming / Wyoming

Corse

Un kilomètre = 0,62 mille; 1 kilomètre carré = 0,39 mille carré.

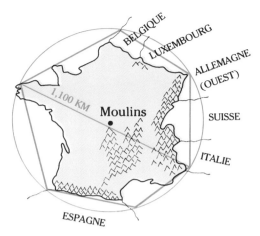

La France n'a pas la forme d'un cercle, mais d'un hexagone. Les Français affectionnent cette forme géométrique. En France, le terme **hexagone** a un caractère semi-officiel: il désigne le territoire métropolitain.

Regardons cet hexagone. Les montagnes occupent le tiers° du terri- $\frac{1}{3}$ toire. Certaines sont très élevées: le Mont Blanc, situé dans les Alpes françaises, est le sommet le plus élevé d'Europe (4.800 mètres). Des plaines et des plateaux constituent le reste du pays. Des frontières naturelles forment les côtés de l'hexagone:

Montagnes   À l'est et au sud-est, les Alpes séparent la France de la Suisse et de l'Italie. Au nord, les Vosges la séparent de l'Allemagne. Au sud, les Pyrénées donnent à la France et à l'Espagne une frontière commune.

Mers   Trois mers, la mer du Nord, la Manche et la Méditerranée et un océan, l'Océan Atlantique, complètent les frontières naturelles de la France.

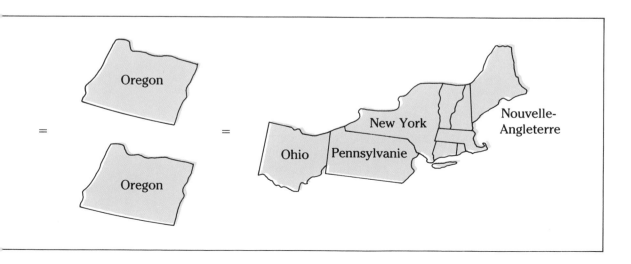

La France d'outre-mer

Le territoire national français ne se limite pas à la France métropolitaine et à la Corse. Il comprend aussi les Départements d'Outre-Mer et les Territoires d'Outre-Mer, anciennes colonies maintenant incorporées à la nation française.

Départements d'Outre-Mer (DOM)	Territoires d'Outre-Mer (TOM)
la Martinique	la Nouvelle-Calédonie
la Guadeloupe	Wallis et Futuna[2]
la Réunion	la Polynésie française
la Guyane française	les Terres australes et antarctiques françaises
Saint-Pierre et Miquelon	Mayotte[3]

La population

La France a une population de 54 millions d'habitants. C'est moins d'un quart de la population des États-Unis[4] et un peu plus d'un pour cent de la population du globe. Par sa population, la France est le quatrième pays du Marché Commun (après l'Allemagne, l'Italie et l'Angleterre) et le cinquième pays d'Europe (après l'Union Soviétique, l'Allemagne, l'Italie et l'Angleterre).

Comme la population américaine, la population française est jeune: 30 pour cent de la population ont moins de vingt ans et seulement 13 pour cent des Français ont plus de soixante ans. Par sa population, la France joue un rôle important en Europe. Cette population, jeune et dynamique, contribue à la vitalité économique du pays.

[2] îles d'Océanie (Ocean Pacifique du sud)   [3] île de l'Océan Indien
[4] ou à peu près la population totale de la Nouvelle-Angleterre, de la Pennsylvanie, de l'Ohio et de l'état de New York

Voilà donc quelques statistiques et quelques observations générales. Nous trouvons dans ces observations générales la notion de contraste et la notion d'équilibre. Les deux notions ne sont pas limitées au cadre humain et physique de la France. Elles caractérisent pratiquement tous les aspects de la civilisation française.

L'utilité des statistiques est limitée. Il n'y a par exemple aucun point de comparaison entre les dimensions numériques de la France (0,4 pour cent de la superficie des continents; 1,2 pour cent de la population du monde) et son importance dans le monde. Les statistiques révèlent mal la personnalité d'un peuple.

FLASH

Les douze plus grandes villes françaises[5]

Paris	8.600.000	Nantes	450.000
Lyon	1.200.000	Nice	440.000
Marseille	1.100.000	Grenoble	390.000
Lille	930.000	Rouen	390.000
Bordeaux	610.000	Toulon	380.000
Toulouse	510.000	Strasbourg	370.000

[5] ville et banlieue [*suburbs*]

Activité: *Compréhension*

1. Qu'est-ce que c'est que la France métropolitaine? Est-ce que c'est toute la France? Expliquez.
2. Quelle est la forme générale de la France? Combien de côtés [*sides*] a cette forme géométrique?
3. Quels contrastes trouve-t-on dans le relief de la France?
4. Avec quels pays est-ce que la France a des frontières communes? Est-ce que ces frontières sont naturelles ou artificielles? Expliquez.
5. Que signifie DOM? TOM? Quel était le statut politique de ces territoires autrefois? Et maintenant?
6. Comparez la population française avec la population des pays européens suivants: l'Allemagne, l'Espagne, le Portugal, l'Italie, la Grèce.
7. Combien y a-t-il de villes françaises de plus d'un million d'habitants? Quelles sont ces villes?
8. Quel rang est-ce que les villes suivantes occupent par leur population: Toulouse, Bordeaux, Strasbourg?

Sondage

Les Français vus par eux-mêmes

Chaque peuple a une conception, justifiée ou non, de sa propre personnalité. Pour définir l'opinion que les Français ont d'eux-mêmes, *l'Express* a fait un sondage dont voici certains résultats.

Question 1.
Si l'on vous demandait de vous définir vous-même par deux ou trois caractéristiques, quelles sont, sur la liste suivante, celles que vous choisiriez comme les plus importantes?

le fait [*fact*] d'être français	60%
votre âge	38%
votre profession	35%
votre classe sociale	31%
votre sexe	24%
votre religion	13%
votre race	8%
ne savent pas	7%

Question 2.

Quels sont, parmi ces termes, ceux qui vous paraissent le mieux caractériser la France?

la liberté	61%
la tolérance	33%
la générosité	29%
le chauvinisme (patriotisme excessif)	24%
l'égalité	17%
la prétention	13%
la grandeur	12%
l'improvisation	11%
la mesure [*restraint*]	5%
la mesquinerie [*pettiness*]	5%
la futilité	4%
l'impérialisme	4%
ne savent pas	5%

Activité: *Compréhension et interprétation*

1. D'après les résultats de la première question, quelle est la caractéristique d'identification que les Français considèrent comme la plus importante? Comment s'appelle le patriotisme excessif? En quelle position apparaît cette caractéristique dans les réponses à la deuxième question? Est-ce qu'il y a une contradiction entre les résultats de la première question et de la deuxième question? Expliquez.
2. En analysant les résultats de la deuxième question, quelles sont les trois plus grandes qualités des Français d'après eux-mêmes? Quels sont les trois principaux défauts? Dans cette évaluation, est-ce que les trois premières qualités viennent avant ou après les trois principaux défauts? Peut-on conclure que les Français ont une haute opinion d'eux-mêmes?

Activité: *Sondages de classe*

1. Dans la première question du sondage, *l'Express* a demandé aux Français de s'identifier en fonction de sept facteurs (nationalité, âge, etc.). Selon vous, quelle est l'importance de chaque facteur? Utilisez une échelle [*scale*] de **7** (facteur le plus important) à **1** (facteur le moins important). Faites un sondage dans votre classe sur la base de cette échelle. Présentez les résultats en forme d'un tableau [*chart*].
2. Faites un sondage dans votre classe. Dans ce sondage dites quelles sont les trois principales qualités du peuple américain et ses trois principaux défauts. Présentez les résultats sous forme de tableau.

FLASH

La France à travers les citations

«France, mère des arts, des armes et des lois.»
—*Joachim Du Bellay* (1522–1560)

«Je suis homme avant d'être français.»
—*Montesquieu* (1689–1755)

«La France ne peut être la France sans la grandeur.»
—*Charles de Gaulle* (1890–1970)

«La France est le seul pays du monde où, si vous
ajoutez dix citoyens à dix autres, vous ne faites pas
une addition, mais vingt divisions.»
—*Pierre Daninos* (1913–   )

Activité: *Compréhension*

Choisissez l'option *a, b* ou *c* qui complète le mieux les phrases suivantes.

1. D'après la citation de Du Bellay, on peut voir qu'au seizième siècle la France était une nation...
   a. divisée   b. militariste   c. forte et créatrice

2. Montesquieu insiste sur le caractère... de la personne humaine.
   a. universel   b. individuel   c. négatif

3. Pour de Gaulle, la grandeur signifie...
   a. la gloire   b. la générosité   c. l'impérialisme

4. Daninos insiste sur le caractère... des Français.
   a. discipliné   b. individualiste   c. patriotique

Perspective

Un peuple individualiste?

On parle souvent de l'individualisme français. L'individualisme est une attitude que les Français considèrent comme une vertu nationale et qu'ils cultivent avec le plus grand soin.° L'école, la famille encouragent l'esprit d'initiative, la réflexion personnelle, l'indépendance d'action. Par éducation, mais aussi par goût,° le Français est donc un non-conformiste. Il a son opinion qui n'est pas l'opinion générale. Il a sa façon d'agir qu'il ne copie pas sur les actions des autres.

    Mais les attitudes françaises sont souvent contradictoires. Individualiste par éducation, le Français est aussi un être sociable, souvent grégaire,° et généralement assez conformiste.

°attention

°inclinaison

°qui aime être en groupe

TENDANCES INDIVIDUALISTES	TENDANCES CONFORMISTES

Indépendance vis-à-vis du groupe

Un observateur perspicace a dit que la France n'est pas un pays de cinquante millions de citoyens: c'est un pays divisé en cinquante millions d'individus. Cette observation est assez exacte. Le Français est un solitaire. Il évite[6] les groupes constitués. Bien sûr, les associations culturelles, religieuses, politiques, sportives existent, mais elles n'ont pas le succès qu'elles connaissent à l'étranger. C'est sans doute que les exigences[7] de la vie courante, les distractions, les loisirs, les croyances[8] sont avant tout l'affaire de l'individu. Dans ces domaines, le rôle de la collectivité ou des organisations collectives est relativement limité.

Appartenance au groupe

La société ne règle[9] pas les détails de la vie quotidienne,[10] mais elle l'influence considérablement. L'opinion publique est en effet un guide impérieux[11] de conduite. Si les Français la méprisent[12] par principe, dans leurs actions ils la respectent. Ils sont extrêmement sensibles au «qu'en dira-t-on[13]» et craignent le ridicule. «Le ridicule tue», disent-ils. En France la mode est particulièrement tyrannique. Tout est en effet sujet de mode: les vêtements bien sûr, mais aussi les automobiles, les spectacles, les vacances et même le langage.

---

[6] *avoids*   [7] *demands*   [8] *beliefs*   [9] détermine   [10] de tous les jours   [11] irrésistible   [12] *scorn*
[13] *"what people will say"*

Insociabilité

La philosophie de «chacun chez soi» est une règle cardinale de conduite.[14] En dehors du milieu familial et du groupe d'amis, les relations entre individus sont limitées. En ville, on se parle rarement entre voisins et le plus souvent on s'évite. À la campagne, où les rapports humains sont pourtant plus chaleureux,[15] le paysage est là pour rappeler le caractère inviolable[16] de la vie privée: murs élevés, volets[17] clos, pancartes[18] menaçantes «chien méchant» ou bien «défense d'entrer sous peine d'amende[19]». Les étrangers considèrent ce climat de froideur sociale comme de la xénophobie.[20] C'est d'ailleurs à tort, car dans leurs rapports avec les autres, les Français ne font pas de discrimination pour des questions de nationalité.

Sociabilité

Le Français est un être éminemment sociable et courtois, un homme du monde, respectueux de l'étiquette, un charmeur, un homme qui cherche à plaire. Au delà de ce vernis[21] social, le Français est aussi un être capable d'une très grande générosité. Il est loyal et attaché à ses amis qu'il choisit, il est vrai, avec une très grande circonspection. Quant à son apparent égoïsme, il a toujours fait place à un esprit de solidarité et de camaraderie spontanées aux époques difficiles de l'histoire de France.

Indiscipline sociale

Le Français a l'esprit critique. Il a aussi l'esprit de critique. Il aime «rouspéter», c'est-à-dire, protester. Pour lui, tout est sujet à sarcasme. En politique, il est plus souvent en désaccord qu'en accord avec le régime du moment. Pour lui, les lois sont faites, non pour être respectées, mais pour être transgressées. L'indiscipline est une vertu et la fraude—fiscale ou autre—une sorte de sport. La liberté semble souvent consister à contredire l'autorité, à tourner les institutions en ridicule, à se dispenser de la religion, et à garder son chapeau sur la tête lorsqu'on joue l'hymne national.

Chauvinisme[22]

Peu respectueux de ses traditions et de ses institutions, le Français les défend à l'occasion et avec vigueur. Il est prompt à proclamer la supériorité de sa culture et la grandeur de son histoire qu'il accommode d'ailleurs à toutes les sauces:[23] feuilletons radiophoniques ou télévisés, bandes dessinées. Il n'admet pas l'existence d'autres cultures. Il tire une fierté démesurée[24] de la qualité de ses vins et de sa cuisine. À tout propos,[25] il met l'orgueil national en jeu. La victoire d'un champion français dans une compétition internationale est un triomphe national. Sa défaite, une véritable catastrophe.

---

[14] *conduct*   [15] *warm*   [16] sacré   [17] shutters   [18] *signs*   [19] *fine*   [20] haine des étrangers
[21] *veneer (lit. varnish)*   [22] *patriotisme excessif*   [23] *qu'il utilise de toutes les façons*   [24] *sans limite*
[25] *At every turn*

Activité: *Compréhension et interprétation*

1. Dans le texte que vous avez lu, l'auteur décrit un contraste dans la personnalité française. Quel est ce contraste?
2. Que signifie l'expression «un pays divisé en cinquante millions d'individus»? Est-ce que les États-Unis sont un peuple uni ou un peuple divisé? Expliquez votre position. Pourquoi est-ce que les Français évitent les groupes constitués? Appartenez-vous à des associations? À quelles associations? En général, est-ce que les Américains appartiennent à des associations? À quel type d'association?
3. Que signifie l'expression «chacun chez soi»? En général, comment sont les relations entre voisins en France? et aux États-Unis? Quels sont vos rapports avec vos voisins? Comment est-ce que le paysage français rappelle l'individualisme des habitants? Est-ce que c'est la même chose aux États-Unis? Qu'est-ce que c'est que la xénophobie? Est-ce que les Français sont vraiment xénophobes? et les Américains?
4. Quelle différence voyez-vous entre «l'esprit critique» et «l'esprit de critique»? Comment se manifeste l'indiscipline sociale des Français? Est-ce que c'est la même chose aux États-Unis?
5. Quelle attitude les Français ont-ils envers l'opinion publique? Quelle est l'importance de la mode en France? Et aux États-Unis? Expliquez votre position.
6. Qu'est-ce que c'est que «l'étiquette»? D'après l'auteur, est-ce que «la politesse» est une attitude uniquement superficielle? Expliquez. Y a-t-il une contradiction entre l'égoïsme et la générosité des Français? Expliquez. Est-ce que «l'étiquette» est une chose importante pour les Américains? Expliquez. Est-ce que les Américains sont un peuple généreux? Donnez des exemples illustrant votre position.
7. Qu'est-ce que c'est que le chauvinisme? Comment est-ce que les Français expriment ce chauvinisme? Est-ce que les Américains sont chauvins? Comment s'exprime leur chauvinisme?
8. Trouvez-vous les Français sympathiques? Expliquez votre position.

Rencontre avec...

Pierre Daninos

Pierre Daninos (1913–   ) est un romancier qui décrit avec humour et ironie les habitudes sociales des Français. Dans *Un certain Monsieur Blot,* publié en 1960, il fait le portrait du Français moyen.

Dans le passage suivant, ce Français moyen exprime certaines de ses réflexions.

Ce que ma femme me reproche le plus souvent, c'est d'être ce que je suis: bourgeois. Que ce soit à propos de° l'éducation des enfants, de ma façon° de m'habiller ou de mes réactions devant les intrigues du bureau, j'entends toujours la même exclamation:

«Mon pauvre Paul, tu es d'un bourgeois!°»

Je ne vois pas ce que le mot de bourgeois a de péjoratif° au point que° beaucoup de bourgeois ont horreur d'être appelés bourgeois. Les gens seraient-ils toujours vexés d'être pris pour ce qu'ils sont? À entendre un de ces snobs que je vois sur cette plage dire du voisin: «Je le trouve un peu snob...», il est clair que tout le monde est snob—sauf lui.

Whether it concerns
manner

really middle class
disparaging
to such an extent
that

J'en suis peu à peu arrivé à croire° qu'une infinité de gens ne détestent rien tant que d'être appelés par leur nom: les bourgeois ont horreur° d'être nommés bourgeois, les capitalistes capitalistes, les paysans° paysans, les manœuvres° manœuvres, les militaires militaires, les rentiers° rentiers, les dentistes dentistes, les oisifs° oisifs, les existentialistes existentialistes, les politiciens politiciens, les chanteurs de charme° chanteurs de charme, les aristocrates aristocrates, les concierges° concierges. Voit-on jamais Français moyen° se targuer° d'être un Français moyen? Le Français moyen, c'est tout le monde, sauf lui. Petit, moyen ou gros, on ne veut être, d'abord, ni petit, ni moyen, ni gros....

Il n'est pas jusqu'à° certains Français qui, à l'étranger, ne prennent peur d'être pris pour des Français et s'exclament en apercevant un groupe de compatriotes: «Encore° des Français!», engageant volontiers la conversation avec des Tchèques ou des Turcs, n'importe qui,° sauf un Français. À Paris même, il suffit de° s'asseoir à une table de restaurant pour entendre un Français dire: «Les Français adorent ça!» ou: «On ne fera jamais admettre ça aux Français!»—comme s'il était lui-même en dehors du coup.° Français, il l'est certes—et il serait le premier à s'en prévaloir° si l'on mettait en doute ses origines: «Je suis Français, moi, monsieur!» Mais de là à le confondre avec les Français en général, avec le *Gallus*° courant°—ça non!

Et le monde tourne ainsi, chassant° l'étiquette° qu'on lui a collée° pour l'épingler° sur le dos du voisin.

	je conclus
	détestent
	peasants
	unskilled workers / people with independent incomes
	idle people
	crooners
	building superintendents / average / to pride oneself
	Il y a même
	More
	anyone
	one only has to
	not part of the picture
	to claim (his birthright)
	habitant de la France / standard
	brushing off / label / stuck
	to pin

Activité: *Compréhension du texte*

1. Comment s'appelle la personne qui parle? Qu'est-ce que sa femme lui reproche? Dans quels domaines est-ce que cette attitude se manifeste?
2. D'après l'auteur, est-ce que les bourgeois acceptent d'être considérés comme des bourgeois? Qu'est-ce que le snob reproche à son voisin? Est-ce qu'il se considère lui-même comme snob? Quelles sont les catégories des gens qui refusent d'admettre ce qu'elles sont?
3. D'après l'auteur, quelle attitude les Français adoptent-ils envers [*toward*] leurs compatriotes [*fellow citizens*] quand ils sont à l'étranger? Comment se manifeste cette attitude?
4. Dans les huit dernières lignes, l'auteur décrit l'attitude paradoxale des Français. Expliquez ce paradoxe.

Dossier 13
Être parisien...

▶ *Document*

Les visages multiples de Paris

Vocabulaire: *La ville*

La géographie d'une ville
    le centre   **le centre-ville** [*downtown*]
    un quartier [*area, neighborhood, district*]
      un quartier résidentiel
      le quartier des affaires [*business district*]
    un immeuble [*building*]   **un gratte-ciel** [*skyscraper*]
    la banlieue [*suburbs*]   **les environs** [*surrounding area*]

Les avantages (*m*)
  la vie culturelle
    l'atmosphère (*f*), **l'ambiance** (*f*), **la variété**
    les monuments (*m*), **les musées** (*m*), **les expositions** (*f*) [*exhibits, shows*],
      les concerts (*m*)
  la vie économique
    les possibilités (*f*) **d'emploi**
  les distractions (*f*)
    le cinéma, les discothèques (*f*), **les restaurants** (*m*), **les cafés** (*m*),
      les spectacles (*m*) [*shows*]
  les facilités commerciales
    les boutiques (*f*), **les grands magasins** [*department stores*]

Les désavantages (*m*)
  les problèmes économiques et sociaux
    la pollution
    le coût de la vie [*cost of living*]
    le chômage [*unemployment*]
    la misère, un taudis [*slum*]
  le problème du transport
    la circulation en voiture: **le stationnenment,**
      les encombrements [*congestion*],
      un embouteillage [*traffic jam*]
    une contravention [*parking ticket*]
    les transports (*m*) en commun: **les heures**
      d'affluence [*rush hour*]
  le problème du logement
    le manque [*lack*] **d'espace**
    le bruit
  l'anonymité (*f*)
    la déshumanisation
    la foule [*crowd*]
    la solitude

LES MUSEES DE LA VILLE DE PARIS

OUVERTS LE MARDI
FERMES LE LUNDI

Open on Tuesdays.
Closed on Mondays.

Geöffnet = Dienstag.
Geschlossen = Montag.

Abiertos el Martes.
Cerrados cada Lunes.

閉館：月曜日を除く毎日 10時～17時40分
（カタコンブを除く）

Activité: *Au choix*

Voici plusieurs grandes villes. Choisissez une de ces villes et dites pourquoi vous voudriez y habiter et pourquoi vous ne voudriez pas y habiter.

Paris	Los Angeles	Montréal
Londres	Chicago	Rome
New York	Phoenix	
Miami	Québec	

MODÈLE: Paris

Je voudrais habiter à Paris à cause de la vie intellectuelle et de l'atmosphère.
Je ne voudrais pas y habiter à cause de la pollution et du coût de la vie.

Activité: *Comparaisons*

Dites quels sont les avantages et les désavantages d'habiter dans les endroits suivants.

1. la capitale du pays
2. une très grande ville
3. une ville de 100.000 habitants
4. un port
5. un petit village
6. la campagne
7. une ferme isolée
8. une île tropicale

Paris... J'adore!

Activité: *Votre ville*

Décrivez votre ville. Si vous voulez, vous pouvez décrire les éléments suivants.

1. la situation (dans quelle région des États-Unis?)
2. la population (le nombre d'habitants, l'origine ethnique)
3. le cadre [*setting*] physique (le climat, l'environnement général, l'air)
4. la nature (les parcs, la forêt, les eaux)
5. le plan général et la construction (les quartiers, l'architecture, les immeubles, la banlieue)
6. la vie intellectuelle et culturelle (l'ambiance, l'atmosphère, les musées)
7. les services publics (les transports, les hôpitaux, les écoles, les équipements [*facilities*] sportifs)
8. les possibilités de loisirs
9. les principaux avantages
10. les principaux désavantages

Un peu d'histoire

Petite histoire de Paris à travers quelques citations

«Paris ne s'est pas fait en un jour»
(*proverbe français*)

Paris est une ville très ancienne. Elle a plus de vingt siècles. Fondée au deuxième siècle avant Jésus-Christ, occupée par les Romains, Paris est devenue la capitale de la France en 897.

Les nombreux monuments de Paris retracent la longue histoire de la ville. Mais Paris aujourd'hui n'est pas seulement une ville de monuments et de musées. C'est une ville dynamique en pleine expansion et en pleine transformation.

«Paris vaut bien une messe°»
(*Henri IV: 1553–1610*)

°*(Catholic) mass*

En 1588, la France était un royaume sans roi. Le candidat le plus sérieux était Henri de Navarre. Un seul obstacle séparait celui-ci du trône: sa religion. Henri de Navarre était protestant, dans un pays à majorité° catholique. En 1593, Henri se convertit à la religion catholique et entra à Paris, sa nouvelle capitale.

°*où la majorité est*

«On ne vit qu'à Paris, et l'on végète ailleurs»
(*Gresset: 1709–1777*)

Très tôt, Paris est devenue la capitale administrative de la France. Puis, de capitale administrative, elle est devenue capitale intellectuelle, artistique, culturelle... Aujourd'hui, Paris joue toujours ce rôle d'avant-garde. C'est à Paris que se crée la mode. C'est à Paris que naissent et meurent les carrières politiques. C'est de Paris que partent les idées, les modes, les directives administratives et même les émissions° de radio et de télévision.

°*programmes*

Pendant longtemps cette suprématie parisienne a créé un certain complexe d'infériorité chez les «provinciaux», c'est-à-dire chez les gens qui n'habitent pas Paris. En fait, le mot «province» évoque ce qui est archaïque et sans élégance. Un auteur français a fait cette remarque cruelle: «À Paris il y a plusieurs sortes de femmes. En province, il n'y en a hélas qu'une seule et cette infortunée° est la provinciale.»

°*malheureuse*

«Paris est la capitale du monde»
(Goethe: 1749–1832)

L'opinion du célèbre écrivain allemand trouve un écho quelques années plus tard chez un philosophe américain, Ralph Waldo Emerson. «Les Anglais ont construit Londres pour eux-mêmes. Les Français ont construit Paris pour le monde.» Ces phrases reflètent l'admiration illimitée des intellectuels et des artistes pour une ville qui était vraiment la capitale culturelle du monde. Aujourd'hui, Paris partage° cette fonction avec d'autres villes comme New York, Londres et Rome. *shares*

«Paris doit être détruite»
(Hitler: 1889–1945)

23 juin 1940. Six heures du matin. Une Mercédès noire parcourt° les rues désertes de Paris. À l'intérieur de la voiture se trouve un homme qui est venu célébrer son plus grand triomphe: Adolphe Hitler. «C'est le plus grand et le plus beau jour de ma vie!» dit-il à son chauffeur. Dix jours avant, les troupes allemandes ont pénétré dans Paris. Après la Pologne, le Danemark, la Norvège, la Hollande, le Luxembourg, la Belgique, la France est tombée. Une longue occupation va commencer pour les Parisiens et pour les Français. Puis, petit à petit, les succès militaires d'Hitler se transforment en défaites. Le 6 juin 1944, les troupes alliées débarquent en Normandie. Hitler donne alors un ordre démentiel.° «Paris doit être détruite; Paris doit brûler.°» Heureusement le général allemand qui a reçu cet ordre décide de désobéir. Paris ne brûlera pas. Le 25 août 1944, la ville sera libérée par les troupes françaises. *traverse* *insane / burn*

«Paris est une fête»
(*Ernest Hemingway: 1898–1961*)

Habiter à Paris a toujours été le rêve des expatriés, temporaires ou permanents. Ce rêve fut réalisé au début du siècle par un groupe d'artistes de très grand talent: Picasso, Chagall, Modigliani... Ces artistes constituèrent la fameuse «École de Paris». Plus tard, des écrivains américains vinrent s'installer dans cette ville où ils connurent une période très féconde.°   *riche*
Parmi les visiteurs célèbres de Paris: F. Scott Fitzgerald, Dos Passos, Ezra Pound, e. e. cummings, Henry Miller et Ernest Hemingway.

    Aujourd'hui la beauté de Paris attire° toujours un très grand nombre   *attracts*
de résidents étrangers et de touristes qui viennent chaque année par milliers.

Activité: *Compréhension*

Complétez les phrases suivantes avec l'une des options *a, b* ou *c*.

1. Paris a été fondée il y a approximativement...
   a. 2.500 ans   b. 2.000 ans   c. 1.500 ans
2. Pour devenir roi de France, Henri de France a dû...
   a. changer de religion   b. conquérir militairement Paris   c. convertir les Parisiens au protestantisme
3. Autrefois, les Parisiens considéraient les provinciaux avec...
   a. envie   b. respect   c. dédain
4. Goethe disait de Paris que c'était la capitale du monde à cause de...
   a. sa situation géographique   b. ses intellectuels   c. sa longue histoire
5. L'entrée d'Hitler à Paris représentait pour lui la réalisation d'un objectif...
   a. culturel   b. artistique   c. militaire
6. Paris a été occupée par les Allemands pendant...
   a. un an   b. quatre ans   c. dix ans
7. L'«École de Paris» représente un groupe de (d')...
   a. musiciens   b. architectes   c. peintres

FLASH

Les monuments les plus visités

À quel monument pensez-vous lorsque vous pensez à la France? Peut-être à la tour Eiffel, à Notre-Dame ou au château de Versailles? En réalité, le monument de Paris le plus visité est aussi le plus récent: le Centre Pompidou, inauguré il y a moins de quinze ans. Voici dans leur ordre d'importance, les principaux monuments français:

Monuments	Ville ou Province	Nombres de visites par an
le Centre Pompidou (Beaubourg)	Paris	8.000.000
la tour Eiffel	Paris	3.400.000
le château de Versailles	Versailles	2.750.000
le Louvre	Paris	2.650.000
le tombeau de Napoléon	Paris	1.400.000
le château de Chambord	Touraine	935.000
le palais de la Découverte	Paris	840.000
le musée du Jeu de paume	Paris	800.000
le château de Chenonceaux	Touraine	735.000
le Mont-Saint-Michel	Normandie	715.000
l'arc de Triomphe	Paris	630.000
le musée Grévin	Paris	630.000
les tours de Notre-Dame	Paris	580.000
la Sainte-Chapelle	Paris	560.000
le château de Haut Kœnigsberg	Alsace	540.000

Centre Georges Pompidou Bibliothèque publique d'information

Activité: *À Paris*

Demandez à un(e) camarade s'il (si elle) ferait les choses suivantes s'il (si elle) était à Paris.

MODÈLE: visiter les monuments
VOUS: **Visiterais-tu les monuments?**
VOTRE CAMARADE: **Oui, je visiterais les monuments.**
ou: **Non, je ne visiterais pas les monuments.**

1. visiter les musées
2. visiter la ville
3. aller au théâtre
4. aller dans un café
5. déjeuner dans un restaurant
6. aller dans une discothèque
7. acheter des souvenirs
8. prendre des photos
9. parler aux gens de la ville
10. rencontrer d'autres Américains
11. sortir avec un(e) habitant(e) de la ville

Enquête

Vivre à Paris: une folie?

Les Champs-Élysées, la tour Eiffel, Montmartre, le Quartier latin! Paris, Ville Lumière! Tous les touristes connaissent. Oui, mais Paris est aussi une ville où les gens naissent, habitent, travaillent, s'amusent et meurent. Qu'est-ce que cela signifie de vivre à Paris? Nous avons posé la question à cinq personnes. Voici leurs réponses.

BERNARD DURANT (*24 ans, électricien*):   Je suis parisien 100% (cent pour cent). C'est là où je suis né. C'est là où sont nés mes parents. C'est là où j'ai mes copains. Je ne connais pas d'autres villes, mais je ne crois pas que je pourrais vivre ailleurs.° Bien sûr, Paris a ses problèmes. Prenez le problème de la circulation, par exemple. J'ai une voiture. Eh bien, chaque soir je mets° une demi-heure avant de trouver un endroit pour stationner. Et je ne parle pas des contraventions, puisque je ne les paie pas...

    Mais ces problèmes ne sont rien en comparaison des avantages. Ce que j'aime ici, c'est la foule. La foule des cafés, la foule des discothèques, la foule que l'on croise° lorsque l'on se promène sur les Champs-Élysées ou au Quartier latin le samedi soir...

dans un autre endroit

il me faut

rencontre

SYLVIE LOISEAU (*24 ans, vendeuse*):   Je ne suis pas née à Paris. Je viens de Lyon. Je suis une Parisienne d'adoption. J'aime mon travail, mais ce qui me plaît le plus ici, c'est l'atmosphère de la ville. Regardez l'élégance des gens. C'est agréable de vivre dans une ville où les hommes et les femmes s'habillent bien, même pour aller au marché. Et les boutiques? On dit que ce sont les plus belles du monde. Et puis, il y a toujours quelque chose à faire, et même quand il n'y a rien à faire on peut passer une heure agréable dans un café à regarder le spectacle de la rue. D'ailleurs, si ce n'était pas une ville extraordinaire, pourquoi y aurait-il tant de touristes étrangers? Paris restera toujours Paris!

PRINTEMPS
LE PLUS
PARISIEN
DES GRANDS
MAGASINS

64, Bd Haussmann-Paris 9e
Métro Havre Caumartin

JEAN-PAUL PASCAL (*19 ans, étudiant*): Comme beaucoup de gens qui habitent à Paris, je ne suis pas originaire de Paris. Pourtant je me sens complètement parisien. Je suis étudiant en médecine et j'habite au Quartier latin. J'ai de la chance, je suppose... On dit que Paris est la Ville Lumière. Ce n'est pas un cliché. C'est vrai. Il y a ici une atmosphère culturelle qui n'existe dans aucune autre ville. Le choix des distractions est extraordinaire. On trouve toujours ce que l'on cherche: un bon film, une pièce de théâtre d'avant garde, une exposition intéressante, une conférence, un concert...

SUZANNE BILLET (*26 ans, employée*): Je suis parisienne, étant née à Paris. Aujourd'hui, j'habite dans la banlieue. Si je vais à Paris chaque jour, c'est parce que j'y travaille. Je suis employée à l'administration centrale des P.T.T.[1] Je me lève à cinq heures et demie chaque matin pour prendre mon train. Et puis, il y a le métro. Le soir, c'est la même chose en sens inverse.° J'ai trois heures de transport par jour. Quand je rentre chez moi à sept heures, je suis épuisée.° Le réflexe, c'est de tourner le bouton° et de regarder la télé. Le week-end, je dors.

    Vous demandez ce que représente Paris pour moi? Eh bien, Paris, je ne sais pas ce que c'est. Oui, bien sûr, il y a les Champs-Élysées et le Quartier latin. Mais ça, c'est pour les touristes ou pour les gens qui ont de l'argent... ou pour les étudiants qui ne font rien. Pour nous, les gens qui travaillons, Paris c'est «métro, boulot,° dodo°».

direction opposée
très fatiguée
knob (lit. button)

travail (*argot*) / sommeil
(*langue enfantine*)

[1] Postes et Télécommunications

HUBERT GUÉRINET (*45 ans, fonctionnaire*): Je suis originaire d'un petit village de Provence. Il y a vingt ans que j'habite à Paris, mais je me considère comme un provincial transplanté. D'ailleurs, si ce n'était pas pour le travail, je retournerais dans ma province. Je suis fonctionnaire au Ministère de l'Industrie. Pour moi, Paris a tous les désavantages des grandes villes. Paris, c'est la foule anonyme. Les gens sont comme des statues. Ils ne rient jamais. On ne se connaît pas, on s'ignore ou quand on se connaît, on se déteste. Tenez, j'habite depuis dix ans dans le même immeuble et c'est à peine si mes voisins de palier° me disent bonjour. Et puis, il y a la pollution, le bruit, la circulation.

° les gens qui habitent à mon étage

     Paris, Ville Lumière? Moi, je préfère le soleil de ma Provence!

Activité: *Études*

1. Sur les cinq personnes qui ont été interviewées, combien sont nées à Paris, combien n'y sont pas nées? Est-ce que ces proportions vous semblent extraordinaires? Est-ce que c'est la même chose aux États-Unis?

2. Voici certains avantages des grandes villes:

la vie intellectuelle	l'atmosphère
la vie artistique	la possibilité de loisirs
la qualité de l'éducation	la variété des magasins
le confort	la possibilité de trouver un
la liberté	travail intéressant

   De ces avantages, quels sont ceux que possède Paris selon Bernard Durant? Sylvie Loiseau? Jean-Paul Pascal?

3. Voici certains inconvénients des grandes villes:

la pollution	la solitude
la criminalité	la corruption politique
le chômage	les problèmes de circulation
le coût de la vie	les transports
l'indifférence des habitants	

   De ces désavantages, quels sont ceux que possède Paris selon Suzanne Billet? Hubert Guérinet?

4. Quels sont les principaux avantages et les principaux désavantages d'une ville américaine comme New York? Boston? Chicago? Houston? Los Angeles? Pittsburgh? Miami?

5. Pour chacune des personnes suivantes, quel est l'avantage le plus important? l'avantage le moins important? le désavantage le plus important? le désavantage le moins important?

pour un(e) étudiant(e)	pour une personne âgée
pour un jeune couple	pour un couple avec des enfants
pour un(e) célibataire de 30 ans	pour une personne riche
	pour une personne pauvre

Rencontre avec...

Georges Duhamel

Georges Duhamel
en académicien

Avant d'être écrivain, Georges Duhamel (1884–1966) a d'abord été biolo-
giste et médecin. La Première Guerre mondiale à laquelle il participe comme
chirurgien° militaire lui fournit les thèmes de ses premiers romans.

surgeon

  Duhamel s'engage alors totalement dans la carrière littéraire et produit
une série importante d'essais, de poèmes et de romans. Membre de
l'Académie Française, il a également été président de l'Alliance Française.

Dans le texte suivant, Duhamel décrit avec humour un dialogue entre Dieu° et un Parisien. Dieu qui veut construire une ville idéale demande au Parisien comment il imagine celle-ci. Le Parisien fait la description d'une ville idéale qui est évidemment Paris. Pour bien comprendre ce texte, il est utile d'étudier la géographie de Paris.

God

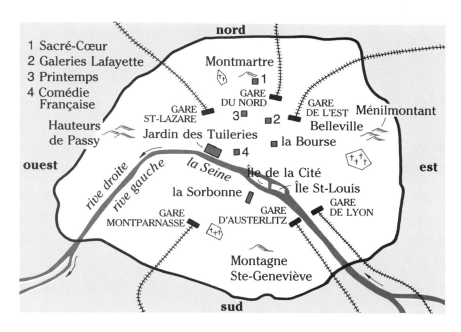

1 Sacré-Cœur
2 Galeries Lafayette
3 Printemps
4 Comédie Française

Une ville idéale

Nous sommes au Paradis, Le Père éternel consulte un Parisien sur la construction d'une ville idéale.

—Où vais-je poser° ma ville? En plaine ou en montagne?

—Seigneur,° la montagne est belle, mais elle est peu favorable à la vie et au développement d'une très grande cité. Pensez: les voies d'accès,° l'intensité du trafic, la circulation des foules°....

—Bien! Alors, la rase° plaine, puisque c'est commode.°

—Non, Seigneur, permettez: pas la plaine rase, mais un large val° orné° de quelques collines° qui puissent offrir des points de vue et animer l'horizon.

—Soit!° j'adopte les collines. Quelle forme aura la ville? Sera-t-elle ronde? Comme un de mes astres,° comme le soleil ou la lune?

—Seigneur, vous avez fait les astres, mais vous avez fait aussi l'œuf qui est un symbole de vie. Je propose que la ville nouvelle ait la forme sacrée d'un œuf.

mettre
Lord
routes
masses de gens
flat / pratique
vallée / embelli
petites montagnes
So be it!
celestial bodies

—L'idée ne me déplaît pas.° Tu parlais d'un large val. Cela suppose un cours d'eau.°

—J'allais y venir, Seigneur. Pas trop considérable, le cours d'eau. Que ce ne soit pas un obstacle, pas une séparation!

—Entendu! Il coulera° du nord au sud....

—Ma foi, Père, j'aimerais le voir marcher° d'est en ouest, pour que les églises qu'on élèvera° sur ses rives,° en votre honneur, Père, soient orientées selon l'usage° et demeurent° parallèles aux berges° de notre fleuve.

—Alors, je trace ton fleuve ainsi, du levant° au ponant.°

—Pardon, Seigneur, pas si raide!° Je propose bien que le fleuve suive une direction telle,° mais non sans décrire° une courbe. Vous m'entendez° bien, Père éternel: une souple courbe, pour la grâce,° pour le plaisir.

—Pour le plaisir! Oui, j'entends bien. Et puis, pas trop large, le fleuve, avec des ponts,° je suppose.

—Oui, Seigneur, avec un grand nombre de ponts tous différents les uns des autres, et de beaux bateaux sur le fleuve, et même....

—Je te vois venir. Tu vas me demander une île, une petite île.

—Au moins deux îles, cher Seigneur, deux îles bien serrées° l'une contre l'autre.

—Entendu pour tes deux îles. Et après?

—Seigneur, il y aura donc une rive gauche et une rive droite....

—Nécessairement. Sur la rive gauche, nous placerons les écoles. Je veux dire les grandes écoles, car de petites écoles, il y en aura partout.° Quand je parle des grandes écoles, je parle de ces maisons où l'intelligence des hommes veille° et travaille d'âge en âge....

—Et sur la rive droite, mon enfant?

—Sur la rive droite, Seigneur, nous aurons de grandes avenues, des magasins gorgés° de marchandises précieuses, des théâtres, des jardins. Nous y verrons aussi les demeures° des faux dieux—vous savez bien, Seigneur, qu'il y en a toujours. Je veux parler des grandes banques, je veux parler de la Bourse.° Des ruelles° populeuses° aussi. Puis, vers la périphérie,° des gares et des cimetières.

—Attends un peu, mon enfant. Es-tu d'avis de prévoir° ce qu'on appelle des gratte-ciel,° pour amuser les badauds?°

—Oh! non! pas de gratte-ciel, Seigneur! Faisons une ville solide et sérieuse. Pas trop de ciment, de la pierre. De la place libre, pour l'avenir. De la fantaisie et quand même° de l'ordre. Et puis, au nord, une colline délicieuse, surmontée d'une église blanche. Une colline d'où l'on pourrait entendre toute la ville respirer,° chanter, gémir,° souffrir, vivre, et prier,° naturellement.

—Oui, prier, naturellement, répéta le Seigneur d'un air pensif.

Alors le Père éternel partit soudain à rire et cela fit, dans les Demeures,° le plus joli bruit du monde.

Marginal glosses:
- me plaît
- *stream*
- *will flow*
- aller
- construira / *banks*
- tradition / soient / *rives*
- est (*rising of the sun*) / ouest (*setting*)
- *straight*
- such / faire / comprenez
- beauté
- *bridges*
- près
- *everywhere*
- *keeps watch*
- *filled*
- *dwellings*
- *Stock Exchange* / petites rues / *crowded outskirts*
- Penses-tu qu'il faut anticiper
- *skyscrapers* / *passers-by*
- *nevertheless*
- *breathe* / *lament* / *pray*
- le Paradis

—Mon enfant, dit-il enfin, tout en° dessinant la ville, suivant tes indications, j'ai pensé qu'au bout du compte° je la connaissais, ta ville. Vous autres, Parisiens, vous êtes tous les mêmes. On vous propose de faire une ville idéale, et vous recommencez Paris.

while
finalement

Activité: *Compréhension et interprétation du texte*

1. Qui sont les deux personnages [*characters*] du dialogue? Qu'est-ce que le Père éternel demande au Parisien?
2. Est-ce que la ville idéale doit être située en montagne? Pourquoi pas? Est-ce qu'elle doit être située dans une plaine plate? Pourquoi? Est-ce qu'il doit y avoir des collines? Comment s'appellent les collines de Paris?
3. Quelle forme est-ce que la ville idéale doit avoir? Est-ce que Paris a une forme ovale?
4. Est-ce qu'il doit y avoir un cours d'eau? Dans quelle direction doit-il couler? Est-ce qu'il doit avoir un tracé rectiligne [*straight*]? Comment s'appelle le fleuve qui traverse [*flows across*] Paris? Est-ce que ce fleuve correspond au fleuve décrit par le Parisien? Combien d'îles y a-t-il à Paris? Comment s'appellent ces îles?
5. Où sont situées les grandes écoles dans la ville idéale? Où est située l'Université de Paris? Comment s'appelle-t-elle?
6. Qu'est-ce qu'il y a sur la rive droite de la ville idéale? Quel théâtre y a-t-il sur la rive droite de Paris? Quels jardins? Pourquoi est-ce que les banques et la Bourse sont considérées comme les demeures des faux dieux? Où sont situées les gares de Paris? Comment s'appellent-elles?
7. Qu'est-ce que c'est qu'un gratte-ciel? Est-ce qu'il doit y avoir des gratte-ciel dans la ville de Paris? Est-ce qu'il y des gratte-ciel aujourd'hui à Paris? Est-ce qu'il y en avait en 1950?
8. Quelle est la colline située au nord de Paris? Comment s'appelle l'église qui est située sur cette colline?
9. Pourquoi est-ce que le Père éternel rit à la fin de la description? Est-ce qu'il connaît la ville décrite par le Parisien? Quelle est cette ville?

Dossier 14
Nous, les provinciaux...

◆ *Document*

Tradition et modernisme

Vocabulaire: *Les habitants de la France*

Quelques provinces et régions de France

l'Alsace *(f)*	un Alsacien (une Alsacienne)
la Touraine	un Tourangeau (une Tourangelle)
l'Auvergne *(f)*	un Auvergnat (une Auvergnate)
le Pays Basque	un(e) Basque
la Bourgogne	un Bourguignon (une Bourguignonne)
la Bretagne	un Breton (une Bretonne)
la Lorraine	un(e) Lorrain(e)
la Normandie	un(e) Normand(e)
la Provence	un(e) Provençal(e)
la Corse	un(e) Corse

Quelques villes

Paris	un Parisien (une Parisienne)
Marseille	un(e) Marseillais(e)

Quelques caractéristiques

Si vous êtes **économe,** vous ne dépensez pas beaucoup d'argent.

Si vous êtes **débrouillard(e),** vous trouvez une solution pour chaque situation difficile.

Si vous êtes **têtu(e),** vous tenez à vos idées et vous ne changez pas d'opinion.

Si vous êtes **renfermé(e),** vous ne parlez pas beaucoup. Vous êtes introverti(e).

Si vous êtes **râleur (râleuse),** vous protestez sans cesse.

Si vous êtes **vantard(e),** vous exaltez votre propre mérite.

Si vous êtes **avare,** le sens de l'économie est pour vous un vice et non pas une vertu.

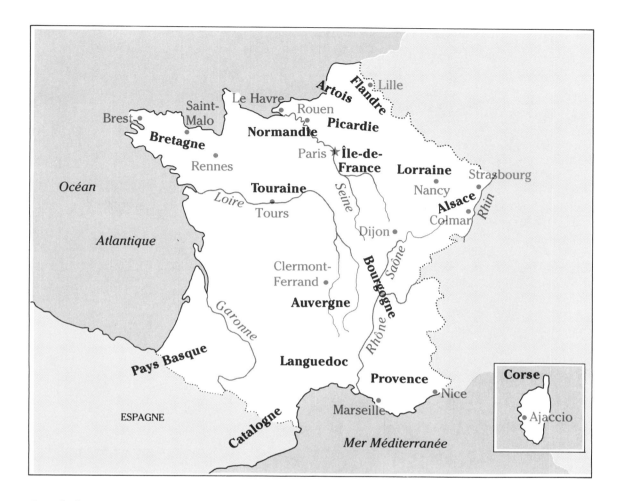

Activité: *Quelle province?*

Informez-vous sur les personnes suivantes et dites de quelle province elles sont.

MODÈLE: Monsieur et Madame Schlumberger habitent à Strasbourg.
Ils sont alsaciens.

1. Mon cousin habite à Tours.
2. Sylvie est de Clermont-Ferrand.
3. Jacques et Étienne sont de Rouen.
4. Madame Paoli habite à Ajaccio.
5. Philippe est originaire de Rennes.
6. Alain et Stéphanie viennent de Nancy.
7. Monsieur Luciani vient de Nice.
8. Mes cousines sont de Dijon.

Enquête

Auto-portrait des provinciaux

Paris est la plus grande ville de France. Ce n'est pas toute la France. Le reste, ce que les Parisiens appellent «la province», est constitué d'un certain nombre de grandes régions administratives qui correspondent plus ou moins aux provinces d'autrefois.° Ces provinces avaient leur originalité bien marquée.° Cette originalité n'a pas complètement disparu. Elle subsiste dans le caractère des habitants de chaque province ou du moins dans l'image que l'on se fait de ce caractère. Là aussi, en effet, les stéréotypes existent. Ainsi les gens du Nord ont la réputation d'être distants, les gens du Sud d'exagérer, les Bretons d'être têtus, les Auvergnats d'être avares...

    Est-ce que ces préjugés subsistent toujours dans un pays où la population est de plus en plus mobile? Pour répondre à cette question, un journal français, *Le Point,* a interrogé 5.000 Français. Ces personnes ont été invitées à dire comment elles jugent leurs voisins et comment elles se jugent elles-mêmes. Quelles sont les principales qualités des gens de chaque région? Quels sont leurs principaux défauts? Le résultat de cette enquête est un auto-portrait des Français de province.

du passé

accentuée

Les qualités

	1ᵉ place	2ᵉ place	3ᵉ place	Dernière place
Les Français les plus sympathiques	les Provençaux	les Marseillais	les Bretons	les Alsaciens
Les Français les plus travailleurs	les gens du Nord	les Lorrains	les Alsaciens	les Corses
Les Français les plus joyeux	les Marseillais	les Provençaux	les gens de Toulouse	les Lorrains
Les Français les plus économes	les Auvergnats	les Normands	les Bretons	les Marseillais
Les Français les plus fidèles en amitié	les gens du Nord	les Bretons	les Alsaciens	les Bourguignons
Les Français les plus débrouillards	les Parisiens	les Marseillais	les Corses	les Bourguignons

Leur principal défaut

	Vus par eux-mêmes	Vus par les autres
Les Alsaciens	têtus	renfermés
Les Tourangeaux	renfermés	renfermés
Les Auvergnats	têtus	têtus
Les Basques	têtus	peu travailleurs
Les Bourguignons	râleurs	peu fidèles en amitié
Les Bretons	têtus	têtus
Les Catalans	têtus	vantards
Les Corses	râleurs	peu travailleurs
Les Lorrains	renfermés	renfermés
Les Marseillais	vantards	vantards
Les gens du Nord	râleurs	renfermés
Les Normands	renfermés	têtus
Les Parisiens	râleurs	râleurs
Les Provençaux	vantards	vantards

Activité: *La carte du caractère: En France*

Dites quel genre de personnes on rencontre dans les villes suivantes. Pour cela, référez-vous aux tableaux de l'enquête et à la carte (de la *page 205*) qui indique dans quelle province chaque ville est située.

Marseille
Lille
Le Havre
Strasbourg
Clermont-Ferrand

Dijon
Nice
Brest
Colmar
Saint-Malo

MODÈLE: Marseille

À Marseille on rencontre des gens qui sont sympathiques, joyeux, débrouillards mais vantards et peu travailleurs.

Activité: *La carte du caractère: Aux États-Unis*

Les stéréotypes existent aussi aux États-Unis. Selon vous, dites dans quelle ville des États-Unis on rencontre des gens qui manifestent le plus les qualités ou les défauts suivants.

MODÈLE: cultivés

C'est à San Francisco que les gens sont les plus cultivés.

1. distants
2. sympathiques
3. snobs
4. aimables
5. polis
6. tolérants
7. intolérants
8. paresseux
9. cordiaux
10. tristes
11. prétentieux
12. intellectuels

Activité: *Sondage*

Faites un sondage dans la classe où vous déterminerez le portrait type des personnes suivantes.

	1ᵉ caractéristique	2ᵉ caractéristique	3ᵉ caractéristique
Les gens du Nord des États-Unis			
Les gens du Sud			
Les gens du Mid-West			
Les New Yorkais			
Les Texans			
Les gens de Boston			
Les habitants de la Californie			

Comme caractéristiques, vous pouvez utiliser les expressions suivantes.

1. parler avec un accent
2. travailler beaucoup
3. travailler peu
4. être arrogant
5. être cultivé
6. être idéaliste
7. aimer la nature
8. aimer le sport
9. être indiscipliné
10. être puritain
11. être débrouillard
12. être libéral
13. être conservateur
14. avoir de l'humour
15. exagérer

Activité: *Études*

1. Faites une brève description historique de votre état: avant Christophe Colomb, pendant la Révolution, pendant la Guerre de Sécession, après la Seconde Guerre mondiale.
2. Faites une brève description de l'économie de votre région: ses industries principales, les industries qui prospèrent, les industries qui déclinent.
3. Faites une brève description des habitants de votre région: leur origine ethnique, leurs religions principales, leurs qualités, leurs défauts.
4. Quels sont les problèmes actuels de votre région?

FLASH

Histoire de l'éléphant

Voici une histoire qui illustre les préjugés des Français vis-à-vis d'eux-mêmes et de leurs voisins.

Chaque année un jury international organisait un concours littéraire. Un écrivain de chaque nationalité devait écrire un essai sur un sujet donné. Une année, le sujet choisi fut «L'éléphant».

L'Anglais intitula son essai «Chasse à l'éléphant dans la forêt africaine». L'Israëlien écrivit «L'éléphant et le problème palestinien». L'Allemand composa un essai de cinq volumes appelé «Introduction à l'étude scientifique des coutumes sociales et de la physiologie de l'éléphant». Le Russe écrivit «L'éléphant et le complot° capitaliste». L'Américain écrivit une «Psychanalyse de l'éléphant». Le Français se limita à «La vie amoureuse de l'éléphant».

plot

Cette même histoire pourrait s'appliquer aux habitants des diverses régions françaises. Voici comment chacun intitulerait son essai. L'Auvergnat: «Le prix de l'éléphant». Le Normand: «Est-ce que c'est un éléphant, oui ou non?» L'Alsacien: «Efficacité de l'éléphant dans la construction des autoroutes». Le Marseillais: «Ce qui s'appelle un éléphant chez les autres s'appelle une souris chez nous». Le Parisien: «Les embarras° créés dans la circulation par les éléphants conduits par les paysans de la province».

problèmes

Activité: *Analyse*

L'histoire de l'éléphant met l'accent sur un défaut (ou une qualité) supposé des habitants de certaines régions. Faites correspondre chaque région ci-dessous avec le défaut (ou la qualité) supposé de ses habitants.

Alsace	avarice
Auvergne	exagération
Marseille	indécision
Normandie	snobisme
Paris	travail

Activité: *À votre tour*

Racontez maintenant l'histoire de l'éléphant en choisissant le point de vue:

1. d'un New Yorkais
2. d'un Texan
3. d'un habitant du Kansas
4. d'un Bostonien
5. d'un habitant de la Californie
6. d'un habitant du Sud

La province bouge°...

proteste

Pendant des siècles, la politique des différents gouvernements a été de faire de la France un pays très centralisé. Cette politique a réussi à transformer Paris en une ville gigantesque, la seule très grande ville française. Elle a réussi à atténuer° les particularismes locaux. Elle ne les a pas détruits.

rendre plus faibles

Bien sûr, la plupart des coutumes locales ont disparu. Le folklore authentique est devenu «du folklore», c'est-à-dire un spectacle factice° à usage principalement commercial et touristique. Ce qui reste cependant, chez beaucoup de gens de la province, c'est le sentiment d'appartenir° à une région différente. Autrefois, le «provincial» était convaincu de son infériorité vis-à-vis du «Parisien». Il avait honte° de ses origines. Aujourd'hui, il est fier de celles-ci. La honte n'existe plus. Elle a fait place à un sentiment d'orgueil° et parfois à un esprit de revendication.° Aujourd'hui les anciennes provinces françaises retrouvent leur identité. Cette identité s'affirme par des protestations, parfois pacifiques,° parfois violentes, contre le gouvernement et contre le reste des Français. La province n'est plus passive. Elle bouge...

artificiel

to belong

was ashamed

pride / claiming one's rights

peaceful

AU COEUR DE L'EUROPE
l'Alsace

L'Alsace

L'Alsace forme frontière entre la France et l'Allemagne. Cette situation a créé bien des problèmes pour cette province. Dans les nombreux conflits qui ont opposé l'Allemagne et la France, leur région a toujours été la première à être revendiquée,° puis occupée par les Allemands. L'Alsace est devenue française en 1681. Les Alsaciens n'ont jamais regretté ce choix. En fait, ils ont acquis la réputation d'être les plus patriotes des Français. Ils regardent aussi leurs voisins allemands avec une pointe d'envie. S'ils sont plus riches que la moyenne des Français, les Alsaciens sont en effet moins riches que la moyenne des Allemands...

réclamée

Pour éviter ces comparaisons dangereuses, les Alsaciens ont décidé de rester avant tout alsaciens. Aujourd'hui, 85% continuent à pratiquer le dialecte alsacien qui n'est ni de l'allemand ni du français.

La Corse

La Corse est une île de la Méditerranée. Elle est devenue française en 1769. Son fils le plus célèbre est Napoléon, qui devint empereur de France en 1804. On l'appelle «l'Île de Beauté». Les agences de tourisme vantent° son climat, son ciel toujours bleu, son soleil, sa nature intacte. Les agents immobiliers° en vendent la terre. Les acquéreurs° sont nombreux. Voilà pourquoi les Corses protestent. Ils ne veulent absolument pas que leur île soit achetée par des «étrangers», même si ces «étrangers» sont d'autres Français, venus du continent. Pour cela, ils sont prêts à se battre... et ils se sont battus. Dans les dix dernières années, de nombreuses manifestations° ont eu lieu, et aussi des attentats,° des arrestations et des incidents sanglants.° Il y a eu des blessés° et des morts. Comprenant la gravité du problème, le gouvernement français a décidé de créer des assemblées régionales. Ces assemblées reconnaissent l'identité culturelle de la Corse et permettent aux Corses de contrôler certains aspects de la vie économique, sociale et culturelle de l'île. Est-ce un premier pas° vers la décentralisation? ou vers l'autonomie et l'indépendance?

parlent favorablement de

real estate / acheteurs

demonstrations / actions criminelles
bloody / *wounded*

step

L'Occitanie

L'Occitanie n'est pas une province, mais une région assez mal définie. Elle se situe au sud de la France et correspond aux territoires où l'on parlait la «langue d'oc» avant de parler français (avec un accent). La Provence, le Languedoc en font partie. Cette région avait autrefois une littérature et une culture très vivantes, mais qui ont plus ou moins disparu quand la France est devenue un pays centralisé.

Aujourd'hui, l'Occitanie n'est pas seulement une région. C'est une idée. L'idée de faire revivre la culture, la langue et la littérature d'autrefois. Pour cela, il faut d'abord se libérer de la condition de peuple soumis.° Voilà pourquoi les intellectuels occitans refusent le tourisme provocateur des gens du Nord. Voilà pourquoi ils refusent les principes de ceux-ci: le capitalisme, l'industrie, en somme la magie° de l'argent.

dominé

magic

Les revendications occitanes ne sont pas purement intellectuelles et culturelles. Elles sont aussi économiques et sociales. Dans une région où l'agriculture constitue la richesse principale des habitants, les paysans protestent contre la concurrence° des produits étrangers: vins italiens, oranges algériennes, raisins espagnols. Leurs colères sont fréquentes et violentes: manifestations, occupations de bâtiments administratifs, barages° de routes...

compétition

barricades

Intellectuelle, culturelle, sociale ou économique, la révolte de l'Occitanie ne symbolise-t-elle pas le conflit éternel qui semble opposer les gens du Sud aux gens du Nord?

La Bretagne

La Bretagne est devenue française en 1532, par amour. C'est en effet un mariage (le mariage de la duchesse Anne de Bretagne au roi de France, Louis XII) qui provoqua l'union de cette province à la France. Hélas, cet amour n'a pas été éternel. La Bretagne est en fait restée une région isolée que les Français ont trop souvent tendance à traiter en parente° pauvre. Cet isolement géographique, politique, économique de la Bretagne explique le retard de celle-ci par rapport au reste du pays. Il explique aussi la vigueur avec laquelle l'identité bretonne s'est maintenue au cours° des siècles. C'est précisément en étant fiers de cette identité que les Bretons expriment aujourd'hui leur mécontentement. La Bretagne a gardé ses coutumes, son folklore, son dialecte. Aujourd'hui, elle a ses poètes et ses ménestrels.° Les journaux et les émissions° de radio en langue bretonne se multiplient. On assiste bien à un renouveau de la culture et de la personnalité bretonnes!

relative

durant

chanteurs folkloriques
programmes

Activité: *Compréhension et interprétation*

1. En quoi a consisté la politique de la France pendant des siècles? Quel a été l'effet de cette politique sur la psychologie des gens de la province vis-à-vis des Parisiens? Est-ce que cette psychologie a évolué? Dans quel sens? Comment est-ce que se manifeste cette reconquête de l'identité chez les provinciaux?

2. Par comparaison avec la France, est-ce que les États-Unis sont un pays très centralisé? Est-ce qu'il existe une seule ou plusieurs très grandes villes aux États-Unis? Quelles sont ces villes? Est-ce que les Américains sont généralement fiers de leur région d'origine? Comment s'exprime cette fierté?

3. Où est située l'Alsace? Quels problèmes cette situation a-t-elle créés pour les Alsaciens? Quelle est la situation économique de l'Alsace en comparaison avec l'Allemagne? avec le reste de la France?

4. Où est située la Corse? Quel est le grand personnage historique originaire de la Corse? Pourquoi est-ce que la Corse attire les touristes? Comment est-ce que les Corses réagissent à l'achat de terrains par des non-Corses? Qu'est-ce qu'a fait le gouvernement français pour apaiser [*to pacify*] les Corses?

5. Où est située l'Occitanie? Quelle est l'origine de ce nom? À quels principes s'opposent les intellectuels de cette région? Pourquoi les paysans protestent-ils? Comment s'exprime leur colère? Aux États-Unis est-ce qu'il y a une rivalité entre les gens du Sud et les gens du Nord? Quelle est l'origine historique de cette rivalité? Comment s'exprime-t-elle aujourd'hui?
6. Comment et à quelle époque la Bretagne est-elle devenue une province française? Quel a été le résultat de l'isolement géographique de la Bretagne sur son développement économique? sur sa culture? Comment se manifeste l'identité bretonne aujourd'hui?

Activité: *Révolte?*

Certains événements peuvent provoquer des réactions favorables ou défavorables dans une région. Dites si les événements suivants provoqueraient dans votre état...

  une réaction favorable
  une réaction d'indépendance
  des protestations
  une révolte
  une révolution

1. le développement du tourisme
2. l'installation de nouvelles industries
3. l'installation d'une centrale nucléaire
4. l'achat d'un grand nombre de terrains par des étrangers
5. l'arrivée massive d'immigrés
6. de nouvelles taxes fédérales
7. de nouvelles taxes locales
8. l'occupation de la capitale par des troupes fédérales
9. la suppression de la liberté de la presse
10. la nationalisation des industries locales

AIR FRANCE
Vacances Avion+Hôtel
Avion+Auto

CORSE

15% DE RÉDUCTION SUR VOTRE VOITURE EUROPCAR

en juin, septembre, octobre
Renseignez-vous ici auprès des spécialistes Tourisme

Rencontre avec...

Benoîte Groult

Benoîte Groult (née en 1920) est l'auteur de plusieurs essais féministes. Née à Paris, elle a conservé une grande affection pour sa province d'adoption, la Bretagne. C'est cet attachement qu'elle décrit dans le préface de son livre, *Ainsi soit-elle*.[1]

▶ Je pars chez moi pour écrire un livre dont le sujet ennuie° d'avance bien des gens... qui le plus souvent ne lisaient déjà pas mes romans!

    Ayant vécu à Paris plus de quarante ans, habitant le Var[2] depuis cinq ans, c'est toujours à la Bretagne que je pense quand je dis: chez moi. Je lui suis reconnaissante° de tout: de l'enfance° qu'elle m'a donnée, de son odeur° qui me ferait la reconnaître les yeux fermés comme Napoléon le disait de sa Corse, de cette impatience délicieuse que j'éprouve° toujours en m'approchant° d'elle, de cette mélancolie quand je m'éloigne,° de sa capacité à me guérir° et à me faire oublier. Je ne vois pas quel malheur ne serait adouci° par le fait de pouvoir me dire: «Heureusement, j'ai la Bretagne.» C'est tout de suite vers elle que j'ai couru quand Pierre, le mari de ma jeunesse, est mort à vingt-quatre ans.

    Chaque fois° que j'entends l'accent breton, dont on se demande pour quelles raisons il n'a jamais eu les honneurs du cinéma ou de la littérature, comme l'accent du Midi° aussi obsédant° et inévitable° que l'ail,° je souris de tendresse.° Mon amour pour ce pays est injuste et merveilleux. Comme l'amour....

    En Bretagne, la terre° fait son riche métier° de terre. Elle sent bon le pourri° en hiver et meilleur encore° la germination au printemps. Ici, les feuilles° meurent pour quelque chose: c'est à ce prix qu'elles remonteront° dans les feuilles prochaines. Dans mon jardin du Var, ce cycle ne veut pas

annoys

grateful / childhood
smell

feel
getting close / go away
heal

lessened

Each time

Southern France / haunting / unavoidable / garlic
amour

earth / fulfilling job
smell of compost / still
leaves / find their way back

---

[1] A feminist study. The title is a play on words: **ainsi soit-il** means *amen*.
[2] Le Var est un département situé en Provence, dans le sud de la France.

s'accomplir. La terre est malingre° et sent la poussière,° et les arbustes° *sickly / dust / shrubs*
conservent jalousement leur raide verdure° puisqu'ils savent que le sol ne *dry green leaves*
pourra rien en faire. Tout ce qui tombe est perdu, desséché,° emporté,° *dried / carried away*
par le stupide vent....

Je n'ai de mon existence passé un été sans la Bretagne. C'est comme
d'aller voir sa mère: ça ne se discute pas. Et cette route du Finistère,[3] c'est
mon artère coronaire: elle mène° tout droit° au cœur. *leads / straight*

Activité: *Compréhension et interprétation du texte*

1. Quelle région de France est-ce que Benoîte Groult considère comme
   son «chez moi»? Pourquoi y va-t-elle cette fois-ci? Combien de temps
   a-t-elle habité à Paris? Où habite-t-elle maintenant?
2. Où Benoîte Groult a-t-elle passé son enfance? Quel personnage historique mentionne-t-elle? De quelle région était-il originaire?
3. Quel sentiment éprouve [*feel*] l'auteur quand elle arrive en Bretagne?
   Quand elle quitte cette région? De quelle tragédie personnelle parle-
   t-elle? Où a-t-elle cherché refuge à cette époque?
4. Quelle est la réaction de l'auteur quand elle entend l'accent breton?
   Comment décrit-elle l'accent du Midi? De ces deux accents, quel est
   celui qui a eu sa place au cinéma et dans la littérature? Comment
   l'auteur décrit-elle son amour pour sa province?
5. Dans le paragraphe suivant, l'auteur compare la terre de deux régions
   françaises. Quelles sont ces deux régions? Pourquoi est-ce que la terre
   de Bretagne fait un riche métier? Comment l'auteur décrit-elle le cycle
   végétal en Bretagne? Comment décrit-elle la terre du Var? Est-ce que
   cette terre fait aussi un riche métier? Pourquoi pas? Pourquoi l'auteur
   décrit-elle le vent du Var comme un vent stupide?
6. À quelle époque de l'année est-ce que l'auteur allait en Bretagne? À
   quoi compare-t-elle ces voyages? À quoi compare-t-elle la route du
   Finistère? Pourquoi?

Activité: *Chez moi*

Dans quelle région ou dans quelle ville est-ce que vous vous sentez vraiment «chez vous»? Expliquez pourquoi.

---

[3] partie de la Bretagne

La vie des idées

Unité V

Dossier 15
Le septième art

▰ *Document*

Quand on aime la vie, on va au cinéma

SPECTAC

LE FILM
AUX
4
CESARS

L'ETE
MEURTRIER

ISABELLE ADJANI
César de la meilleure actrice

SUZANNE FLON
César du meilleur second rôle

SÉBASTIEN JAPRISOT
César du meilleur scénario
adapté d'une œuvre préexistante

JACQUES WITTA
César du meilleur montage

Les films n

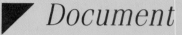

ES

F
lisation :
rio : J
Photo
Av
Bacri,
naffe,
La
ble.

**LE BA
DE LA**   **NÉE**
Film   eurs (2 h). Réali-
sation :   5. Scénario : Leonar
Schrade   e roman de Manuel

phie : Rodol
schling.
am Hurt,
e deux déte
rique latine.

ARFIGHTER
Film américain en
Réalisation : Nick Cast
than Betuel. Photograp
Musique : Craig Safin.
Avec : Lance Gues
therine Mary Stewart.
Alex, dix-huit ans
jeux vidéo. Une passion qui va
vivre une fantastique aventure à l'intérieur
du mécanisme de ce jeu.

et l
tt. Se
graph
urman,
l, Moh

s d'un
e éditer

**STES
TE**
sur le g
sion sur le
de Jean
mmentaire
one Signoret   Gérard Des

Vocabulaire: *Le cinéma*

Au cinéma

Le cinéma est **le spectacle** [*show*] préféré des Français.

Souvent on a le choix entre plusieurs **séances** (*f*) [*showings*].

La séance de l'après-midi s'appelle **une matinée.**

La séance du soir s'appelle **une soirée.**

Il faut acheter **un billet** [*ticket*].

En France, **une ouvreuse** [*usherette*] vous indique votre **place** (*f*) [*seat*].

On donne **un pourboire** [*tip*] à l'ouvreuse.

Le film est projeté sur **un écran** [*screen*].

Les films (*m*)

Les actualités (*f*) montrent les événements de la semaine.

Le court métrage est un petit film qui dure trente minutes maximum.

Le dessin animé doit beaucoup à l'inspiration de Walt Disney.

Le documentaire est une étude de la réalité.

La comédie nous fait rire.

La comédie musicale contient des chansons et des danses.

Le western nous montre les cowboys et les Indiens.

Un film d'aventures peut être **un film d'espionnage** [*spy movie*] ou **un film policier** [*detective movie*].

Le film d'horreur (le film d'épouvante) nous fait peur.

Le drame psychologique nous présente les problèmes humains.

La production d'un film
Les gens

Pour faire un film il faut...

un acteur (une actrice) pour **jouer les rôles** (*m*).

Un acteur (une actrice) célèbre est **une star** ou **une vedette.**

L'acteur (l'actrice) principal(e) est la vedette du film.

un producteur (une productrice) pour **produire** le film. Il/Elle prend la responsabilité financière du film.

un réalisateur (une réalisatrice) pour **faire** ou **tourner** le film. Il/Elle s'occupe de la réalisation du film.

Les éléments

le scénario ou **le script**

l'interprétation (*f*) ou **le jeu des acteurs**

la mise en scène [*staging*]

les costumes (*m*) et **les décors** (*m*) [*sets*]

la photographie: le truquage [*trick photography*] et **le montage** (*editing*)

la musique

Un film peut être **en noir et blanc** ou **en couleur.**

Un film étranger peut être **en version originale** ou **en version doublée** [*dubbed*]

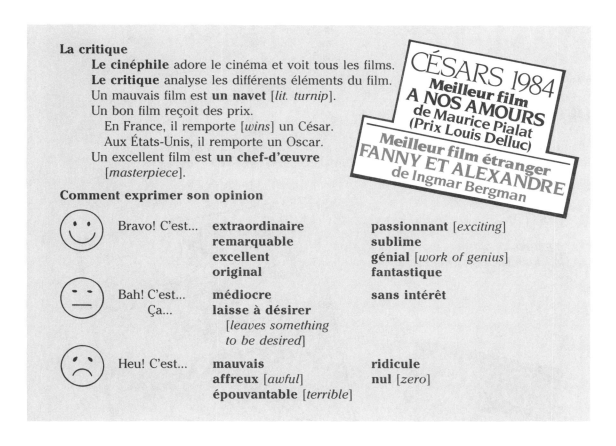

La critique

Le cinéphile adore le cinéma et voit tous les films.
Le critique analyse les différents éléments du film.
Un mauvais film est **un navet** [*lit. turnip*].
Un bon film reçoit des prix.

En France, il remporte [*wins*] un César.
Aux États-Unis, il remporte un Oscar.
Un excellent film est **un chef-d'œuvre**
[*masterpiece*].

Comment exprimer son opinion

Bravo! C'est...   **extraordinaire**   **passionnant** [*exciting*]
                  remarquable   **sublime**
                  excellent   **génial** [*work of genius*]
                  original   **fantastique**

Bah! C'est...   **médiocre**   **sans intérêt**
Ça...   **laisse à désirer**
                  [*leaves something
                  to be desired*]

Heu! C'est...   **mauvais**   **ridicule**
                  affreux [*awful*]   **nul** [*zero*]
                  épouvantable [*terrible*]

CÉSARS 1984
Meilleur film
A NOS AMOURS
de Maurice Pialat
(Prix Louis Delluc)
Meilleur film étranger
FANNY ET ALEXANDRE
de Ingmar Bergman

Activité: *Questions personnelles*

1. Êtes-vous un(e) cinéphile? Combien de fois par mois allez-vous au cinéma? Allez-vous seul(e) ou avec des camarades? Quel type de films préférez-vous?

2. Pourquoi allez-vous au cinéma? Ou pourquoi n'y allez-vous pas? Selon vous, est-ce que le cinéma est le spectacle préféré des Américains? Est-ce que le cinéma est pour vous plus un spectacle culturel ou une forme de loisir? Et pour les Américains en général?

3. Est-ce qu'il y a un ciné-club à votre école? Quels films est-ce qu'on y montre? Est-ce qu'on y montre des films étrangers? Est-ce que ces films sont présentés en version originale ou sont-ils doublés?

4. Avez-vous déjà vu des films français? Comment s'appellent-ils? Avez-vous vu ces films en version originale? Qui étaient les vedettes? le réalisateur? Quels acteurs français connaissez-vous? Quelles actrices? Quels réalisateurs?

5. Quel est le film qui vous a le plus impressionné(e)? Celui qui vous a le plus choqué(e)? Pourquoi?

Quelques films français

Chaque année, un certain nombre de films français sont présentés sur les écrans américains. Voici certains de ces films. Lesquels avez-vous vus?

Diva
Le Dernier Métro
Entre nous
Cousin, cousine
Le Retour de Martin Guerre
Un Dimanche à la Campagne

FLASH

Quelques acteurs, actrices et réalisateurs français d'aujourd'hui

Acteurs	Actrices	Réalisateurs
Jean-Paul Belmondo	Nathalie Baye	Philippe de Broca
Alain Delon	Brigitte Bardot	Claude Chabrol
Gérard Depardieu	Catherine Deneuve	Jean-Luc Godard
Yves Montand	Françoise Fabian	Claude Lelouch
Michel Serrault	Isabelle Huppert	Louis Malle
Jean-Louis Trintignant	Marlène Jobert	Alain Resnais
	Miou-Miou	Éric Rohmer
	Simone Signoret	Bertrand Tavernier
		François Truffaut

Activité: *Critique*

L'importance des éléments d'un spectacle varie avec la nature de ce spectacle. Selon vous, parmi les éléments suivants, quel est le plus important et le moins important dans les spectacles ci-dessous?

> le scénario
> le jeu des acteurs
> la mise en scène
> les dialogues
> la musique
> la photographie

1. dans un western
2. dans une comédie
3. dans une comédie musicale
4. dans un film psychologique
5. dans un film d'horreur
6. dans un film d'aventures
7. dans un film policier
8. dans un documentaire
9. dans un dessin animé
10. dans une pièce de théâtre moderne
11. dans une pièce de théâtre classique
12. dans un opéra

FLASH

Les grands succès du cinéma

Les films suivants représentent certains des grands succès du cinéma.

Film	Realisateur	Acteur/Actrice
La Ruée vers l'or (1925)	Charlie Chaplin	Charlie Chaplin
L'Ange bleu (1930)	Josef von Sternberg	Marlène Dietrich
Autant en emporte le vent (1939)	Victor Fleming George Cukor	Clark Gable Vivien Leigh
Casablanca 1943)	Michael Curtiz	Humphrey Bogart Ingrid Bergman
Le Pont de la rivière Kwaï (1957)	David Lean	Alec Guiness
Certains l'aiment chaud (1959)	Billy Wilder	Marilyn Monroe Jack Lemmon
Le Parrain (1972)	Francis Ford Coppola	Marlon Brando
Vol au-dessus d'un nid de coucou (1975)	Milos Forman	Jack Nicholson
Kramer contre Kramer (1978)	Richard Benton	Dustin Hoffman Meryl Streep
E.T. L'extra-terrestre (1982)	Steven Spielberg	—
Gandhi (1982)	Richard Attenborough	Ben Kingsley
Amadeus (1984)	Milos Forman	F. Murray Abraham

Activité: *Êtes-vous un(e) cinéphile?*

Reconnaissez-vous les films ci-dessus? Lesquels de ces films avez-vous vus? Pouvez-vous donner leur nom en anglais? Que savez-vous de leurs réalisateurs et de leurs vedettes (leur nationalité, les autres films qu'ils ont faits)?

MEILLEUR FILM
8 OSCARS
A HOLLYWOOD

Meilleur Acteur
BEN KINGSLEY

Meilleure Mise en Scène
RICHARD ATTENBOROUGH

GANDHI
Son triomphe changea notre monde pour toujours.

Activité: *Étude*

Faites la critique d'un film que vous avez vu récemment.

1. Donnez le titre de ce film.
2. Dites qui sont les acteurs et les actrices principaux et le réalisateur.
3. Décrivez rapidement le scénario.
4. Faites un commentaire bref sur les éléments suivants (en utilisant les expressions du *Vocabulaire* dans «Comment exprimer son opinion»): le scénario, la mise en scène, le jeu des acteurs, les costumes, les décors, la musique, le truquage.
5. Dites si vous conseilleriez à vos amis de voir ce film. Expliquez votre position.

Activité: *Dialogues*

Demandez à un(e) camarade de vous indiquer ses préférences personnelles.

MODÈLE: le meilleur acteur actuel
VOUS: **D'après toi, quel est le meilleur acteur actuel?**
VOTRE CAMARADE: **Je pense que c'est...**

1. la meilleure actrice aujourd'hui
2. le plus grand acteur de tous les temps
3. la plus grande actrice de tous les temps
4. le meilleur metteur en scène actuel
5. le meilleur metteur en scène de tous les temps
6. les trois meilleurs films de l'année
7. les trois plus gands navets de l'année
8. les trois meilleurs films de tous les temps
9. la meilleure comédie musicale de tous les temps
10. le meilleur western de tous les temps
11. le meilleur film policier de tous les temps

Tous les films de la semaine

SAMEDI 5 JUILLET

Activité: *Sondage*

Maintenant faites un sondage dans la classe. Pour cela, choisissez 4 ou 5 des questions posées ci-dessus et demandez à chaque élève sa réponse. Présentez les résultats sous forme de tableau.

Activité: *Devinez!*

Voici un jeu auquel peut participer toute la classe. Ce jeu consiste à deviner le titre d'un film. Pour cela, chaque élève choisit un film, classique ou contemporain, connu de tout le monde. Il (elle) compose dix phrases qui décrivent ce film, sans mentionner le titre du film. Le (la) premier (première) élève lit ses phrases l'une après l'autre. Quand il (elle) a fini, chaque élève essaie de deviner le titre du film. On compte le nombre de bonnes réponses. Puis c'est au tour d'un(e) autre élève de lire ses phrases.

MODÈLE: **C'est un film américain.**
L'héroïne est une jeune fille.
Elle a un petit chien.
Elle visite un pays étranger.
Elle rencontre des personnes étranges.
Tout le monde chante dans ce film.
Il y a un chemin pavé de briques.
La jeune fille devient l'amie d'un lion.
L'ennemi est une méchante sorcière.
À la fin du film, l'héroïne se retrouve dans le Kansas.
(SOLUTION: *Le Magicien d'Oz*)

Portrait

Le phénomène Montand

Aujourd'hui, Yves Montand a 65 ans... ou un peu plus. Qu'importe? Avec Montand, le talent n'a pas d'âge. Montand est éternel. Depuis 45 ans, sa carrière représente en effet une série ininterrompue de succès: dans la chanson, au music-hall, au théâtre et bien sûr au cinéma.

Yves Montand (de son vrai nom, Ivo Livi) est né non pas en France mais en Italie en 1921. Il grandit à Marseille où sa famille a émigré pour fuir la dictature fasciste de son pays. Les débuts de Montand sont difficiles. Il est tour à tour° ouvrier d'usine, coiffeur, chauffeur de taxi, garçon de café. Mais sa véritable vocation est la chanson. Il est finalement engagé à l'Alcazar, un célèbre music-hall de Marseille. L'une de ses premières chansons s'intitule *Dans les plaines du Far-west.* C'est une chanson de style cowboy. Yves Montand la chante en 1944 à l'époque où les troupes américaines viennent de débarquer.° C'est un succès immédiat...

Yves Montand monte à Paris. Son répertoire s'enrichit: *Luna Park, Battling Joe, À Paris, Sur les grands boulevards,* et surtout *C'est si bon* et *Les feuilles mortes°* qui vont faire le tour du monde. Yves Montand est maintenant l'idole de la génération d'après-guerre. On lui propose de jouer dans des films. Pourquoi pas?

successivement

arriver en France

Autumn Leaves

Yves Montand met son énorme talent et son inépuisable° énergie au service du cinéma. Son premier film *Le Salaire° de la peur* (1953) dans lequel il joue le rôle d'un chauffeur de camion chargé de° dynamite, remporte le Grand Prix du festival de Cannes. Une brillante carrière d'acteur vient de commencer...

inexhaustible
wages
loaded with

Yves Montand rencontre Simone Signoret, une jeune actrice de grand talent. Le jeune premier épouse la jeune première. Avec sa femme, Yves Montand décide de se lancer° dans le théâtre. À eux deux, ils interprètent brillamment *Les Sorcières de Salem,*[1] la célèbre pièce de l'auteur américain Arthur Miller. Yves Montand mène maintenant trois carrières de front:° Il est chanteur, acteur de cinéma et acteur de théâtre. Il donne des concerts à Paris, à Londres, à Rome, à Moscou... Il vient aux États-Unis où il tourne *Le Milliardaire* avec Marilyn Monroe. Puis il rentre en France où il connaît sa période d'acteur la plus féconde°. Une vingtaine de films, une vingtaine de succès...

s'engager

en même temps

prolific

À l'âge de 60 ans, Yves Montand décide de remonter sur les planches° de music-hall. C'est un risque énorme. Il n'a pas chanté depuis des années... En fait, cette tournée° de chant est le plus grand triomphe qu'Yves Montand ait connu. Non, le public français n'a pas oublié son idole. Montand est toujours une super-star, le numéro un de la chanson française.

stage [lit. boards]

série de programmes

Mais Yves Montand n'est pas seulement un chanteur et un acteur. C'est aussi un homme «engagé», toujours prêt à défendre les libertés et les droits de l'homme et de la femme. C'est le message qu'il communique dans ses chansons, dans ses films et dans les livres qu'il a écrits. Yves Montand n'a pas peur d'exprimer ce qu'il pense. Voilà pourquoi on parle de lui en politique. Certains Français suggèrent sa candidature à la présidence. Un acteur président? Pourquoi pas?

Activité: *Compréhension*

1. Où et quand Yves Montand est-il né? Pourquoi est-ce que sa famille a quitté son pays d'origine? Quels ont été ses premiers métiers? Qu'est-ce qu'il voulait faire en réalité? Est-ce qu'il a réussi? Quel était le nom d'une de ses premières chansons et pourquoi a-t-elle été si populaire?
2. Où va Montand après ses premiers succès? Que devient-il? Qu'est-ce qu'on lui propose de faire? Est-ce qu'il réussit dans cette carrière?
3. Comment s'appelle la femme d'Yves Montand? Qu'est-ce qu'un «jeune premier»? une «jeune première»? Qui a écrit les *Sorcières de Salem*? Avec qui Yves Montand joue-t-il dans *Le Milliardaire*?
4. Pourquoi Yves Montand prend-il un risque quand il décide de remonter sur la scène du music-hall? Quelle attitude le public a-t-il pour lui?
5. Que veut dire le terme «engagé»? Comment Yves Montand est-il engagé? Pourquoi parle-t-on de lui en politique?

---

[1] en anglais, *The Crucible*

Activité: *Interprétation*

1. La carrière de Montand est remarquable à cause de sa durabilité. En général, est-ce qu'un acteur (ou une actrice) est «durable»? Est-ce que le succès peut corrompre un artiste? Comment? Donnez des exemples d'acteurs ou d'actrices particulièrement durables, et des exemples d'acteurs ou d'actrices qui ont eu une brève carrière.
2. La carrière de Montand est aussi remarquable à cause de sa diversité. Connaissez-vous des acteurs ou des actrices qui ont eu une autre carrière dans le théâtre, ou dans la chanson? Qui? À votre avis, est-ce qu'il est dangereux de poursuivre [*pursue*] plusieurs carrières à la fois? Pourquoi ou pourquoi pas?
3. Yves Montand est un acteur «engagé», c'est-à-dire un acteur qui exprime ses opinions politiques. Connaissez-vous des acteurs ou des actrices qui expriment leurs opinions politiques? Qui? Quelles opinions ont-ils exprimées? À votre avis, est-ce qu'un acteur ou une actrice doit jouer un rôle politique ou au contraire s'abstenir? Pourquoi?

FLASH

Le culte Bogart

Qui est l'acteur américain le plus populaire en France? Est-ce Marlon Brando? Paul Newman? Robert Redford? Jack Nicholson? Non! L'acteur aujourd'hui le plus en vogue est mort il y a trente ans. Il s'appelle Humphrey Bogart. Certains acteurs sont l'objet d'une admiration provisoire, d'un culte passager. Le culte de Bogart est un culte permanent. À Paris, il y a toujours plusieurs cinémas qui présentent l'un de ses films.

Le film le plus célèbre reste *Casablanca.* Bogart y joue le rôle d'un aventurier sentimental. *Casablanca* n'est pas un vrai chef-d'œuvre. En fait, si les films de Bogart sont devenus des classiques, ce sont de mauvais classiques. Le scénario est mince, les acteurs sont souvent médiocres, la mise en scène n'existe pas. Oui, mais Bogart est là et cela suffit pour que ces films soient passés à la postérité.

Comment expliquer le succès de Bogart? Cet acteur n'a rien du «jeune premier».° Il n'est pas beau, il n'est pas spectaculaire, et il a toujours l'air de dire «je me fiche° de tout.» Justement, la société a besoin de gens qui ont toujours l'air de dire «je m'en fiche». Elle a besoin d'anti-héros. Bogart est l'anti-héros type. Voilà sans doute pourquoi il est aussi populaire aujourd'hui que de son vivant:° Bogart est éternel!

romantic male lead

I don't give a darn

quand il était vivant

Activité: *Compréhension et analyse*

1. Qui est Bogart? Dans quels films a-t-il joué? Avez-vous vu des films avec Humphrey Bogart? Lesquels? Qu'en pensez-vous?
2. Que pense l'auteur des films de Bogart? Pourquoi? Comment est-ce qu'il explique le succès d'Humphrey Bogart?
3. Qu'est-ce qu'un héros? Qu'est-ce qu'un anti-héros? Pourquoi est-ce que la société a besoin de héros? Pourquoi est-ce qu'elle a besoin d'anti-héros? À votre avis quels sont les héros d'aujourd'hui? Quels sont les anti-héros?

Portrait

L'homme qui a sauvé le cinéma

Henri Langlois était un homme jovial, affable,° terriblement obèse et peu   aimable
élégant. Il portait en permanence un vieux pantalon noir et un pull de la
même couleur. C'était un des hommes les plus respectés du cinéma. Ce
n'était pourtant ni un acteur, ni un scénariste, ni un réalisateur, ni un
producteur. Henri Langlois était un collectionneur de films!

    Pendant 30 ans il en avait accumulé près de 50.000 qu'il conservait
précieusement dans sa «Cinémathèque», véritable musée du cinéma. Voilà
pourquoi Henri Langlois était connu dans le monde entier, et peut-être
plus à l'étranger qu'en France. On lui téléphonait de New York, de Melbourne, de Tokyo, de Moscou, de partout. «Monsieur Langlois, avez-vous
une copie de tel ou tel film?» Henri Langlois avait tout, ou presque tout.

    Henri Langlois s'était passionné très jeune pour le cinéma. Au lycée,
il consacrait plus de temps à son projecteur qu'à ses études. Bientôt cette
passion était devenue une mission. En 1930, en effet, un grand nombre de
films avaient déjà disparu. Certains avaient été détruits. D'autres avaient
été revendus à des fabricants de vernis° qui les utilisaient comme matière   *varnish manufacturers*
première.° Il fallait absolument préserver les premières manifestations d'un   substance de base
art qui venait de naître.

Henri Langlois s'était attaché à sa mission avec une patience d'archéologue et de détective. Il suivait toutes les pistes.° C'est ainsi qu'il a pu sauver des milliers de films de la destruction. Sa première acquisition importante fut *Le Cabinet du Docteur Caligari,* le film classique de l'Allemand Robert Wiene. Son grand ennemi était un autre Allemand: Hitler. Dans sa fureur destructrice, Hitler avait ordonné de brûler° toutes les copies de films qu'il jugeait décadents, c'est-à-dire anti-nazis. Parmi ceux-ci, il y avait le chef-d'œuvre de Marlène Dietrich, *L'Ange bleu.* Henri Langlois a sauvé *L'Ange bleu* et beaucoup d'autres films.

leads

to burn

Si nous connaissons aujourd'hui l'histoire de la première époque du cinéma, c'est grâce à Henri Langlois. Il a collectionné tout ce qu'il a trouvé. Il n'a pas choisi, il n'a exercé aucune censure. «La seule censure, disait-il, c'est l'oubli.°» Aujourd'hui Henri Langlois a disparu mais les films qu'il a sauvés du désastre continuent à inspirer les nouvelles générations de jeunes réalisateurs.

le fait d'être oublié

Activité: *Compréhension*

1. Faites le portrait physique d'Henri Langlois.
2. Expliquez pourquoi il était connu dans le monde entier.
3. Décrivez l'importance historique du travail d'Henri Langlois. Donnez des exemples.
4. Expliquez pourquoi son influence est éternelle.

Activité: *Débats*

Prenez une position pour ou contre. Expliquez votre position.

1. La censure au cinéma est justifiée.
2. Le système de classement des films (G, PG, R, X) est efficace et protège la jeunesse.
3. La violence au cinéma est une bonne chose. Elle empêche [*prevents*] les gens d'être violents dans la vie.
4. Le cinéma joue un rôle politique aux États-Unis.
5. Aujourd'hui le cinéma n'est plus un art. C'est un commerce.
6. Les Oscars récompensent [*reward*] le talent.

Rencontre avec...

Gérard Depardieu

Gérard Depardieu (né en 1948) est peut-être l'acteur le plus connu de la nouvelle génération d'acteurs français. Ses films (*Le Dernier Métro, Le Retour de Martin Guerre, Les Compères*) ont eu beaucoup de succès non seulement en France mais aussi à l'étranger. L'interview que vous allez lire est plutôt une conversation à bâtons rompus.° Depardieu s'y exprime franchement dans un style simple et direct et quelque peu° relâché.°

rambling

somewhat / informal

QUESTION: Est-ce que tu crois qu'il peut y avoir quelque chose semblable au star system dans le cinéma français aujourd'hui?

DEPARDIEU: Oui, ça revient. Ça va, ça vient. Il y aura toujours des Belmondo, des Delon. Montand est une star, la plus importante de toutes. Parce que c'est un mythe, c'était l'ouvrier du spectacle° et c'est une star. J'ai beaucoup d'estime pour lui. Et c'est une vraie star dans le sens où il est généreux, il prend des risques, il remet en question les choses.

show business

QUESTION: Comment tu expliques qu'il n'y ait pas d'acteurs français qui ont vraiment réussi à prendre aux États-Unis?

DEPARDIEU: Parce que la France est un tout petit pays, et qu'ils ont suffisamment le choix chez eux. Moi, on m'a demandé de signer un contrat à la Paramount pour cinq ans; j'ai refusé. J'ai refusé *Deer Hunter* avec Bob De Niro, j'ai refusé *Raging Bull,* j'ai refusé des contrats avec De Laurentis sur *La Baleine° blanche.* J'ai refusé plein de° films en Amérique, parce que ça ne m'intéresse pas pour l'instant. Je leur ai dit mes positions.

whale / beaucoup de

QUESTION: Et pourquoi tu as refusé?

DEPARDIEU: Parce que je ne connais pas bien la langue. Mais ils n'ont pas d'acteurs comme moi aux États-Unis. Ils n'ont pas des jeunes premiers ouvriers. Ils n'ont pas ces acteurs assez populaires. Des gens comme Stallone, c'est des italo-américains. Avant c'était des acteurs irlandais: John Wayne, Spencer Tracy, et ils veulent y revenir avec Nick Nolte. Mais ils m'appelleront, je le sais et puis j'en ai pas besoin.

En Europe il y a un travail énorme à faire. Les Français commencent à s'installer là-bas, et la culture française intéresse énormément les Américains et en même temps elles les complexe. C'est des curés,° des puritains, les Américains, non c'est pas très intéressant.

des gens trops scrupuleux (lit. priests)

Ici c'est bien. En Italie avant il y avait des films intéressants, maintenant y a plus rien, c'est nul. Nous, en France on a fait 180 films dans l'année.

QUESTION: En Italie tous les films sont doublés. Est-ce que ça te gêne° d'être doublé?

bother

DEPARDIEU: Oui, ça me gêne beaucoup. Je pense que le doublage° va disparaître. Il faut que les gens parlent naturellement. C'est pour ça que le cinéma italien se meurt,° parce qu'ils sont tous doublés, en plus ils n'ont pas d'acteurs jeunes.

dubbing

is dying

Les actrices c'est rien, Ornella Mutti c'est pas une actrice, c'est rien, c'est un mannequin et encore.° C'est tout sauf° une actrice. Par rapport° à toutes les filles ici qui font du théâtre, qui écrivent des textes. En France c'est une pépinière,° d'ailleurs° c'est le seul pays au monde où l'on voit tant de films. Paris c'est la capitale du cinéma.

= peut-être pas / excepté
en comparaison
seed-bed, nursery / besides

Activité: *Analyse et interprétation*

1. Quels acteurs est-ce que Depardieu mentionne quand il parle du «star system»? Connaissez-vous ces acteurs? Qu'est-ce que Depardieu pense de Montand? Comment justifie-t-il son admiration pour lui? D'après ce que vous savez d'Yves Montand (voir texte, *pages 227–228*), expliquez le sens de la phrase «C'était l'ouvrier du spectacle».

2. D'après Depardieu, pourquoi est-ce qu'il n'y a pas d'acteurs français aux États-Unis? À votre avis, est-ce que cette opinion est justifiée? Quelle compagnie a offert un contrat à Depardieu? Dans quels films est-ce qu'on lui a proposé de jouer? Est-ce qu'il a accepté? Pourquoi pas? À votre avis, est-ce qu'il y a des acteurs ou des actrices d'origine étrangère qui ont réussi aux États-Unis? Qui? Expliquez les raisons de leurs succès. Selon vous, quels sont les obstacles qu'un acteur ou une actrice d'origine étrangère puisse rencontrer aux États-Unis?

3. Comment Depardieu justifie-t-il son refus de jouer aux États-Unis? À votre avis, est-ce que c'est une raison valable? Expliquez votre position. Depardieu se définit comme un «jeune premier ouvrier». Selon vous, que signifie cette expression? Comment Depardieu catégorise-t-il les acteurs populaires américains?

4. D'après Depardieu, quelle attitude les Américains ont-ils vis-à-vis de la culture française? Êtes-vous d'accord avec cette opinion? En général, quelle opinion Depardieu a-t-il des Américains?

5. Qu'est-ce qu'il pense du cinéma italien d'autrefois? Qu'est-ce qu'il pense du cinéma italien actuel?

6. Qu'est-ce que Depardieu pense du doublage des films? Pourquoi? À quelles causes est-ce qu'il attribue le déclin du cinéma italien? Qu'est-ce qu'il pense des actrices italiennes?

7. Qu'est-ce qu'il pense du rôle des femmes dans le cinéma français contemporain? En général, qu'est-ce qu'il pense du rôle actuel de la France? Êtes-vous d'accord? Expliquez votre position.

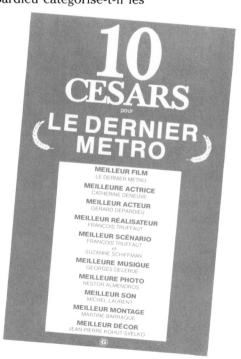

10 CESARS pour **LE DERNIER METRO**

MEILLEUR FILM
LE DERNIER METRO

MEILLEURE ACTRICE
CATHERINE DENEUVE

MEILLEUR ACTEUR
GÉRARD DEPARDIEU

MEILLEUR RÉALISATEUR
FRANÇOIS TRUFFAUT

MEILLEUR SCÉNARIO
FRANÇOIS TRUFFAUT
et
SUZANNE SCHIFFMAN

MEILLEURE MUSIQUE
GEORGES DELERUE

MEILLEURE PHOTO
NESTOR ALMENDROS

MEILLEUR SON
MICHEL LAURENT

MEILLEUR MONTAGE
MARTINE BARRAQUE

MEILLEUR DÉCOR
JEAN-PIERRE KOHUT-SVELKO

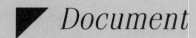
Document

La création d'après Piem

Le premier jour, Dieu créa le ciel et la terre et l'eau et la lumière

Le deuxième jour, Dieu créa les plantes

Le troisième jour, les étoiles

Le quatrième jour, les oiseaux et les poissons

Le cinquième jour, les animaux domestiques, les reptiles et
  les bêtes sauvages

Le sixième jour, il créa l'homme

Et le septième jour, pendant qu'il avait
  le dos tourné, l'homme créa la pollution

Vocabulaire: *Halte à la pollution!*

Les sources de la pollution
l'automobile (*f*)
    le bruit [*noise*], **les gaz** (*m*) **d'échappement** [*exhaust*], **les hydrocarbures**
l'industrie (*f*) et **les usines** (*f*) [*factories*]
    le bruit, **la fumée** [*smoke*], **les produits** (*m*) **toxiques**, **les déchets** (*m*)
    [*waste*], **les déchets chimiques**, **les pluies** (*f*) **acides** [*acid rain*],
    l'amiante (*m*) [*asbestos*]
le transport du pétrole
    le goudron [*tar*], **la marée noire** [*black tide*]
les centrales (*f*) **nucléaires** [*nuclear power plants*]
    la radioactivité, **les déchets radio-actifs**, **la pollution thermique**

Les effets de la pollution
    la destruction: La pollution peut **détruire** les ressources naturelles.
    l'empoisonnement (*m*): Les gaz d'échappement peuvent **empoisonner**
    l'atmosphère.
    l'irritation (*f*): La fumée peut **irriter** les yeux.
    l'asphyxie (*f*): Le manque d'oxygène peut **asphyxier** les poissons.
    la contamination: Les déchets peuvent **contaminer** l'eau que nous buvons.

L'écologie

Nous devons...

la lutte:	**lutter** [*to struggle*] contre la pollution.
la protection:	**protéger** la nature.
l'interdiction (*f*):	**interdire** [*to prohibit*] l'usage de l'amiante dans les écoles.
la réglementation:	**réglementer** [*to regulate*] la décharge [*disposal*] des déchets.
la limitation:	**limiter** le développement des centrales nucléaires.
la réduction:	**réduire** le stock d'armes atomiques.
l'encouragement (*m*):	**encourager** le développement de l'énergie solaire.
le découragement:	**décourager** l'usage de la voiture.
la suppression:	**supprimer** les avantages fiscaux aux compagnies pétrolières.
la conservation:	**conserver** [*to save*] l'énergie.
la consommation:	**consommer** moins d'essence.
le gaspillage:	éviter de **gaspiller** [*to waste*] nos **ressources naturelles**.

Activité: *Le problème de l'énergie*

Voici certaines solutions au problème de l'énergie. Analysez chaque solution et dites si elle est...

très valable	dangereuse
assez valable	absurde
possible mais difficile	

1. Il faut produire des voitures plus petites.
2. Il faut interdire la voiture dans la ville.
3. Il faut interdire la voiture le week-end.
4. Il faut interdire la voiture pendant la semaine.
5. Il faut encourager les transports en commun.
6. Il faut développer l'énergie nucléaire.
7. Il faut développer l'énergie solaire.
8. Il faut supprimer l'usage de la télé.
9. Il faut supprimer l'air conditionné en été.
10. Il faut réduire les heures de travail.
11. Il faut supprimer l'école en hiver.
12. Il faut fermer les usines.
13. Il faut interdire l'usage de l'électricité le jour.
14. Il faut interdire l'usage de l'électricité la nuit.

le silence: mon nouveau style de conduite.

MINISTERE DE L'ENVIRONNEMENT

Activité: *Pollution?*

Il y a des pollutions physiques et des pollutions intellectuelles, des pollutions individuelles et des pollutions collectives. Selon vous, est-ce que chacun des éléments suivants constitue une forme de pollution dans la société contemporaine? Expliquez votre position.

MODÈLE: le bruit

VOUS: **Est-ce que le bruit est une forme de pollution?**

VOTRE CAMARADE: **Oui, c'est une forme de pollution. Le bruit produit des troubles de sommeil.**

ou: **Non, ce n'est pas une forme de pollution. Le bruit ne crée pas de problèmes particuliers.**

1. le tabac
2. l'alcool
3. la drogue
4. l'abus des médicaments
5. la circulation en ville
6. l'industrialisation
7. l'usage des pesticides
8. la défiguration de la campagne
9. la publicité
10. la propagande politique
11. la musique pop
12. l'art moderne
13. la violence au cinéma
14. les «mass-media»
15. la surpopulation
16. l'esprit de compétition
17. l'obsession de la réussite
18. la corruption
19. l'esprit de profit
20. le communisme

Activité: *Le danger*

Certains dangers menacent davantage certaines personnes ou certaines catégories de personnes. Dites qui est l'ennemi le plus dangereux pour les personnes suivantes. (Pour cela, vous pouvez utiliser les expressions du *Vocabulaire* et les expressions de l'exercice précédent.)

MODÈLE: pour les habitants des villes

Pour les habitants des villes, le principal danger est la circulation en ville. L'automobile est une source importante de pollution atmosphérique.

1. pour les étudiants
2. pour les élèves de high school
3. pour les personnes âgées
4. pour les habitants de campagne
5. pour les Américains en général
6. pour les gens riches
7. pour les ouvriers d'usine
8. pour nos enfants
9. pour nos petits-enfants

MOI J'AIME LA PROPRETÉ DANS MA VILLE...

Activité: *Que faire?*

Dites ce qu'il faut faire des choses suivantes. Annoncez votre opinion en commençant vos phrases par une expression telle que: **il faut, il serait bon, il est indispensable, il est inutile...** et l'un des verbes du *Vocabulaire*.

> MODÈLE: l'environnement
> **Il faut lutter pour (protéger) l'environnement.**

1. les forêts
2. les océans
3. les ressources naturelles
4. les animaux sauvages
5. les animaux sauvages et dangereux
6. les traditions familiales
7. les coutumes locales
8. le système capitaliste
9. le confort matériel
10. l'appétit des consommateurs
11. l'obsession de la réussite
12. la publicité
13. la violence dans les sports
14. l'énergie atomique
15. les armes nucléaires
16. les manifestations pacifistes
17. l'énergie solaire
18. le mouvement écologiste
19. le développement du communisme dans le monde
20. l'aide aux pays sous-développés

Activité: *Comment réagiriez-vous?*

Dites comment vous réagiriez dans les circonstances suivantes. Utilisez le conditionnel.

1. Si on construisait une centrale nucléaire près de chez vous?
2. Si vous appreniez qu'il y a de l'amiante dans le système de tuyauterie [*pipes*] de votre école?
3. Si vous viviez près d'une usine de produits chimiques?
4. Si vous habitiez dans un petit port de pêche [*fishing harbor*] menacé par la marée noire?
5. Si vous étiez une personne âgée habitant dans une grande ville menacée par le smog?
6. Si vous étiez le/la propriétaire [*owner*] d'une usine de produits chimiques?
7. Si vous étiez très sensible au bruit?
8. Si vous étiez candidat(e) écologiste à la présidence?

Quelques effets de la pollution sur la santé

Polluants	Effets
monoxyde de carbone	empoisonnement du sang [*blood*]; asphyxie
hydrocarbures	irritation des yeux; irritation de la peau; difficultés respiratoires
particules en suspension	difficultés respiratoires; effets toxiques
oxydes de soufre	affections respiratoires; irritation des yeux et de la peau [*skin*]
oxyde de plomb [*lead*]	intoxication

OUI
à l'air pur
non aux atmosphères enfumées

COMITÉ NATIONAL CONTRE LE TABAGISME · 68, Bd St MICHEL · 75006 PARIS

Les huit péchés° contre la nature

sins

Pitié pour la nature qui nous environne, mais aussi pitié pour notre nature interne! Oui, pitié pour la nature humaine! Celle-ci est menacée. Konrad Lorenz, Prix Nobel de physiologie et de médecine, a donné l'alerte. Il a défini les huit péchés que nous avons commis contre nous-mêmes.

1. Surpopulation et urbanisation

Les ressources de la terre sont limitées. Notre planète ne peut pas supporter un accroissement° indéfini du nombre de ses habitants. L'urbanisation, c'est l'entassement° incontrôlé des masses dans les grandes villes. Cet entassement est déshumanisant.

increase

accumulation

2. Destruction de l'environnement

Le «progrès» du vingtième siècle a créé de nouvelles formes de nuisances:° le bruit, la pollution de l'air, la pollution des océans.

effets dangereux

3. L'esprit de compétition

Nous avons l'obsession de la réussite.° Obsession du succès matériel ou du succès intellectuel, les effets sont les mêmes: tension nerveuse, angoisse, psychose, incapacité à faire face à° la solitude.

succès

accepter

4. Dégradation psychologique

La multiplication des biens de consommation a créé chez l'homme un appétit vorace pour le confort, la jouissance,° la réalisation immédiate de tous ses désirs. La facilité de l'existence matérielle nous a fait perdre le sens de l'effort.

plaisir

5. Dégradation physiologique

Peut-être vivons-nous plus longtemps que nos grands-parents. En réalité, le confort, l'absence d'effort physique, l'accoutumance aux médicaments nous affaiblissent et augmentent notre vulnérabilité aux maladies.

6. Rupture de la tradition

Dans la société mobile où nous vivons, nous avons perdu nos traditions, nos racines,° nos contacts avec notre passé immédiat. Aujourd'hui, rien ou presque rien n'attache plus l'individu à son milieu humain naturel.

Un autre trait de notre société est l'abdication de la famille et de l'école devant leurs responsabilités éducatrices. L'éducation «anti-autoritaire» voulait éviter de prétendues «frustrations» chez les jeunes. En réalité, elle a créé des milliers de névrosés.° malades mentaux

7. Endoctrinement des masses

La société contemporaine vit sous un barrage continue de propagande et de publicité. Le résultat est de conditionner l'individu, de le rendre conforme à un modèle unique, et, par conséquent, de le dépersonnaliser plus ou moins totalement.

8. Développement de l'arme atomique

Aujourd'hui chacun sait que la planète peut disparaître en quelques secondes. Pour l'humanité, la menace atomique a créé un climat permanent de terreur collective.

Activité: *Sujets de réflexion*

1. À votre avis, est-ce que Konrad Lorenz serait plutôt pour ou plutôt contre les choses suivantes? Expliquez pourquoi en fonction du texte que vous avez lu.

   le contrôle des naissances [*births*] / la publicité / le capitalisme sauvage [*uncontrolled*] / le retour aux traditions familiales / la discipline / la société de consommation / le sport

2. Analysez les huit péchés contre la nature définis par Konrad Lorenz. Pour chacun de ces péchés, dites si vous êtes d'accord avec lui ou non.

3. Faites un sondage dans votre classe. Chaque étudiant(e) classera les huit péchés contre la nature par ordre d'importance. Présentez les résultats sous forme de tableau.

4. D'après vous, quel péché constituera le danger le plus important de l'an 2000?

5. Konrad Lorenz considère les péchés qu'il décrit comme des péchés modernes. Dites si chacun de ces péchés existait en 1900. Expliquez votre réponse.

6. Choisissez le péché contre la nature qui vous semble le plus important à l'heure actuelle. Dites pourquoi ce péché vous semble particulièrement dangereux. Si possible, illustrez votre exposé par des exemples personnels.

une fleur
une plante
un arbre
ça embellit la vie

Un candidat écologiste à la présidence

René Dumont est professeur à l'Institut d'Études Économiques. C'est l'un des grands experts mondiaux des questions écologistes. Son but: sauver la nature, mais aussi sauver l'homme? Dumont croit en ce qu'il prêche.° *preaches* C'est pour cela qu'il a été candidat aux élections présidentielles. Voici son programme:

Pour une autre civilisation

RENÉ DUMONT
CANDIDAT DU MOUVEMENT ÉCOLOGIQUE

CONTRE
— Le gaspillage des ressources naturelles.
— L'exploitation du tiers-monde° et des travailleurs. *Third World*
— La concentration du pouvoir aux mains des technocrates.
— Le cancer de l'automobile.
— La course° aux armements. *race*
— La démographie galopante.
— La surconsommation des pays riches aux dépens des pays exploités.
— La folie nucléaire: bombes et centrales.

POUR
— Une limitation de la croissance° économique aveugle.° *growth / blind*
— Une société décentralisée et autogérée.° *self-governed*
— La limitation des naissances.
— Une redistribution égalitaire des richesses.
— Une diminution radicale du temps de travail évitant le chômage.
— La protection de la nature et de la campagne.
— Les transports en commun.
— Un urbanisme à l'échelle° de l'homme. *scale*
— Le respect des libertés des minorités culturelles.
— Des techniques décentralisées, non polluantes et fondées sur des ressources renouvelables.

QUELLE TERRE LAISSERONS-NOUS À NOS ENFANTS?

A VOUS DE CHOISIR

Activité: *Analyse*

1. Dans le dessin ci-dessus, René Dumont montre les deux alternatives que les électeurs peuvent choisir. Décrivez ces deux alternatives. Dites quelle alternative vous choisiriez et pourquoi. Dites si à votre avis il y a d'autres alternatives possibles dans le monde d'aujourd'hui. Expliquez.
2. Dites si à votre avis René Dumont a des idées plutôt libérales ou plutôt conservatrices. Expliquez pourquoi. Pour chacun des points de son programme dites si ce point est un objectif plutôt économique, plutôt écologiste, ou une combinaison des deux. Dites aussi si vous êtes d'accord avec ces points. Expliquez votre position.
3. Si René Dumont était candidat à la présidence des États-Unis, est-ce que vous voteriez pour lui? Expliquez votre position. Est-ce qu'il aurait des chances d'être élu? Expliquez votre position.

Enquête

Le débat nucléaire

En France, l'installation de centrales nucléaires n'est plus le sujet de débat politique ou économique. C'est une réalité. Aujourd'hui en effet plus de 50% de l'électricité produite en France est d'origine nucléaire. Cette proportion sera de 70% en 1990. Cette réalité n'a cependant pas mis fin aux controverses entourant° l'énergie nucléaire. Celle-ci a toujours ses partisans et ses détracteurs.

concernant

Les partisans

MARC LAMBLET (*32 ans, ingénieur*): Je suis pour l'énergie nucléaire pour des questions d'efficacité et surtout de sécurité. Jusqu'ici, il n'y a pas eu d'accident en France et il n'y a pas raison pour qu'il y ait des accidents dans l'avenir.

ALBERT MOREAU (*45 ans, représentant de commerce*): L'énergie nucléaire garantit notre indépendance nationale. Si nous ne développons pas cette forme d'énergie, nous nous mettons à la merci des producteurs de pétrole. Nous sommes les victimes désignées° et consentantes° du chantage° économique et politique...

classic / consenting
blackmail

MICHÈLE PICARD (*31 ans, sans profession*): Je ne nie pas que l'énergie atomique présente des dangers et que certains problèmes restent à résoudres.° Mais le génie de l'homme n'est-il pas justement de trouver de nouvelles solutions aux problèmes nouveaux. Je suis optimiste. Je suis sûre que d'ici dix ans la science aura résolu tous les problèmes de l'énergie nucléaire. D'ailleurs, nous n'avons pas le choix, car on ne peut pas arrêter le progrès.

to be solved

ISABELLE DURAND (*19 ans, étudiante*): L'énergie nucléaire est la forme la plus propre de l'énergie que nous connaissons. Regardez les centrales thermiques° avec leurs fumées et leur pollution. Avec l'énergie nucléaire, pas de pollution sérieuse. Évidemment il y a le problème de la disposition° des déchets radio-actifs. Mais ce n'est pas un problème très grave... De toute façon, il n'y a pas de progrès sans risque.

coal-burning power plants
disposal

PAUL DUMAS (*37 ans, commerçant*): Le risque nucléaire n'existe pas. C'est une invention d'intellectuels qui ne connaissent rien à la technique. Les gens qui s'opposent à l'énergie nucléaire aujourd'hui sont les mêmes qui s'opposaient à l'électricité et aux chemins de fer il y a cent ans.

Les détracteurs

HENRI JACOMME (*53 ans, professeur*): Encourager les centrales nucléaires, c'est encourager le «nucléaire», c'est-à-dire le développement de nouvelles armes atomiques. Je suis définitivement contre.

SYLVIE LAMBERT (*35 ans, technicienne*): Bien sûr, l'énergie nucléaire est une solution, mais a-t-on pensé aux risques? La radiation dégagée par les centrales? les accidents de fonctionnement? la disposition des déchets? la menace pour l'environnement? la possibilité de sabotage? Non, vraiment, les risques sont trop grands. Il ne faut pas jouer avec le feu!

MONIQUE GILBERT (*38 ans, mère de famille*): Les effets à long terme des centrales n'ont pas été étudiés. Peut-être l'énergie nucléaire nous apporte-t-elle aujourd'hui le confort et le bien-être. Mais dans vingt ans, elle risque d'empoisonner la vie de nos enfants et de nos petits-enfants. J'ai trois enfants. Je ne veux pas qu'ils vivent dans une France nucléarisée!

MARCEL NAVARRE (*retraité, 73 ans*): Moi aussi, j'étais pour le progrès, pour l'auto, pour l'avion, pour la vitesse... Et qu'est-ce que l'homme a gagné? Un air vicié,° une atmosphère qu'il ne peut pas respirer. Les centrales nucléaires détruisent notre environnement, nos rivières. Moi qui suis un amateur de pêche,° je suis contre...

> foul
>
> sports fisherman

MICHÈLE AVELINE (*étudiante, 22 ans*): Bien sûr, l'énergie nucléaire peut nous donner un sentiment d'indépendance nationale. Mais je ne vois pas cela comme un avantage. Au contraire! Si on veut la paix° dans le monde, il faut que tous les peuples se sentent solidaires, pas indépendants! L'indépendance nationale n'est pas un argument de paix, mais de guerre.°

> peace
>
> war

L'énergie, pensez-y. Maintenant.

Activité: *Débats*

Souvent une opinion peut présenter quelque chose de vrai et quelque chose de plus discutable. Organisez un débat dans votre classe où vous analyserez chacune des opinions présentées dans cette enquête. Dites si vous êtes tout à fait d'accord, partiellement d'accord ou pas du tout d'accord et expliquez pourquoi.

Rencontre avec...

Éric Vincent

Éric Vincent est un chanteur, un poète et un voyageur. Et c'est dans ses voyages au bout du monde qu'il trouve l'inspiration habituelle de ses chansons: le soleil, la mer, les plages de sable° fin... De retour en France, Éric Vincent trouve une réalité bien différente. C'est cette réalité qui lui a inspiré cette parodie de la chanson canadienne bien connue: *À la claire fontaine*.

sand

Version originale

À la claire fontaine

À   la clai — re fon — tai — ne   M'en al — lant pro — me — ner,

J'ai   trou — vé l'eau si bel — le   Que   je m'y   suis bai — gné.

Il   y a long – temps que je t'ai – me, Ja —mais je ne t'ou —blie—rai.

À la claire fontaine
M'en allant promener
J'ai trouvé l'eau si belle
Que je m'y suis baigné.[1]

Refrain:
Il y a longtemps que je t'aime,
Jamais je ne t'oublierai.

Sous les feuilles d'un chêne[2]
Je me suis fait sécher;[3]
Sur la plus haute branche
Le rossignol[4] chantait

Chante, rossignol, chante,
Toi qui a le cœur gai;
Tu as le cœur à rire,
Moi je l'ai à pleurer.

J'ai perdu ma maîtresse[5]
Sans l'avoir mérité
Pour un bouquet de roses
Que je lui refusai.

Je voudrais que la rose
Fût[6] encore au rosier[7]
Et moi et ma maîtresse
Dans les mêmes amitiés.

[1] *bathed*   [2] *oak*   [3] *dried*   [4] *nightingale*   [5] *mon amie*   [6] *Were*   [7] *rosebush*

Activité: *Analyse et débat*

1. Comparez strophe par strophe la version d'Éric Vincent avec la version originale. Expliquez comment Éric Vincent a adapté la chanson pour nous décrire les effets pernicieux [*harmful*] de la vie moderne.
2. On a parfois tendance à exagérer le caractère sain [*healthy*] du passé et le caractère malsain du présent et du futur. Organisez un débat dans votre classe où vous comparerez les côtés positifs et négatifs de la vie d'autrefois avec les côtés positifs et négatifs de la vie actuelle.

Version d'Éric Vincent

À la «claire» fontaine

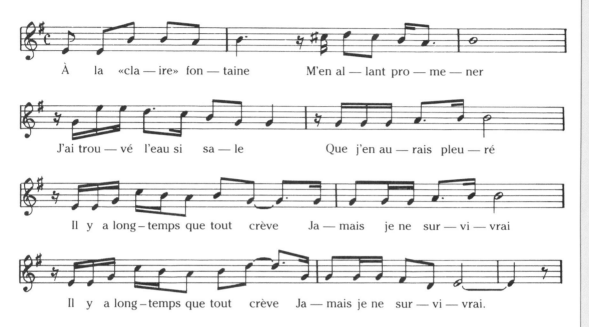

À la «claire» fontaine M'en al — lant pro — me — ner

J'ai trou — vé l'eau si sa — le Que j'en au — rais pleu — ré

Il y a long — temps que tout crève Ja — mais je ne sur — vi — vrai

Il y a long — temps que tout crève Ja — mais je ne sur — vi — vrai.

À la «claire» fontaine
M'en allant promener
J'ai trouvé l'eau si sale[8]
Que j'en aurais pleuré[9]

Refrain:
Il y a longtemps que tout crève,[10]
Jamais je ne survivrai.

Près de moi un vieux chêne
Semblait tout désolé
Sur sa plus haute branche
Un oiseau déplumé[11]

Pleure oh rossignol pleure
Tu ne peux plus voler[12]
Dans les fumées d'usines
Qui crachent[13] leurs déchets.

J'ai perdu mon amie
Sans l'avoir mérité
Quand je lui dis: je t'aime
Elle allume la télé.

Quand je lui dis: je t'aime
Elle allume la télé
Quand la télé s'arrête
Je dors à poings fermés.[14]

---

[8] *dirty* [9] *cried* [10] *is dying off* [11] *featherless* [12] *fly* [13] *spew out* [14] *clenched fists*

Dossier 17
Le progrès—

Vélomoteur
Né en 1901
Inventeur: *George Hendee*
Nationalité: *américaine*

 Document

Le progrès et la vie

Il est loin le temps où nos grands-mères lavaient les chemises de nos grands-pères à la main. Il est loin le temps de la lampe à pétrole et la voiture à cheval. S'il n'a pas amené nécessairement le bonheur, le progrès des cent dernières années a certainement augmenté notre confort. Il a rendu plus facile notre existence.

Voici quelques exemples de ce progrès.

Microsillon
Né en 1948
Inventeur: *Columbia*
Nationalité: *américaine*

Lave-vaisselle
Né en 1912 aux États-Unis. Un modèle semi-automatique a été présenté en France au 1er Salon des arts ménagers, en 1923, mais ce n'est qu'en 1940 qu'apparaît aux États-Unis le premier lave-vaisselle automatique.

Polaroïd
Né en 1948
Inventeur: *Dr Edwin Land*
Nationalité: *américaine*

un bien ou un mal?

Une des premières radios
Radio-récepteur à transistors
Né en 1954
Inventeur: *Regency Radio Indianapolis*
Nationalité: *américaine*

Anesthésie générale
Née en 1841
Inventeur: *Dr Crawford Williamson Long*
Nationalité: *américaine*

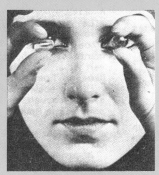

Verres de contact
Nés en 1939
Inventeur: firme *Zeiss*
Nationalité: *allemande*

Vocabulaire: *Le progrès scientifique*

La recherche scientifique

Les gens
> **Un savant** se spécialise dans **les sciences** (*f*) **physiques** ou **les sciences naturelles.**
> **Un technicien (une technicienne)** travaille dans **un laboratoire.**
> **Un chercheur (une chercheuse)** [*research scientist*] cherche des solutions aux problèmes scientifiques.

Le travail
> **la recherche scientifique**
> > On peut... **faire des recherches,** participer à **la lutte contre le cancer.**
> **une invention**
> > On peut... **inventer** un instrument, une machine, un appareil.
> **une découverte**
> > On peut... **faire une découverte, découvrir** un produit nouveau, un vaccin, un médicament.

Le progrès
> On doit **faire des progrès** dans le domaine de la médecine.
> On doit **améliorer** [*improve*] la condition humaine.

Les sciences et techniques nouvelles

L'informatique (*f*) [*computer science*] est la science du traitement rationnel de l'information.

Les gens
> **Un informaticien (une informaticienne)** est un spécialiste de l'informatique.
> **Un programmeur (une programmeuse)** écrit des programmes.

Le matériel
> Aujourd'hui l'informatique est basée sur l'usage de **l'ordinateur** (*m*) [*computer*].
> L'ordinateur permet le traitement des **données** (*f*) [*data*].
> **Un programme** est un ensemble logique d'instructions définissant pour l'ordinateur le travail à exécuter.
> **Le logiciel** [*software*] est l'ensemble des programmes nécessaires au fonctionnement de l'ordinateur.
> **Un micro-ordinateur** est un ordinateur de petites dimensions.
> **Un microprocesseur** est l'élément de base d'un micro-ordinateur.

La bureautique est la science de l'informatique appliquée aux travaux de bureau.
> Dans un bureau moderne on peut utiliser...
> > **un micro-ordinateur**
> > **une machine de traitement de texte** [*word processor*]

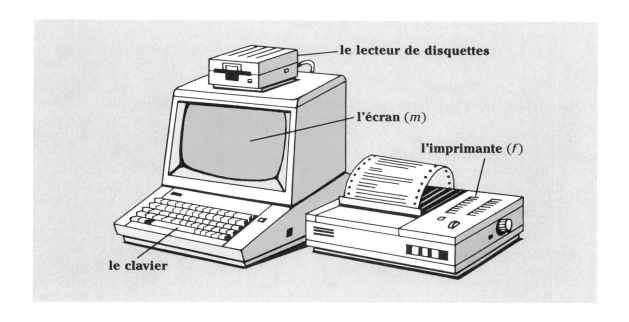

le lecteur de disquettes

l'écran (*m*)

l'imprimante (*f*)

le clavier

Activité: *Questions personnelles*

1. Êtes-vous doué(e) [*gifted*] pour les sciences? Suivez-vous des cours de sciences? Quels cours?
2. Avez-vous l'intention d'avoir une carrière scientifique? Laquelle?
3. Savez-vous programmer? En quelle langue (BASIC, PASCAL, COBOL)?
4. Avez-vous un micro-ordinateur? De quelle marque? Quand est-ce que vous l'utilisez?
5. Est-ce qu'on utilise des micro-ordinateurs pour enseigner dans votre école? Dans quels cours?
6. Pensez-vous qu'on puisse enseigner les langues avec un micro-ordinateur? D'après vous, quels sont les avantages et les inconvénients d'un micro-ordinateur par rapport au texte imprimé? Préfériez-vous apprendre le français avec un micro-ordinateur? Pourquoi ou pourquoi pas?

«Science sans conscience n'est que ruine de l'âme.»
—*François Rabelais (1494–1553)*

FLASH

Quelques inventions et découvertes françaises

Invention/découverte	Année	Savant
la composition de l'air	1770	Laurent de Lavoisier
l'aspirine	1853	Charles Gerhardt
le cinématographe	1895	Auguste et Louis Lumière
la composition de l'eau	1804	Louis-Joseph Gay-Lussac
le four solaire	1952	les savants du CNRS (Centre National de la Recherche Scientifique)
le gaz d'éclairage	1797	Philippe Lebon
la géométrie analytique	1637	René Descartes
la machine à calculer	1639	Blaise Pascal
la margarine	1869	Hippolyte Mège-Mouriès
la mécanique ondulatoire	1924	Louis de Broglie
le parachute	1785	Jean-Pierre Blanchard
la pasteurisation	1865	Louis Pasteur
la photographie	1827	Joseph Niepce et Louis Daguerre
les lois de la pression atmosphérique	1648	Blaise Pascal
la quinine	1820	P. Pelletier et J. B. Caventou
la radioactivité	1896	Henri Becquerel
la radioactivité artificielle	1934	Irène et Frédéric Joliot-Curie
le radium	1898	Pierre et Marie Curie
la réfrigération	1857	Ferdinand Carré
le stéthoscope	1815	René Laennec

Activité: *Opinions personnelles*

1. Selon vous, quelle a été l'invention la plus utile? la plus dangereuse? la plus géniale?
2. Selon vous, qui est le plus grand savant d'aujourd'hui? le plus grand savant de tous les temps?
3. Pourriez-vous vivre dans un monde sans voiture? Comment?
4. Pourriez-vous vivre dans un monde sans électricité? Comment?
5. Dans quels domaines le progrès est-il désirable? Dans quels domaines n'est-il pas désirable? Pourquoi? Quelles sont les conséquences favorables et défavorables de l'automation?

Activité: *Grandes inventions et découvertes*

Chaque invention ou chaque découverte affecte un domaine particulier. Certaines peuvent avoir un effet dans plusieurs domaines différents. Analysez les inventions et découvertes suivantes et déterminez l'importance qu'elles ont eue dans leur(s) domaine(s) d'application particulier(s).

Les domaines
le domaine médical
le domaine des communications
le domaine des loisirs
le domaine des relations
    internationales
le domaine du confort
le domaine des transports
le domaine de l'écologie

Les effets
un effet positif considérable
un effet positif assez important
un effet nul
un effet négatif

MODÈLE: la découverte de la pénicilline
La découverte de la pénicilline a eu un effet positif considérable dans le domaine médical.

1. l'invention du téléphone
2. l'invention de la télévision
3. l'invention de l'auto
4. l'invention de l'avion
5. la découverte du radium
6. l'invention de la bombe atomique
7. l'invention du transistor
8. la découverte de la vaccination
9. l'invention de la photographie
10. la découverte des vitamines de synthèse
11. l'invention de la dynamite
12. la découverte de l'électricité
13. l'invention du DDT
14. l'invention de l'aspirine
15. l'invention du microscope
16. l'invention du disque
17. l'invention du cinéma
18. l'invention de l'imprimerie [*printing press*]
19. l'invention de la machine à laver
20. l'invention du nylon
21. l'invention du piano
22. l'invention de la radio
23. l'invention de l'ordinateur

Test

Êtes-vous à la page?

Autrefois, il y avait loin entre la recherche théorique et la réalisation technique. L'invention de l'algèbre et du calcul infinitésimal, la découverte de l'électricité n'ont pas eu d'applications immédiates.

Aujourd'hui, au contraire, les découvertes scientifiques se succèdent rapidement et sont très vite mises en pratique. Le progrès est ancré° dans l'existence de chacun de nous.   *anchored*

Êtes-vous à la page°? Voici un test simple qui vous permettra de répondre   *bien informé(e)*
à cette question. Choisissez l'opinion *a, b* ou *c* qui complète logiquement chacune des phrases suivantes.

1. Le nylon est un produit dérivé du...
   a. coton
   b. pétrole
   c. gaz naturel

2. Les calculateurs de poche contiennent tous...
   a. une pile°   *battery*
   b. un circuit intégré
   c. un métal rare

3. Une montre digitale contient...
   a. un cristal liquide
   b. une mémoire
   c. un morceau de quartz

4. Quand on veut communiquer des instructions à un ordinateur, on utilise...
   a. un programme
   b. un calculateur
   c. un microphone

5. Aujourd'hui les trains les plus rapides peuvent atteindre la vitesse maximum de...
   a. 150 kilomètres/heure
   b. 375 kilomètres/heure
   c. 600 kilomètres/heure

6. Les satellites artificiels sont utilisés commercialement...
   a. pour le transport d'objets précieux
   b. pour le transport d'appareils° scientifiques   *equipment*
   c. dans les communications téléphoniques internationales

7. Le terme *MACH* désigne...
   a. la vitesse de la lumière dans l'atmosphère
   b. la vitesse de la lumière dans l'eau
   c. la vitesse du son

8. Un laser est...
   a. un appareil qui détecte les avions
   b. un ordinateur très puissant
   c. une projection de rayons lumineux très concentrés

9. Une électrocardiographe est un appareil qui permet d'évaluer le fonctionnement...
   a. de l'estomac
   b. du cœur
   c. de l'encéphale°   brain

10. À un malade du cœur, un médecin prescrira un stimulant contenant...
    a. de l'aspirine
    b. de l'adrénaline
    c. de la cortisone

Interprétation

Voici les réponses exactes: 1b, 2b, 3c, 4a, 5b, 6c, 7c, 8c, 9b, 10b. Marquez un point pour chaque réponse exacte.

- Si vous avez plus de 8 points, vous êtes bien informé(e) de l'actualité.

- Si vous avez de 4 à 8 points, vous êtes au courant du progrès technique, mais la science ne semble pas être une de vos préoccupations importantes.

- Si vous avez moins de 4 points, vos connaissances scientifiques ne sont pas très étendues.° Savez-vous que l'homme a conquis la lune,   vastes
  sur laquelle vous semblez vivre?

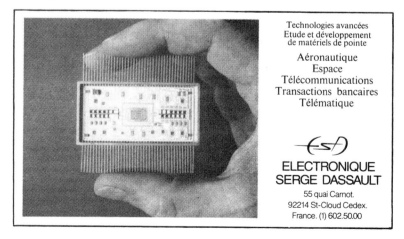

Technologies avancées
Etude et développement
de matériels de pointe

Aéronautique
Espace
Télécommunications
Transactions bancaires
Télématique

ELECTRONIQUE
SERGE DASSAULT

55 quai Carnot.
92214 St-Cloud Cedex.
France. (1) 602.50.00

Préparation à la lecture

Le texte que vous allez lire contient un certain nombre de mots techniques. Étudiez le sens de ces mots.

NOMS

un outil: un instrument

un relevé bancaire: un état des débits et des crédits préparé par une banque

une facture: un document indiquant la quantité et le prix des marchandises vendues

les impôts (*m*): taxes payées au gouvernement

une déclaration d'impôts: un formulaire où l'individu indique ses revenus et calcule ses impôts

le calcul: une opération arithmétique

une roue: une bicyclette a deux roues; une auto a quatre roues

une roue dentée:

une carte perforée: une carte avec des perforations qui représentent des chiffres et des lettres

VERBES

rédiger: établir par écrit

enregistrer: prendre note de

faire son apparition: entrer, venir

bouleverser: changer très rapidement

effectuer: réaliser, faire

additionner: faire une addition (2 + 2 = ?)

soustraire: faire une soustraction (4 − 2 = ?)

perfectionner: améliorer

ajouter: additionner

consacrer: donner en totalité

échouer: rater, ne pas réussir

aboutir à: conduire à un résultat

EXPRESSIONS

faute de: par l'absence de

à la portée de: accessible à

Petite histoire de l'ordinateur

Considéré il y a quelques années encore comme un objet mystérieux et quelque peu menaçant, l'ordinateur fait aujourd'hui partie de notre existence. C'est l'outil indispensable qui prépare notre relevé bancaire mensuel, rédige nos factures, enregistre nos réservations d'hôtel ou d'avion et contrôle notre déclaration d'impôts. Récemment, le micro-ordinateur a fait son apparition dans des milliers d'écoles et des millions de foyers. Qu'on le veuille ou non, cette merveille technologique est en train de bouleverser notre façon d'agir et de penser, comme le fit il y a cinq cents ans la découverte de l'imprimerie.° Quelle est donc l'histoire de l'ordinateur?

printing

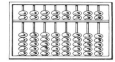

L'invention de l'ordinateur est née de la nécessité d'effectuer rapidement un grand nombre d'opérations mathématiques. En un sens, l'abaque° (un boulier chinois) peut être considéré comme l'ancêtre le plus lointain de la machine à calculer moderne, mais c'est au Français Blaise Pascal (1623–1662) que revient la création de la première machine à calculer automatique. Pour aider son père dans les calculs fiscaux compliqués, Pascal invente à l'âge de 19 ans, une «machine arithmétique» pouvant additionner et soustraire automatiquement. Cette encombrante° machine à roues dentées est considérée aujourd'hui comme la véritable ancêtre de l'ordinateur moderne. Elle est perfectionnée trente ans plus tard par le mathématicien allemand Leibniz (1646–1716) qui lui ajoute la multiplication et la division.

cumbersome

Au 19e siècle, le mathématicien anglais Charles Babbage (1792–1871) consacre sa vie et sa fortune personnelle au développement d'une machine permettant l'automatisation complète des calculs. Faute d'une technologie adéquate, Babbage échoue dans ses projets mais ses travaux représentent une contribution théorique importante.

La première partie du 20e siècle voit le développement commercial des premières machines à cartes perforées (par la compagnie américaine IBM et la compagnie française Bull) et le développement de la théorie de l'ordinateur (en particulier sous l'impulsion du mathématicien américain John Von Neumann). Ces travaux théoriques aboutissent à la construction du permier ordinateur utilisant la nouvelle technologie électronique (l'ENIAC, construit à l'université de Pennsylvanie en 1946).

L'ère industrielle de l'ordinateur commence avec les années 1950. Les ordinateurs de cette première génération, équipés de tubes cathodiques, sont lourds et encombrants. La capacité des mémoires est limitée. Les calculs sont relativement lents. La rapidité des innovations technologiques permet des progrès importants: miniaturisation du matériel, expansion de la mémoire des ordinateurs, super-rapidité des calculs. Les générations d'ordinateurs se suivent rapidement. L'invention du transistor permet le développement d'une deuxième génération d'ordinateurs beaucoup plus petits et donnant des performances plus élevées. Dans les ordinateurs de la troisième génération, les transistors sont remplacés par des micro-processeurs. En rassemblant sur quelques millimètres carrés des circuits transistorisés complet, le micro-processeur permet d'augmenter considérablement la capacité de la mémoire et de réduire les temps de calcul. Il permet l'utilisation de langages simplifiés (BASIC, PASCAL, LOGO). Il permet surtout le développement du micro-ordinateur. Avec la quatrième génération, basée sur l'utilisation de micro-processeurs plus efficaces apparaissent les super-ordinateurs encore plus puissants° et plus rapides. *powerful*

Réservé à l'origine aux usages scientifiques, l'ordinateur a d'abord été adapté aux usages commerciaux et industriels (gestion,° comptabilité), *management* puis aux usages éducatifs (E.A.O.[1]: Enseignement Assisté par l'Ordinateur) et aux usages domestiques. Dans quelques années le développement de la télématique, telle qu'elle est actuellement conçue en France (système français de Vidéotex), permettra aux millions d'usagers du téléphone d'accéder à toutes sortes d'informations. Aujourd'hui le développement du micro-ordinateur a mis les ressources de l'informatique à la portée de tous!

Activité: *Compréhension et interprétation*

1. Quels sont les usages de l'ordinateur dans la vie courante? Connaissez-vous d'autres usages?
2. À quelle découverte est-ce que l'auteur compare l'invention de l'ordinateur? Êtes-vous d'accord? Expliquez pourquoi ou pourquoi pas.
3. Dans quelles circonstances Pascal a-t-il inventé sa «machine arithmé-tique»? Décrivez cette machine.
4. Qui est Babbage? Qu'est-ce qu'il voulait faire? Est-ce qu'il a réussi? Expliquez.
5. Quelles contributions pratiques et théoriques ont eu lieu avant 1950 dans le développement de l'ordinateur moderne?
6. Dans quelles directions a évolué le développement de l'ordinateur depuis 1950? Qu'est-ce que c'est qu'un micro-processeur? Quels sont ses avantages?
7. Qu'est-ce que c'est que l'E.A.O.? Connaissez-vous des exemples d'E.A.O.? À votre avis, quels sont les principaux usages domestiques du micro-ordinateur? Si vous avez (aviez) un micro-ordinateur, comment l'uti-liserez-vous (l'utiliseriez-vous)? Qu'est-ce que le Vidéotex? À votre avis quels sont les usages de ce système?

---

[1] **E.A.O** = *C.A.I.* (*Computer Assisted Instruction*)

Enquête

L'an 2000

L'optimiste

D'ici l'an 2000, l'univers aura considérablement changé. On aura établi des stations permanentes dans l'espace. Les habitants de la planète parleront une langue universelle. Le cinéma en trois dimensions aura été développé. Les transports intercontinentaux se feront par fusée.° Des progrès énormes auront été faits dans le domaine médical. Il sera possible de contrôler les rides et d'arrêter la chute° des cheveux. Les médecins auront trouvé une cure contre le cancer et contre les maladies de cœur. Des vaccins immuniseront la population contre les maladies à virus.

    Mais tout cela n'est pas l'essentiel... L'essentiel est que les hommes auront enfin appris à vivre en paix.° Les stocks d'armes atomiques auront été détruits. Des calmants° auront été administrés aux derniers partisans de la guerre.° La guerre sera considérée comme impossible. Une nouvelle humanité sera née!

rocket

loss

peace
calming medicines
war

Le pessimiste

Les principales ressources naturelles auront disparu. La pollution aura détruit l'environnement, changé les climats et mis en danger la santé de la population. Le fossé° entre les riches et les pauvres, entre les jeunes et les vieux, entre les hommes et les femmes, sera devenu plus grand qu'aujourd'hui. La terre sera surpeuplée.° Si ce n'est pas le cas, c'est parce que des épidémies de choléra et de typhus auront éliminé une partie de l'humanité. Une autre partie aura disparu dans des guerres sporadiques. Les nations les plus développées auront augmenté leur stock d'armes atomiques. Il est fort possible qu'il n'y aura pas d'an 2000.

gap

overpopulated

Activité: *Études*

1. Analysez les prédictions de l'optimiste et du pessimiste. Pour chacune de ces prédictions, dites si elle vous paraît très probable, possible mais peu probable, ou complètement folle.
2. Faites votre description de l'an 2000. Vous pouvez parler des innovations...

   sur le plan médical
   sur le plan de l'habitat et de l'architecture
   sur le plan de la mode
   sur le plan de confort
   sur le plan des transports
   sur le plan des communications.

   Dites aussi comment le mode de vie aura changé.

Activité: *Priorités*

Le progrès s'exerce dans des domaines très différents. Pour chacun des domaines suivants, dites si le progrès doit s'arrêter, continuer ou s'accélérer. Expliquez votre position.

> MODÈLE: la conquête de l'espace
>
> **En ce qui concerne la conquête de l'espace, il faut que le progrès s'arrête. Je pense cela parce que la conquête de l'espace représente une dépense inutile.**

1. la lutte anti-pollution
2. la lutte contre le cancer
3. la sécurité automobile
4. le développement des armes nucléaires
5. le confort matériel
6. la rapidité des transports
7. la rapidité des communications
8. l'informatique
9. la parapsychologie
10. la psychiâtrie

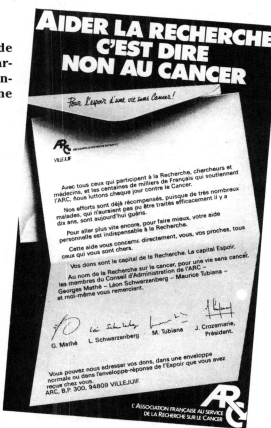

AIDER LA RECHERCHE C'EST DIRE NON AU CANCER

Pour l'espoir d'une vie sans Cancer!

ARC
VILLEJUIF

Avec tous ceux qui participent à la Recherche, chercheurs et médecins, et les centaines de milliers de Français qui soutiennent l'ARC, nous luttons chaque jour contre le Cancer.

Nos efforts sont déjà récompensés, puisque de très nombreux malades, qui n'auraient pas pu être traités efficacement il y a dix ans, sont aujourd'hui guéris.

Pour aller plus vite encore, pour faire mieux, votre aide personnelle est indispensable à la Recherche.

Cette aide vous concerne directement, vous, vos proches, tous ceux qui vous sont chers.

Vos dons sont le capital de la Recherche. Le capital Espoir.

Au nom de la Recherche sur le cancer, pour une vie sans cancer, les membres du Conseil d'Administration de l'ARC – Georges Mathé – Léon Schwarzenberg – Maurice Tubiana – et moi-même vous remercient.

G. Mathé   L. Schwarzenberg   M. Tubiana   J. Crozemarie, Président.

Vous pouvez nous adresser vos dons, dans une enveloppe normale ou dans l'enveloppe-réponse de l'Espoir que vous avez reçue chez vous.
ARC, B.P. 300, 94809 VILLEJUIF.

L'ASSOCIATION FRANÇAISE AU SERVICE DE LA RECHERCHE SUR LE CANCER   ARC

Activité: *Commentaire*

Le dessin humoristique suivant présente l'histoire d'une famille.

1. Que cherchent les différents membres de cette famille? Pourquoi? Est-ce qu'ils trouvent ce qu'ils cherchent? Expliquez.
2. Expliquez les étapes [*stages*] successives de l'histoire de cette famille.

Rencontre avec...

Jules Verne

Père de la science-fiction, Jules Verne (1828–1905) reste l'auteur le plus traduit de toutes les littératures. Ses livres ont captivé l'imagination de millions de lecteurs et inspiré les recherches de milliers de savants, d'inventeurs et de chercheurs à travers le monde. Ce grand visionnaire avait une extraordinaire faculté d'anticipation. Parmi ses «inventions scientifiques» on peut mentionner le phonographe, le cinéma parlant, les gratteciel, l'hélicoptère, le spoutnik, le lancement d'engins téléguidés à partir de sous-marin, la bombe atomique, et, bien sûr, la conquête de la lune.

Son livre *De la terre à la lune,* publié en 1866, présente un aperçu assez précis de ce qu'a été le vol° d'Apollo 11 en 1969. Dans cet étonnant récit figurent notamment la nationalité (américaine) des ingénieurs, le site du lancement (la Floride), les dimensions et le poids de la capsule, la vitesse et la durée° du vol, et même le nom de cette capsule (la Columbiade: *Columbia*). La science-fiction d'hier est devenue la réalité d'aujourd'hui.

Dans le passage suivant, un inconnu pose des questions à Michel Ardan (préfiguration du nom d'Aldrin, l'astronaute américain?) qui vient de se porter volontaire° pour le premier vol spatial.

L'INCONNU: Mais, malheureux, l'épouvantable contre-coup° vous mettra en pièces au départ°!

ARDAN: Mon cher contradicteur, vous venez de poser le doigt sur la véritable et la seule difficulté; cependant, j'ai trop bonne opinion du génie industriel des Américains pour croire qu'ils ne parviendront pas à° la résoudre!

L'INCONNU: Mais la chaleur° développée par la vitesse du projectile en traversant les couches° d'air?

ARDAN: Oh! ses parois° sont épaisses, et j'aurai si rapidement franchi° l'atmosphère!

L'INCONNU: Mais des vivres°? de l'eau?

ARDAN: J'ai calculé que je pouvais en emporter pour un an, et ma traversée° durera quatre jours!

L'INCONNU: Mais de l'air pour respirer° en route?

ARDAN: J'en ferai par des procédés° chimiques.

L'INCONNU: Mais votre chute° sur la Lune, si vous y arrivez jamais?

ARDAN: Elle sera six fois moins rapide qu'une chute sur la Terre, puisque la pesanteur° est six fois moindre° à la surface de la Lune.

L'INCONNU: Mais elle sera encore suffisante pour vous briser° comme du verre!

ARDAN: Et qui m'empêchera de retarder ma chute au moyen de° fusées convenablement disposées° et enflammées° en temps utile?

L'INCONNU: Mais enfin, en supposant que toutes les difficultés soient résolues, tous les obstacles aplanis,° en réunissant toutes les chances en votre faveur, en admettant que vous arriviez sain° et sauf° dans la Lune, comment reviendrez-vous?

ARDAN: Je ne reviendrai pas!

flight

length

to volunteer

choc
blast-off

ne seront pas capable de

heat
layers

walls / traversé

food

voyage de la terre à la lune

to breathe

techniques

action de tomber

weight / *less*

to break

en utilisant des
properly positioned / *ignited*

ironed out
healthy / *safe*

Activité: *Compréhension*

Complétez les phrases avec l'option *a, b* ou *c* qui convient.

1. L'attitude de l'inconnu vis-à-vis du projet est marquée par beaucoup...
   a. d'arrogance
   b. de pitié
   c. de scepticisme

2. Ardan répond à l'inconnu avec beaucoup de...
   a. confiance [*self-assurance*]
   b. confusion
   c. modestie

3. Ardan considère les Américains comme de bons...
   a. commerçants
   b. ingénieurs
   c. diplomates

4. Le principal problème qui ne semble pas être résolu est...
   a. l'arrivée sur la lune
   b. l'absence d'oxygène dans l'espace
   c. le retour sur terre

5. Les fusées serviront à...
   a. augmenter la vitesse de l'engin
   b. diminuer cette vitesse
   c. traverser l'atmosphère

Le français dans le monde

Unité VI

Dossier 18
La francophonie

▶ Document

Quelques titres de la presse francophone

SUPPLÉMENT
MONDE LOISIRS
Pages 11 à 19

Le Monde

Fondateur : Hubert Beuve-Méry   Directeur : André Fontaine

QUARANTE-TROISIÈME ANNÉE – N° 12780 – **4,50 F**

le journal de québec

La Suisse

MARDI
1er MAI 1984 MG

85e ANNÉE – JA – No 122
15, RUE DES SAVOISES
1211 GENÈVE 11
TÉL. (022) 21 77 11

1 FRANC

LE JOURNAL
DE TAHITI

LE PLUS FORT TIRAGE ET LA PLUS FORTE VENTE DES JOURNAUX LOCAUX

TÉLÉPHONE 2.98.24

30 F.

VOIR PAGE 6

ÈRE ÉDITION.

MEDI

LE JOURNAL DE
L'ÉCONOMIE
AFRICAINE

la presse

LE PLUS GRAND QUOTIDIEN FRANÇAIS D'AMÉRIQUE

MONTRÉAL, VENDREDI 28 FÉVRIER 1986, 102e ANNÉE, No 128, 66 PAGES, 4 CAHIERS

LA MÉTÉO: CIEL VARIABLE, VENTS MODÉRÉS, FROID.
MINIMUM: — 17°, MAXIMUM: — 9°.
DEMAIN: CIEL VARIABLE. DÉTAILS PAGE A 2

Journal Français
d'Amérique

Vocabulaire: *Les langues*

La langue

Une **langue** peut être... **parlée** ou **écrite, maternelle** ou **étrangère, vivante** ou **morte.**

Un **dialecte** est une variété régionale d'une langue.

L'**argot** (*m*) [*slang*] est une langue vulgaire adoptée dans certains milieux.

Les gens

Une personne **bilingue** parle deux langues.

Un(e) **francophone** parle français.

Un(e) **anglophone** parle anglais.

Quelques langues du monde, par ordre d'importance

le chinois	l'arabe (*m*)
l'anglais (*m*)	le portugais
le russe	le japonais
l'espagnol (*m*)	le français
l'allemand (*m*)	l'italien (*m*)

AIR CANADA

Nous vous parlons français.

A bord, on se sent tout de suite à l'aise, si l'on peut s'entretenir avec l'équipage dans sa langue maternelle. C'est pourquoi, on parle français sur Air Canada. Pas étonnant! Comme en Suisse, au Canada, le français est aussi une langue officielle. Réservez votre vol en langue française à destination du Canada directement auprès d'Air Canada Genève (tél. 022/31 49 80) ou dans votre agence de voyages.

Activité: *Études*

Choisissez l'une des quatre langues ci-dessous. Indiquez si cette langue est parlée aux États-Unis actuellement. Où? Par qui? Dans quelles circonstances?

1. l'espagnol
2. l'italien
3. l'allemand
4. le chinois

Activité: *L'utilité des langues*

Quelle est la langue la plus utile dans les circonstances ci-dessous?

1. quand on voyage au Québec
2. quand on voyage en Amérique du Sud
3. quand on va en Autriche
4. quand on va en Afrique occidentale
5. quand on étudie la chimie
6. quand on étudie la littérature
7. quand on étudie la sociologie
8. quand on veut être diplomate
9. quand on veut travailler comme assisante sociale dans les grandes villes américaines
10. quand on veut être chanteur (chanteuse) d'opéra

Activité: *Débats*

Débattez en classe l'un des sujets suivants.

1. On ne peut pas être une personne cultivée sans connaître au moins deux langues.
2. On ne peut pas connaître un peuple sans connaître sa langue.
3. On devrait commencer l'apprentissage [*learning*] des langues à l'école élémentaire.
4. L'étude des langues devrait être obligatoire dans toutes les écoles.
5. Dans le monde moderne, il est inutile d'apprendre des langues étrangères parce que tout le monde parle anglais.
6. Aujourd'hui il est plus utile d'apprendre une langue orientale (chinois, japonais...) qu'une langue européenne (français, espagnol...).
7. L'étude d'une langue étrangère aide à connaître sa propre [*own*] langue.
8. Il est impossible de bien connaître une langue sans vivre dans le pays où elle est parlée.
9. Le manque [*lack*] d'enthousiasme des Américains pour les langues étrangères est une preuve [*proof*] de leur arrogance et de leur xéno-phobie [*hatred of foreigners*].

Enquête

La francophonie

Le français est la langue commune des francophones, c'est-à-dire des gens qui utilisent cette langue de façon habituelle. On compte aujourd'hui 100 millions de francophones. Ces francophones ne sont pas groupés géographiquement. En fait, on les trouve sur tous les continents: en Europe, bien sûr, mais aussi en Afrique, en Amérique, en Asie et en Océanie.

Depuis le milieu des années 1960, la francophonie est devenue un mouvement linguistique, culturel mais aussi politique. La francophonie a un double aspect. C'est d'abord une prise de conscience° par les diverses *awareness* communautés d'expression française de leur identité culturelle propre. En Amérique, par exemple, les Canadiens français, les Franco-Américains de la Nouvelle-Angleterre, les Acadiens de la Louisiane peuvent aujourd'hui affirmer leur personnalité par le fait qu'ils s'expriment en français. Parler français n'est plus dégradant, mais au contraire exaltant. Le maintien° de *conservation* la langue devient donc un objectif très important et on assiste actuellement à un renouveau linguistique du français en Amérique du Nord.

La francophonie s'exprime aussi dans la solidarité intellectuelle qui unit les pays d'expression française, même si ces pays appartiennent à des cultures très différentes. Ainsi, en parlant français, un Tunisien, un Sénégalais, un Canadien et un Français non seulement communiquent dans la même langue, ils partagent aussi une même communauté d'idées, d'intérêts et de valeurs. Dans ce système symbiotique, la France joue le rôle de nation-mère. Par l'intermédiaire d'accords culturels passés avec les autres nations, c'est elle qui alimente° la francophonie. (Au contraire, l'anglo- *nourrit* phonie ou l'hispanophonie constituent des systèmes linguistiques passifs où ni l'Angleterre ni l'Espagne ne jouent de rôle particulier.)

Grâce à cette francophonie assez militante, le domaine du français s'étend.° Aujourd'hui, une vingtaine de pays utilisent le français comme *devient plus large* langue officielle.

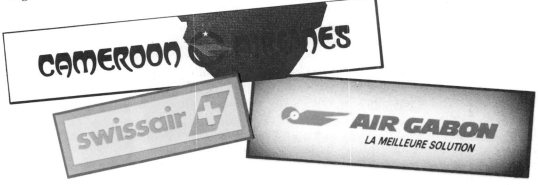

Pays où l'on parle français

Amérique (*f*)
Canada*
Haïti*

Europe (*f*)
Belgique*
France*
Luxembourg*
Monaco*
Suisse*

Asie (*f*)
Kampuchéa
 (Cambodge)
Laos
Liban
Viêt-nam

Afrique (*f*)
Algérie
Bénin*
Burkina Faso*
 (Haute-Volta)

Burundi*
Cameroun
République
 Centrafricaine*
Comores
Congo*
Côte-d'Ivoire*
Gabon*
Guinée
République
 Malgache

Mali*
Maroc
Mauritanie*
Niger*
Rwanda*
Sénégal*
Tchad*
Togo*
Tunisie
Zaïre*

Activité: *Compréhension*

Complétez les phrases par l'une des options *a, b* et *c*. Expliquez ensuite votre choix.

1. L'une des caractéristiques des francophones est leur...
   a. diversité   b. unité ethnique   c. esprit d'indépendance
2. Au Canada, la francophonie a un aspect...
   a. archaïque   b. dégradant   c. politique
3. La francophonie crée un esprit d'unité...
   a. politique   b. géographique   c. intellectuelle
4. La France joue un rôle... dans le mouvement francophone.
   a. passif   b. actif   c. neutre

Activité: *Questions personnelles*

1. Connaissez-vous des francophones? De quelle nationalité?
2. Connaissez-vous des Canadiens français? des Américains d'origine française? Quelle langue parlent-ils chez eux?
3. Avez-vous été dans un pays francophone? Lequel? Quelle langue avez-vous parlé?
4. Quels sont les principaux pays anglophones? Est-ce qu'il existe des liens entre ces pays? Est-ce qu'il existe un mouvement anglophone international? Est-ce que l'Angleterre joue un rôle dans ce mouvement? Expliquez votre position.
5. À votre avis, quelle est la langue étrangère la plus étudiée dans les pays non-anglophones? Comment expliquez-vous l'importance de l'anglais dans le monde d'aujourd'hui? À votre avis, est-ce qu'il y a une relation entre la puissance économique et militaire d'un pays et l'importance internationale de sa langue? Donnez des exemples justifiant votre position.

* pays où le français est la langue officielle ou l'une des langues officielles

CHANSON

Canada... mon pays

Il y a actuellement 7 millions de Canadiens d'origine française. Ces Canadiens sont les descendants des colons français qui se sont établis au Canada aux 17ème et 18ème siècles. Aujourd'hui, ces Canadiens français vivent principalement dans la province de Québec (où le français est la seule langue officielle), mais aussi dans les Provinces Maritimes et dans l'Ontario.

Gilles Vigneault est l'un de ces Canadiens français. C'est un poète et un chanteur. Dans les chansons qu'il compose, il exprime l'amour, l'amitié, la joie, l'attachement à son pays. Voici l'une de ces chansons, *Mon Pays*.

Mon pays ce n'est pas un pays c'est l'hiver
Mon jardin ce n'est pas un jardin c'est la plaine
Mon chemin ce n'est pas un chemin c'est la neige
Mon pays ce n'est pas un pays c'est l'hiver

Dans la blanche cérémonie
Où la neige au vent se marie
Dans ce pays de poudrerie°   *powder snow*
Mon père a fait bâtir maison
Et je m'en vais être fidèle
À sa manière à son modèle
La chambre d'amis sera telle
Qu'on viendra des autres saisons
Pour se bâtir à côté d'elle

Mon pays ce n'est pas un pays c'est l'hiver
Mon refrain ce n'est pas un refrain c'est rafale°   coup de vent violent
Ma maison ce n'est pas ma maison c'est froidure
Mon pays ce n'est pas un pays c'est l'hiver

De mon grand pays solitaire
Je crie° avant que de me taire   *shout*
À tous les hommes de la terre
Ma maison c'est votre maison
Entre mes quatre murs de glace
Je mets mon temps et mon espace
À préparer le feu la place
Pour les humains de l'horizon
Et les humains sons de ma race

Mon pays ce n'est pas un pays c'est l'envers°   contraire
D'un pays qui n'était ni pays ni patrie
Ma chanson ce n'est pas ma chanson c'est ma vie
C'est pour toi que je veux posséder mes hivers...

Activité: *Compréhension et analyse*

1. Combien y a-t-il de Canadiens d'origine française? Quelle est leur origine? Où habitent-ils aujourd'hui?
2. Qui est Gilles Vigneault? Quels sont les thèmes de ses chansons? Quelle
   est le thème de la chanson *Mon pays*?
3. Dans cette chanson, Vigneault compare son pays à une saison. Quelle
   est cette saison? Quels termes utilise-t-il pour évoquer cette saison?
4. Quel membre de sa famille Vigneault évoque-t-il? Qu'est-ce qu'il a fait
   construire? Dans quelle intention? Comment Vigneault reste-t-il fidèle
   à la mémoire de son père? Qui invite-t-il dans sa maison?
5. Quelle image du Canada et des Canadiens avez-vous après avoir lu
   cette chanson? Expliquez.

FLASH

La Louisiane est bilingue!

Prenez une carte de la Louisiane. Examinez la partie sud de la carte. Vous découvrirez un grand nombre de noms français. Des exemples? Lafayette, Evangeline, Baton Rouge, Lafourche, Plaquemine, Paradis... Ces noms français ne sont pas uniquement des vestiges de l'ancienne présence française en Louisiane. Ils expriment aussi la réalité de la Louisiane francophone d'aujourd'hui.

Combien y a-t-il de Louisianais et de Louisianaises qui parlent ou comprennent le français aujourd'hui? Peut-être 500.000, peut-être 1 million, peut-être plus.

Le centre de la Louisiane francophone est la région des bayous et la région située autour de la petite ville de Lafayette, en pays cajun. Le mot **cajun** est une corruption du mot **acadien**. Qui sont ces Acadiens? À l'origine, le mot **acadien** désignait les habitants de l'Acadie, c'est-à-dire de la Nouvelle-Écosse, au Canada. Les Acadiens étaient donc des Canadiens français. En 1755, les Acadiens ont été chassés de leur pays par les Anglais parce qu'ils refusaient d'obéir au roi d'Angleterre. La majorité de ces Acadiens, devenus déportés politiques, sont venus s'installer dans le sud de la Louisiane. D'autres Français sont aussi venus s'installer dans cette région: des Français de France, ou «Créoles», des Français d'Haïti, puis des Noirs, des Espagnols, des Anglais, des Allemands qui ont appris le français au contact de la population française. Les descendants de ces gens d'origines très diverses ont souvent préservé la tradition, et parfois l'usage en famille, de la langue française.

On assiste actuellement à un renouveau de la langue française en Louisiane. En 1968, par exemple, la législature de l'état a créé CODOFIL (le Conseil pour le Développement du Français en Louisiane). Sous l'inspiration de cette organisation, des milliers de jeunes apprennent aujourd'hui le français en Louisiane. Oui, la Louisiane est bilingue!

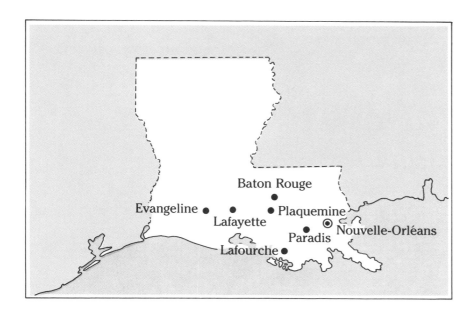

Activité: *Compréhension et interprétation*

1. Dans quelles régions de la Louisiane est-ce qu'on trouve des noms français? Est-ce que ces noms correspondent à une réalité? À quelle réalité? Connaissez-vous des villes hors de [*outside of*] la Louisiane ayant des noms français? Est-ce que ces noms correspondent aujourd'hui à une présence française?

2. Quelle est l'origine du mot **cajun**? Quelle est l'origine du mot **acadien**? Où se trouve l'Acadie? À quelle époque et pourquoi les Acadiens ont-ils émigré en Louisiane? Par qui ont-ils été rejoints?

3. Comment s'exprime l'identité acadienne aujourd'hui? Qu'est-ce que le CODOFIL? À votre avis, est-ce que la Louisiane est vraiment bilingue? Pouvez-vous citer d'autres états américains où on parle une autre langue que l'anglais? Lesquels? Quelles langues y parle-t-on? Quelle est l'origine historique de ces langues?

Rencontre avec...

Antonine Maillet

En 1979, le Prix Goncourt, le plus prestigieux des prix littéraires français, a été décerné à une Canadienne, Antonine Maillet, pour son roman *Pélagie-la-Charrette*. Antonine Maillet est originaire de Bouctouche, une petite ville de l'ancienne Acadie, aujourd'hui devenue le Nouveau-Brunswick. De ces origines acadiennes, Antonine Maillet tire une immense fierté.° Dans une interview avec le *Journal Français d'Amérique,* Antonine Maillet nous parle de l'Acadie, de ses racines,° de son rôle d'écrivain.

    pride

    roots

L'INTERVIEWER: Qu'est-ce que c'est que l'Acadie?

ANTONINE MAILLET: Eh bien, je dirai avant tout—et je ne veux pas faire de jeux de mots[1]: L'Acadie, ce n'est pas un endroit, c'est un envers.° L'Acadie n'est pas tellement un lieu, c'est un espace mobile. L'Acadie n'a pas de pays, elle a une histoire. Au lieu d'être un pays, c'est un peuple. Parce que (et la raison en est toute simple) le lieu géographique que l'on appelle Acadie a perdu son statut juridique d'Acadie. Il n'y a plus d'Acadie; il y a encore des Acadiens. Et c'est ça l'Acadie.

    le contraire

    L'ancienne Acadie, c'était la Nouvelle-Écosse,° qui a débouché sur le Nouveau-Brunswick et l'Ile du Prince Edouard, ce qui aujourd'hui est devenu les Provinces Maritimes du Canada. C'est ça, le lieu géographique de l'Acadie.

    Nova Scotia

---

[1] *Play on words.* **L'endroit** means *place.* **L'envers et l'endroit** are the back and front (of a fabric), the inside and outside (of a garment).

Aussi, il y a les Iles de la Madeleine et la Gaspésie (Province de Québec) qui ont accueilli° des Acadiens. Il y a à peu près° 300.000 Acadiens dans ces endroits. Il y a un autre 300.000 Acadiens sortis de l'Acadie, vivant dans la Province de Québec, en Ontario, dans l'ouest canadien, en Nouvelle-Angleterre. Ça, ce sont des Acadiens exilés, si vous voulez. [...]

    reçu / approximativement

Il y a, en plus de ça, un million de personnes, soi-disant° descendants d'Acadiens, vivant en Louisiane. Ce sont des Acadiens mais mélangés° avec parfois des noirs, parfois des créoles, parfois des Américains.

    so-called
    mixed

Voilà pour le lieu et la population; maintenant, l'histoire. Je la résumerai° rapidement.

    will summarize

C'est la plus ancienne colonie européenne en Amérique du Nord qui soit encore vivante. Je veux dire, il y avait des colonies fondées avant l'Acadie. La Floride, par exemple, fondée par les Espagnols. Mais ils sont partis. Les Floridiens d'aujourd'hui ne sont pas les premiers fondateurs. Les Acadiens d'aujourd'hui descendent à peu près 100% des Acadiens fondateurs de l'Acadie. Moi, je remonte° au fondateur Maillet et au fondateur Cormier en ligne directe à 1604.

    go back

INTERVIEWER: Avant la fondation de Québec, donc?

MAILLET: Oui, avant Québec, avant New York, avant Charleston, avant Plymouth, Cape Cod. Donc, nous sommes les plus anciens.

INTERVIEWER: Pour vous cela a toujours été important d'être acadienne?

MAILLET: Pour moi, c'est aussi important que de m'appeler Antonine, que d'avoir les yeux bleus, que d'avoir la peau blanche. Ce qui n'a aucune importance en soi. Je ne fais aucun jugement de valeur. Seulement, cela me caractérise. Je suis une femme, cela ne me donne aucune supériorité sur un homme; seulement cela me caractérise. La nationalité de quelqu'un, ce n'est pas important. Mais sa culture, ça l'est. Ce qui, pour moi, est important, c'est que j'appartiens à un groupe, j'ai des racines.° Je sais qu'en tant qu'°Acadienne, je ne pense pas comme un Québécois. Je ne pense pas mieux, je pense différemment. Je ne ris pas de la même façon. Je n'ai pas le même accent; ni dans les gestes ni dans la voix. Et si je lâche° ça, si je dis demain matin que je ne suis plus acadienne c'est comme si je disais, maintenant, je ne suis plus une femme.

    roots / as

    let go of

Une autre raison pour laquelle c'est important, c'est que l'Acadie n'a pas encore eu de chantre° officiel, et n'a pas eu de tribune pour exprimer son histoire. La littérature acadienne, jusqu'à maintenant, a été une littérature orale. Je me sens, comme d'autres de ma génération, un peu responsable devant les ancêtres et devant les descendants, de faire ce lien,° ce trait d'union° entre le passé et l'avenir.

    poète

    link / hyphen, link

Je sais que je suis la dernière des chanteurs oraux et la première de la lignée° des écrivains. Je fais le trait d'union entre ce qui était oral et ce qui sera écrit. *lineage*

Ceux de ma génération sont très conscients de cette responsabilité. C'est pourquoi être écrivain acadien aujourd'hui est peut-être plus important que pour d'autres.

—Interview of Antonine Maillet by Marie Galanti,
published in *Journal Français d'Amérique,* June 10–23, 1983.

Activité: *Compréhension et interprétation*

1. Dans ce texte, Antonine Maillet nous parle d'abord de son pays d'origine. Comment s'appelle ce pays? Quels en sont les éléments les plus importants? Pourquoi le définit-elle comme un «espace mobile»? Où est-il situé géographiquement? Est-ce qu'il a encore une existence juridique? Dans quelle région habitez-vous? À votre avis, qu'est-ce qui caractérise le plus cette région, sa géographie ou les gens qui l'habitent? Expliquez.
2. Antonine Maillet parle ensuite des Acadiens qui, au cours de l'histoire, ont quitté leur pays d'origine. Dans quelles autres régions du Canada ont-ils été? Dans quelles régions des États-Unis?
3. Antonine Maillet décrit l'histoire de l'Acadie. Est-ce que c'est la première colonie fondée par les Européens en Amérique du Nord? Quelle est son importance historique? Qui sont les ancêtres d'Antonine Maillet? Quand sont-ils arrivés sur le continent américain? À votre avis, est-ce qu'Antonine Maillet est fière de sa généalogie? Expliquez. Seriez-vous fier / fière si vous étiez à sa place? Pourquoi? Quand est-ce que vos ancêtres sont arrivés sur le continent américain? Jusqu'à quelle génération pouvez-vous retracer votre généalogie?
4. Antonine Maillet explique ce que signifie pour elle son origine acadienne. D'après elle, quelles sont les caractéristiques par lesquelles un individu s'identifie? Par quels signes différencie-t-elle la culture acadienne de la culture québécoise? Antonine Maillet fait une différence entre la nationalité et la culture de quelqu'un. Expliquez cette différence.
5. Finalement, Antonine Maillet parle de son rôle d'écrivain. Comment caratérise-t-elle la littérature acadienne jusqu'à présent? Qu'est-ce que la littérature orale? Pouvez-vous donner des exemples de littérature orale aux États-Unis ou dans une autre culture? Antonine Maillet est un écrivain, donc une créatrice de littérature écrite. Pourquoi considère-t-elle son rôle d'écrivain comme particulièrement important pour l'Acadie? Quel est ce rôle? Est-ce que les écrivains américains d'aujourd'hui ont un rôle identique? Expliquez.

Document

États-Unis—pays du dollar ou pays de la liberté?

Vocabulaire: *La politique et les relations internationales*

La politique intérieure

Un **citoyen (une citoyenne)** a la nationalité d'un pays.

Il peut **voter** pour **un(e) candidat(e).**

Un(e) candidat(e) peut être **libéral(e)** ou **conservateur (conservatrice).**

En général, on vote **à gauche** quand on est libéral et **à droite** quand on est conservateur.

Il peut **élire le (la) président(e),** les membres du parlement, **le maire** [*mayor*] de la ville où il habite.

En France, le Parlement a deux chambres: le Sénat et la Chambre des Députés. **Les sénateurs** (*m*) et **les députés** (*m*) votent **les lois** (*f*) [*laws*].

Les citoyens ont **des droits** (*m*) [*rights*], comme le droit de vote, et **des devoirs** (*m*) [*duties*] comme le devoir de défendre la constitution.

La constitution garantit **les libertés** [*freedoms*] comme la liberté d'expression. Dans un pays démocratique, **la presse** est **libre** [*free*].

Les relations internationales

un ami ≠ un ennemi

La France et l'Angleterre sont **des pays amis,** mais pendant longtemps elles ont été des ennemis.

un allié ≠ un adversaire

En 1944, la France et les États-Unis étaient alliés contre un adversaire commun.

la paix [*peace*] ≠ **la guerre** [*war*]

La Révolution américaine était une guerre d'indépendance.

Les grandes **puissances** [*powers*] ont le devoir de maintenir la paix.

Aujourd'hui, les pays du **monde** [*world*] sont membres de l'O.N.U. (l'Organisation des Nations Unies).

Des pays amis peuvent signer **un traité** [*treaty*]: traité d'alliance, traité d'aide économique.

Un pays est représenté à **l'étranger** [*abroad*] par **un ambassadeur (une ambassadrice).**

Journal Français d'Amérique

Exclusif: une interview du président
Spécial voyages: allez revoir la Normandie
Cinéma: Proust à l'écran

Voir le sommaire en page 2

Vol. 5, N° 7 30 Mars - 12 Avril 1984 · Edition Est · 85¢

LE PRESIDENT MITTERRAND EN VISITE AUX ETATS-UNIS

«Si tu veux la paix, prépare la guerre.»
—*Proverbe*

«Il est plus facile de faire la guerre que la paix.»
—*Georges Clemenceau (1841–1929)*

«La guerre, c'est la guerre des hommes;
la paix, c'est la guerre des idées.»
—*Victor Hugo (1802–1885)*

«Le plaisir des disputes, c'est de faire la paix.»
—*Alfred de Musset (1810–1857)*

Activité: *Questions personnelles*

1. De quel pays êtes-vous citoyen(ne)? Avez-vous l'âge de voter? À quel âge les Américains ont-ils le droit de vote?
2. Qui est votre représentant(e) au Congrès? Qui sont les deux sénateurs de votre état? Sont-ils plutôt libéraux ou plutôt conservateurs? Qui est le maire de votre ville?
3. Quand auront lieu les prochaines élections présidentielles? À votre avis, qui sera le candidat démocrate? Qui sera le candidat républicain?
4. À votre avis est-ce que les droits humains sont respectés aux États-Unis? dans les pays du bloc soviétique? dans les pays d'Amérique latine? Expliquez votre position.
5. D'après vous, quels sont les droits et les devoirs des citoyens américains?

Activité: *Débats*

Organisez un débat dans votre classe sur les sujets suivants.

1. Les Nations Unies sont une institution sans pouvoir [*power*] réel. C'est donc une institution inutile.
2. Aujourd'hui, la paix est en danger.
3. Il n'y a pas de guerre qui soit justifiée.
4. Si nous voulons la paix, nous devons préparer la guerre.
5. Les grandes puissances ont le devoir d'aider les pays sous-développés.
6. Il est plus facile de faire la guerre que la paix.

Un peu d'histoire

Quelques pages moins connues de l'histoire franco-américaine

- **1775–1789** La jeune nation américaine a besoin de l'aide militaire et financière de la France. Pour obtenir celle-ci, le Congrès envoie son premier ambassadeur à Versailles. C'est un vieillard affable et débonnaire. Il s'appelle Benjamin Franklin. À Versailles, Benjamin Franklin fera la conquête des Français... et de plusieurs Françaises. Il sera remplacé en 1785 par Thomas Jefferson. Celui-ci assiste au début de la Révolution française pour qui il exprime ses sympathies.

- **1793** Thomas Paine arrive à Paris et obtient la nationalité française. Il sait à peine° parler français, mais il est cependant élu député à la Convention Nationale. Il est emprisonné pour avoir condamné les excès du gouvernement et échappe de peu° à la guillotine.

- **1859** Un acrobate français, Charles Blondin, réalise le rêve de sa vie: traverser les chutes du Niagara sur une corde raide.° Blondin répète l'exploit sur une bicyclette, dans un sac, avec un homme sur le dos et finalement, les yeux bandés.°

- **1876–1886** Pour commémorer le centième anniversaire de la Déclaration de l'Indépendance, la France décide de faire un cadeau exceptionnel aux États-Unis. Ce sera la Statue de la Liberté. La municipalité de Paris ouvre une souscription publique et commissionne le plus grand sculpteur de l'époque, Bartholdi. Celui-ci travaille jour et nuit sur ce projet. Finalement la statue arrive à New York... avec dix ans de retard.

- **1903** Une femme de lettres américaine, Gertrude Stein, s'installe à Paris. Là, elle découvrira un groupe d'artistes faméliques:° Picasso, Matisse, Juan Gris et d'autres. En achetant leurs premiers tableaux, elle les empêche° de mourir de faim. Elle leur ouvre aussi les portes de la gloire.

- **1905** Théodore Roosevelt nomme un nouveau Secrétaire d'État à la Marine. Cet homme s'appelle Charles Joseph Bonaparte. C'est le petit-neveu de Napoléon! En 1905, Charles Joseph Bonaparte sera nommé Procureur Général° des États-Unis.

- **1927** Les Parisiens font un accueil° triomphal au héros du jour: c'est un Américain de 25 ans. Il s'appelle Charles Lindbergh et il vient de traverser l'Atlantique Nord en solo.

barely

escapes narrowly

tightrope

blindfolded

tourmentés par la faim

prevents

Attorney General

welcome

- **1944** Hemingway est l'un des premiers Américains à entrer à Paris, qui vient d'être libéré de l'occupation allemande.

- **1961** Le Président Kennedy arrive en visite officielle à Paris. Il a un tête-à-tête historique avec Charles de Gaulle. Mais pour les Parisiens, il se présente simplement comme «l'homme qui accompagne Jacqueline Kennedy en France».

- **1981** Français et Américains commémorent ensemble le deux centième anniversaire de la Bataille de Yorktown. Des troupes françaises et américaines participent à la reconstitution historique de la fameuse bataille en présence des présidents Mitterand et Reagan.

Activité: *Qui est-ce?*

Lisez les phrases suivantes et donnez le nom de la personne en question.

1. Il a effectué la première traversée aérienne New York–Paris.
2. C'est lui qui a sculpté la statue de la Liberté.
3. Elle a aidé financièrement les grands artistes cubistes.
4. Il était président de la France en 1981.
5. Il est allé à la cour du Roi de France pour obtenir l'aide de ce pays pendant la Révolution américaine.
6. Durant la présidence de son mari, elle accompagna celui-ci à Paris.

Enquête

Les Américains vus par les Français

«Les Allemands sont des gens travailleurs et disciplinés», «les Français sont des don Juan», «les Italiens préfèrent la musique au travail», etc....

Caricatures, généralisations, stéréotypes courants que vous avez certainement entendus un jour ou l'autre. Les Français, eux aussi, ont leur façon de stéréotyper les gens. Voici certaines réflexions que l'on entend souvent en France au sujet des Américains. Ne vous étonnez pas si certaines de ces réflexions sont contradictoires. Après tout, le «Français-type» n'est-il pas illogique et inconsistant?

Critiques

— Les Américains sont un peuple sans passé. Ils n'ont pas de culture. Pour eux, l'histoire ne signifie rien.

— Ils sont naïfs. Ce sont de grands enfants.

— Ils sont intelligents, mais n'ont pas d'esprit.

— C'est un peuple dominateur qui veut partout imposer sa volonté. Regardez: le Viêt-nam, l'Amérique centrale... Aujourd'hui, avec leurs produits et leurs industries, ils veulent imposer leur matérialisme à l'Europe.

— Les Américains ont été sur la lune,° mais ils n'ont pas encore découvert l'art de bien manger.   *moon*

— Les Américaines sont jolies mais elles ne savent pas s'habiller.

— Les États-Unis sont complexés° par leurs propres problèmes, même si ces problèmes n'ont pas d'importance.   *tourmentés*

— Les Américains sont obsédés par l'argent, le succès et le confort. Il n'y a que cela qui compte pour eux.

— Aux États-Unis les relations entre les individus sont très superficielles. On a beaucoup de connaissances, mais pas d'amis. L'amitié durable est quelque chose qui n'existe pas.

— Les Américains sont intolérants. Ils n'admettent pas la défaite.

— Ils n'ont pas le sens du ridicule.

— Les Américains ont de quoi vivre, mais ils n'ont pas de savoir-vivre.

Compliments

— Les Américains sont directs et francs. Ils disent ce qu'ils pensent. Ils n'ont pas d'arrière-pensées.°   *intentions non-exprimées*

— Ils sont honnêtes. C'est le peuple le plus honnête de la terre.

— Les Américains ont le courage de reconnaître leurs erreurs. Ils ont assez d'énergie et de volonté pour les rectifier.

— La force des États-Unis est de ne pas être prisonniers des traditions désuètes° et des institutions archaïques. Les Américains sont tournés vers l'avenir et non pas vers le passé. Ils ont l'esprit d'initiative.   *archaïques*

— Les Américains sont des gens disciplinés. Cela ne les empêche pas de croire à la démocratie et de respecter l'individu. Les États-Unis sont le pays le plus démocratique du monde. Là-bas chacun a droit à la parole.

— La société américaine est une société ouverte. Les préjugés de classe n'existent pas. Il n'y a pas de tabous sociaux. Voilà pourquoi il est possible de nouer° des liens d'amitié avec un Américain ou une Américaine même à la première rencontre.   *développer*

— Les Américains sont généreux et tolérants. Ils acceptent le dialogue.

Activité: *Analyse*

1. Le problème avec les généralisations est qu'elles contiennent souvent un élément de vérité. Analysez chacun des jugements portés par les Français sur les Américains. Dites si ce jugement est totalement justifié, partiellement vrai, exagéré ou faux.
2. Choisissez trois jugements qui vous semblent particulièrement intéressants à commenter. Si vous êtes d'accord avec ces jugements, illustrez-les par des exemples historiques ou personnels. Si vous n'êtes pas d'accord avec ces jugements, contredisez-les—aussi par des exemples historiques ou personnels.

Activité: *À votre tour*

D'après vous, quels sont les jugements que les Américains portent sur les Français? Faites trois compliments et trois critiques. Comme phrases-modèles, vous pouvez utiliser les compliments et les critiques que vous avez lus.

FLASH

«L'Américain typique!»

Ce dessin, paru dans un livre de l'humoriste français Pierre Daninos, représente la caricature de l'Américain type telle que les Français pouvaient se le représenter dans les années 1950.

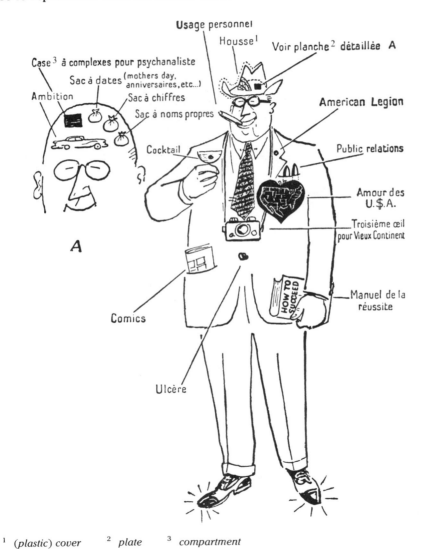

¹ (plastic) cover   ² plate   ³ compartment

Activité: *Interprétation et analyse*

1. Décrivez «l'Américain typique» vu par les Français dans les années 1950. (Décrivez son âge, son apparence physique, ses vêtements, ses goûts [*tastes*], ses habitudes, ses idées, ses préoccupations, ses problèmes.)
2. Dites ce que ce portrait a de désuet [*obsolete*] et ce qu'il a peut-être de réel.
3. Tracez un portrait du Français typique et de la Française typique vus par les Américains (apparence physique, vêtements, idées, habitudes, manies, qualités et défauts).

Enquête

Impressions d'Amérique

Pour juger un pays, rien ne vaut le contact avec la réalité. Nous avons demandé à quatre jeunes Français qui ont été aux États-Unis de vous décrire leurs impressions. Voici leur réponses.

YOLANDE DESCROIX (*21 ans, étudiante en anglais*): J'ai passé une année à l'Université du Colorado. J'ai beaucoup aimé. D'abord les contacts humains sont très faciles. Il y a toujours quelqu'un pour vous aider, pour vous donner un renseignement et même pour vous inviter. On n'est jamais isolé, on ne se sent jamais seul. Ce qui m'a beaucoup frappé aussi, c'est la beauté du pays. J'ai acheté une voiture d'occasion avec des amis et nous avons beaucoup voyagé, surtout dans l'Ouest. Nous avons visité l'Arizona, le Nouveau Mexique, le Bryce Canyon, dans le Sud de l'Utah... Les paysages sont extraordinaires. Je ne croyais pas que cela existait!

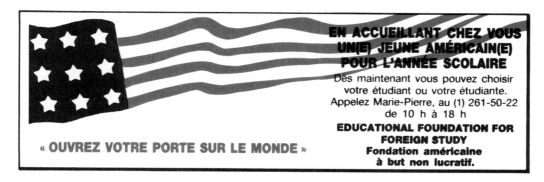

« OUVREZ VOTRE PORTE SUR LE MONDE »

EN ACCUEILLANT CHEZ VOUS UN(E) JEUNE AMÉRICAIN(E) POUR L'ANNÉE SCOLAIRE
Dès maintenant vous pouvez choisir votre étudiant ou votre étudiante. Appelez Marie-Pierre, au (1) 261-50-22 de 10 h à 18 h
EDUCATIONAL FOUNDATION FOR FOREIGN STUDY
Fondation américaine à but non lucratif.

BERTRAND MARCEAU (*20 ans, étudiant*): J'ai passé neuf mois dans un petit collège du New Hampshire. (Je serai discret et je ne dirai pas lequel.) Je dois dire que je ne me suis pas particulièrement amusé pendant ces neuf mois. Évidemment, il y a les surprises-parties du vendredi soir et les matchs de football du samedi, mais cela devient vite monotone. Et puis, je n'aime pas voir toujours les mêmes têtes. Qu'est-ce qu'on peut faire dans un pays où il neige de novembre à avril?

BRUNO MAYNARD (*30 ans, ingénieur*): Je travaille pour une firme américaine à Paris. L'année dernière, je suis venu faire un stage° à New York. J'ai passé six mois là-bas. J'avais entendu beaucoup de choses sur cette ville. On m'avait parlé de la criminalité et de la violence qui y règnent.° On m'avait dit qu'il était impossible de sortir dans les rues après six heures. En fait, ces problèmes existent dans toutes les grandes métropoles et je ne pense pas qu'aujourd'hui New York soit une ville beaucoup plus dangereuse que Paris, au moins si on fait attention et si on ne cherche pas le risque. Par contre, ce qui m'a choqué c'est la disparité des niveaux de vie. La richesse la plus insolente coexiste avec la misère la plus désespérée. J'ai trouvé cela scandaleux!

internship

reign

SYLVIE BERTHELOT (*25 ans, journaliste*): J'ai passé un mois à Washington. J'y suis venue pour faire un reportage sur les élections américaines. Au début, j'étais prisonnière de mes préjugés. Je croyais que nous, les Français, nous avions le monopole de la culture et que les Américains n'avaient rien à offrir. En fait, je me suis très vite aperçue de mon erreur. J'ai visité beaucoup d'expositions. J'ai vu beaucoup de pièces de théâtre d'avant-garde. J'ai lu beaucoup et finalement je me suis rendu compte que sur le plan culturel, les Américains sont beaucoup plus innovateurs que nous.

Activité: *Études*

1. Analysez chacune des opinions exprimées. Dites ce en quoi vous êtes d'accord et ce en quoi vous n'êtes pas d'accord.
2. Imaginez que vous avez plusieurs amis en France. Ceux-ci ont décidé de visiter les États-Unis et vous demandent conseil. Choisissez deux visiteurs dans la liste ci-dessous. Pour chacune de ces personnes, composez un paragraphe où vous lui indiquerez vos conseils: où aller, ce qui est à voir, à ne pas voir, à faire, à éviter.

un élève de lycée (15 ans)
une étudiante de 19 ans qui s'intéresse à la musique
un jeune couple qui n'a pas beaucoup d'argent
un étudiant de 21 ans qui veut continuer ses études aux États-Unis
un homme d'affaires riche (45 ans)
une journaliste qui s'intéresse aux différentes ethnies américaines
un journaliste qui s'intéresse à la politique
une jeune architecte
un fanatique de jazz
un passionné de la nature
un professeur qui fait des recherches sur les minorités francophones
    aux États-Unis
un couple de retraités (65 ans)

Rencontre avec...

Le Marquis de La Fayette

Le Marquis de La Fayette (1757–1834), «héros des deux mondes», joua un rôle important dans la Révolution américaine, puis dans la Révolution française. Ami de Franklin, il décida d'offrir ses services aux patriotes américains. À l'âge de 20 ans, il quitta la France, malgré les ordres formels du roi de France. Arrivé à Philadelphie en avril 1777, il fut nommé major général par le Congrès et devint l'ami de George Washington. Il participa aux grandes campagnes de la guerre d'Indépendance et, habile diplomate, réussit à obtenir l'aide officielle de la France en faveur des Américains.

Dans une lettre, écrite quatre mois après son arrivée en Amérique, La Fayette décrit à sa femme ses premières impressions. Voici un extrait de cette lettre.

À Madame de La Fayette

Ce 19 juin 1777, à Charlestown.

... Je vais à présent vous parler du pays, mon cher cœur, et de ses habitants. Ils sont aussi aimables que mon enthousiasme avait pu se le figurer.° La simplicité des manières, le désir d'obliger, l'amour de la patrie et de la liberté, une douce égalité, règnent° ici parmi tout le monde. L'homme le plus riche et le plus pauvre sont de niveau,° et quoiqu'°il y ait des fortunes immenses dans ce pays, je défie de° trouver la moindre° différence entre leurs manières respectives les uns pour les autres. J'ai commencé par la vie de campagne, chez le major Huger; à présent, me voici à la ville. Tout y ressemble assez à la façon anglaise, excepté qu'il y a plus de simplicité chez eux qu'en Angleterre. La ville de Charlestown est une des plus jolies, des mieux bâties° et des plus agréablement peuplées que j'aie jamais vues. Les femmes américaines sont fort jolies, fort simples et d'une propreté° charmante. Elle° règne ici partout avec la plus grande recherche, bien plus même qu'en Angleterre. Ce qui m'enchante ici c'est que tous les citoyens sont frères. Il n'y a en Amérique ni pauvres, ni même ce qu'on appelle paysans.° Tous les citoyens ont un bien honnête,° et tous, les mêmes droits que le plus puissant° propriétaire du pays. Les auberges° sont bien différentes d'Europe; le maître et la maîtresse se mettent à table avec vous, font les honneurs d'un bon repas, et en partant vous payez sans marchander.° Quand on ne veut pas aller dans une auberge, on trouve des maisons de campagne où il suffit d'être bon Américain pour être reçu avec les attentions qu'on aurait en Europe pour un ami. ...

imaginer

gouvernent

égaux / although

challenge / plus petite

construites

neatness / (la propreté)

peasants / sufficient wealth
grand / inns

haggling over the price

Activité: *Compréhension et analyse*

1. Quelles qualités La Fayette attribue-t-il au peuple américain? Quels exemples donne-t-il de la démocratie en Amérique? Comment décrit-il les femmes? Comment décrit-il les villes? Comment décrit-il l'hospitalité américaine?
2. La Fayette était issu (né) d'une famille noble extrêmement riche. Il était aussi citoyen de la nation la plus puissante et la plus cultivée du monde. Décrivez ce qui a particulièrement impressionné ce jeune homme. Auriez-vous eu les mêmes réactions à sa place?
3. La Fayette a écrit cette lettre il y a plus de deux cents ans. Dites ce qui a changé et ce qui n'a pas changé dans le caractère américain.

Dossier 20
Sources africaines

▶ *Document*

Images de l'Afrique francophone

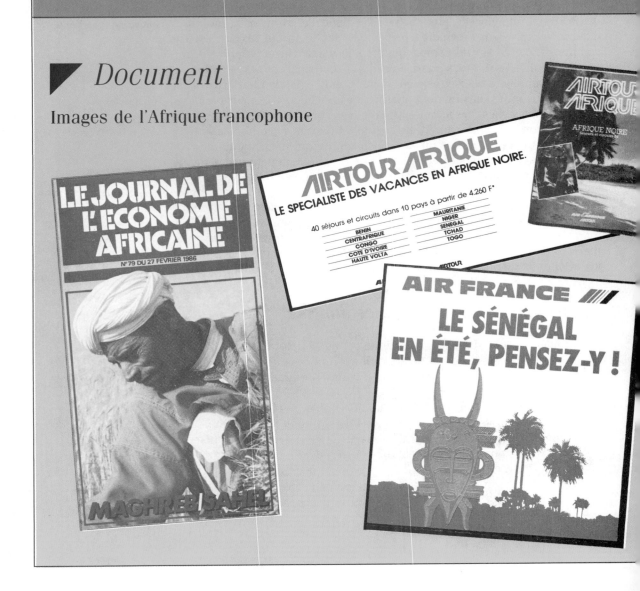

afrique industrie

14e ANNÉE - N° 302 - 15 JUIN 1984 - PRIX : 40 FF - 2 000 FCFA

DOSSIER

Où va
le Gabon ?

Les télécommunications
dans les pays
du Nord de l'Afrique

GUINÉE-BISSAU
Une deuxième
vie

Vocabulaire: *Les pays du Tiers Monde* [Third World]

AUTREFOIS:

Le colonialisme

Les colons (*m*) résident dans **les colonies** (*f*).

Le colonisateur vient de l'extérieur du pays.

Le colonisé est originaire du pays.

L'esclavage (*m*)

Dans certaines colonies, on utilisait **des esclaves** (*m*) [*slaves*].

Certains militants luttaient pour **l'abolition** (*f*) **de l'esclavage.**

Le racisme

La lutte [*fight*] **contre le racisme** continue.

AUJOURD'HUI:

L'indépendance (*f*)

Les colonies d'autrefois sont maintenant **des pays indépendants.**

Les pays **développés** aident **les pays du Tiers Monde:** ce sont **des pays sous-développés** ou **des pays en voie de développement.**

Le progrès économique

Les signes du progrès:	**l'expansion** (*f*)
	la croissance [*growth*]
	le développement des richesses naturelles
	la richesse
	le plein emploi [*full employment*]
	l'essor (*m*) **démographique** [*population growth*]
Et quelques problèmes:	**la pauvreté** de la population
	le chômage [*unemployment*]
	la faim [*hunger*]
	la surpopulation

Activité: *Problèmes*

Des problèmes suivants, dites quel est celui, selon vous, qui est (a) le plus sérieux et (b) le moins sérieux pour les pays ci-dessous.

Problèmes:		**Pays:**	
la pauvreté	la faim	la Chine	Haïti
l'absence de	la surpopulation	l'Inde	la France
ressources	l'analphabétisme	l'Égypte	le Mexique
naturelles	[*illiteracy*]	l'Afrique du Sud	l'Angleterre
le chômage	la maladie	les États-Unis	le Brésil
l'inflation		les pays arabes	
le racisme		Israël	

Activité: *Atouts*

Pour les mêmes pays, dites quel est l'atout [*advantage*] principal parmi les considérations suivantes.

1. le système de gouvernement
2. le niveau d'instruction
3. les ressources minérales
4. les sources d'énergie
5. le potentiel touristique
6. l'agriculture
7. l'industrie
8. l'enthousiasme de la population

Assises Nationales contre le racisme

17-18 mars 1984. Maison de l'Unesco Paris.
Renseignements, invitations, soutiens :
89, rue Oberkampf. 75011 Paris. Tél. (1) 806.88.00.

Activité: *D'accord?*

Dites si vous êtes d'accord (totalement, partiellement, pas du tout) avec les opinions suivantes. Expliquez votre position.

1. Aujourd'hui, l'indépendance économique a remplacé l'indépendance politique.
2. Les États-Unis ont un intérêt économique en Afrique.
3. Les États-Unis ont un intérêt militaire dans les pays du Tiers Monde.
4. Le communisme constitue le plus grand danger pour l'Afrique d'aujourd'hui.
5. L'Afrique est le continent de l'avenir.
6. Les pays africains sont des pays démocratiques.
7. Les États-Unis doivent exercer une pression économique sur l'Afrique du Sud pour mettre fin [*to put an end*] à l'apartheid.
8. Les pays développés exploitent toujours les pays sous-développés.
9. Les pays développés ont une obligation morale d'aider les pays du Tiers Monde.
10. Aujourd'hui, les Nations Unies sont dominées par les pays du Tiers Monde.
11. Les États-Unis devraient quitter les Nations Unies.

Un peu d'histoire

L'Afrique francophone

Si la francophonie tend à se développer, c'est surtout parce qu'un grand nombre de nations africaines ont choisi le français comme langue officielle et comme langue nationale. Aujourd'hui, les relations franco-africaines sont très cordiales. Elles représentent l'épilogue heureux d'une longue histoire qui, elle, ne fut pas toujours heureuse.

Cette histoire remonte à 300 ans et commence non pas en Afrique mais aux Antilles.° À cette époque-là, des colons français s'implantèrent dans plusieurs îles de la région: Sainte-Lucie, la Guadeloupe, la Martinique et surtout Saint-Domingue, qui allait devenir Haïti. Ces colons y développèrent un système de plantation qui nécessitait une main d'œuvre° très abondante. Imitant leurs voisins anglais, espagnols et portugais, ils résolurent ce problème en instituant l'esclavage et en faisant venir des milliers d'esclaves d'Afrique. Championne des libertés humaines et indignée par les abus de la colonisation, la Révolution française supprima l'esclavage en 1794. Ce ne fut qu'une mesure temporaire car Napoléon rétablit celui-ci en 1804. Ceci provoqua la révolte des esclaves en Haïti, qui devint le premier état noir indépendant. L'esclavage fut définitivement aboli dans les colonies françaises en 1848. Aujourd'hui, la Guadeloupe et la Martinique constituent des départements d'outre-mer° et font partie du territoire français.

îles de la Mer Caraïbe

work force

overseas

Dans la seconde moitié du 19ème siècle, la France décida de se constituer un empire colonial. Elle s'installa en Afrique, qu'elle partagea avec l'Angleterre, l'Espagne, le Portugal, la Belgique. (Au début du 20ème siècle, l'Afrique comptait deux nations totalement indépendantes: le Libéria et l'Éthiopie.) Cet empire ne dura pas. Les aspirations nationalistes des peuples africains et la pression internationale obligèrent la France à accorder l'autonomie, puis l'indépendance à ses colonies. Cette indépendance devint un fait au début des années 1960.

La décolonisation de l'Afrique noire francophone se fit sans heurt° et sans rancune.° Aujourd'hui, de nombreux programmes d'assistance technique et culturelle concrétisent l'amitié qui existe entre la France et les jeunes républiques africaines.

choc
rancor

MENSUEL PANAFRICAIN D'INFORMATIONS SPORTIVES

JEUX D'AFRIQUE

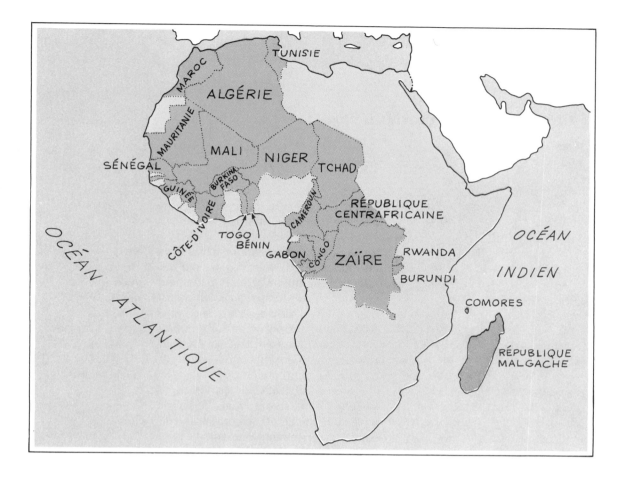

Activité: *Compréhension*

1. Pourquoi est-ce que la francophonie tend à se développer aujourd'hui?
2. Où se trouvent les Antilles? Quel est l'ancien nom d'Haïti? Comment est-ce que les Français ont résolu le problème de la main d'œuvre dans leurs colonies?
3. Pourquoi est-ce que la Révolution française a décidé d'abolir l'esclavage? Combien de temps est-ce que cette abolition a duré? Quel est le premier état noir indépendant? Quand est-ce que les Français ont définitivement aboli l'esclavage? Est-ce que c'est avant ou après les Américains?
4. Quelles sont les nations qui ont colonisé l'Afrique? Combien y avait-il de pays africains indépendants en 1900? Quels étaient ces pays?
5. Qu'est-ce que c'est que la décolonisation? Quand est-ce que les pays d'Afrique noire sont devenus indépendants? Quelles sont aujourd'hui les relations de ces pays avec la France?

Portraits

Cinq destins exceptionnels

Joseph de Saint-Georges (*1745?–1799*):

On n'est pas sûr de la date de sa naissance. On sait seulement qu'il était le fils illégitime d'un aristocrate français établi à la Guadeloupe et d'une esclave noire. Son père le reconnut° et l'envoya en France. Là, il se distingua par ses talents d'escrimeur.° C'était le meilleur épéiste° de son temps. Il devint mousquetaire, capitaine des gardes, colonel d'un régiment. Il participa aux combats de la Révolution française. Arrêté sous la Terreur[1] et emprisonné, il échappa de peu° à la guillotine.

    Joseph de Saint-Georges n'était pas seulement un soldat, mais aussi un musicien de talent. Il composa trois sonates pour violon, une sonate pour flûte et harpe, douze concertos pour violon et plusieurs symphonies.

recognized him as his son

fencer

swordfighter

barely escaped

[1]période de la Révolution

Alexandre Dumas (*1802–1870*):

Son père était un général de Napoléon. Sa grand-mère était une esclave de Saint-Domingue. Alexandre Dumas fut l'auteur français le plus populaire du 19ème siècle et aussi le plus prolifique. Il écrivit plus de 300 romans. Certains de ces romans (*Le Comte de Monte Cristo, Les Trois Mousquetaires*) eurent un succès extraordinaire. Ils sont encore lus aujourd'hui.

    Écrivain, journaliste, directeur de revues et de théâtre, Alexandre Dumas amassa une fortune considérable... et mourut ruiné.

Joséphine Baker (*1906–1975*):

Joséphine Baker était une artiste de music-hall. Pour des millions de Français, ce fut aussi une grande héroïne nationale. Pourtant Joséphine Baker n'était pas née française. Elle était en effet originaire de la ville de Saint-Louis dans le Missouri. Issue° d'une famille très pauvre, elle décida très tôt de faire carrière dans le théâtre. À seize ans, elle partit pour New York, mais là, elle fut victime du chômage° et de la discrimination. Finalement, un directeur de théâtre ambulant° l'engagea.° De ville en ville, elle apprit son métier.

Née

unemployment
traveling / hired

Un jour la chance° tourna. Un imprésario français décida d'engager une troupe d'artistes américains pour la fameuse «Revue Nègre». Joséphine Baker fit partie° de cette troupe avec le célèbre clarinettiste, Sidney Bechet...

luck

was a member

Le 25 septembre 1925, Joséphine Baker quitta New York pour l'Europe. Le 2 octobre, elle fit ses débuts° au Théâtre des Champs-Élysées. Ce fut le coup de foudre° immédiat. Joséphine Baker tomba amoureuse de Paris.

opening performances
love at first sight

Paris tomba amoureux de «l'oiseau des îles». Joséphine Baker était la grande star de la Revue Nègre. Tous les soirs elle donnait des leçons de danse à des millions de Français. Bientôt toute la France se mit à° danser le Charleston. En quelques semaines Joséphine Baker devint la reine de Paris. Elle avait tout juste° vingt ans!

started to

just

Joséphine Baker multiplia ses tournées° à travers° l'Europe, mais c'est à Paris qu'elle retourna sans cesse.° Finalement en 1937 elle adopta la nationalité française. Les années de guerre furent particulièrement difficiles pour Joséphine Baker qui, fidèle° à son nouveau pays, travailla pour la Résistance. À la libération, elle reçut les deux plus hautes décorations françaises: la Légion d'Honneur et la Médaille de la Résistance.

tours / across
toujours

faithful

Après la guerre, Joséphine Baker acheta un château où elle recueillit° une douzaine d'orphelins° de différentes races qu'elle avait sauvés° de la faim° et de la misère et qu'elle adopta. C'était sa «tribu arc-en-ciel°». Désormais, Joséphine Baker consacra° sa vie et sa fortune aux œuvres° de charité. Malheureusement ses ressources financières ne furent pas suffisantes. Une collecte publique fut alors organisée pour sauver son œuvre.

gave a home to
orphans / saved
hunger / rainbow
devoted / works

Quand Joséphine Baker mourut en 1975, la France entière prit le deuil.° À Paris une foule° immense suivit le cortège funèbre.° Vingt et un coups° de canon furent tirés° en son honneur. Ce fut le plus grand adieu° français réservé à une femme américaine!

went into mourning
crowd / funeral procession / shots
fired / farewell

Aimé Césaire (*1913–*):

Originaire de la Martinique, Aimé Césaire fit ses études universitaires à Paris. Là, il rencontra d'autres étudiants noirs (Léopold Senghor, Léon Damas) et fonda avec eux un journal qu'il intitula l'*Étudiant noir.* C'est dans ce journal qu'il utilisa pour la première fois le terme de **négritude.**

    Qu'est-ce que la négritude? La négritude est d'abord la reconnaissance de soi-même. Cette prise de conscience part° d'un fait fondamental: un Noir n'est pas un Blanc. Il a sa personnalité, sa culture, son système de valeurs, sa façon de percevoir et de comprendre l'univers qui ne sont pas celles du Blanc. Pour exprimer cette personnalité noire distincte, Césaire choisit la poésie. En 1939, il publia un recueil° de poèmes intitulé *Cahier d'un retour au pays natal.*

    La prise de conscience° d'une culture spécifique n'est qu'une première étape.° Le Noir doit ensuite prendre en charge son histoire et sa destinée. Il doit refuser l'assimilation que lui propose le Blanc. Césaire exprima ceci dans un essai intitulé *Discours sur le colonialisme.* Mais à elle seule,° la littérature ne suffit pas.° Césaire choisit alors la politique comme instrument de libération. Il retourna à la Martinique et fut élu député de l'île et maire° de Fort-de-France, la capitale. Tenté° par le communisme, il décida d'abandonner celui-ci pour une politique beaucoup plus autonome. Aujourd'hui, il continue à lutter° pour son peuple.

originates

collection

realization
step

by itself
is not sufficient

mayor / Tempted

to fight

Léopold Se_n_hor (*1906–*):

Léopold Senghor est le produit de la culture africaine et de la culture française. Originaire du Sénégal, il continua ses études en France. Sa carrière est parallèle à celle d'Aimé Césaire, qu'il rencontra à Paris et avec qui il fonda° le journal l'*Étudiant noir*. Lui aussi fut un brillant intellectuel et un grand poète. Lui aussi choisit la politique comme mode d'action.

    En 1939, Senghor fut mobilisé dans l'armée française et combattit pour la France. Peu après, il fut fait prisonnier et envoyé en Allemagne. Dans les camps nazis, Senghor rêvait de liberté—pour lui, mais surtout pour son peuple. C'était un rêve lointain.° Le Sénégal était alors une colonie dont les administrateurs étaient nommés par la France. Après la libération de la France, Senghor décida d'entrer dans la politique. S'il voulait avoir une action efficace, il fallait que celle-ci s'exerçât° d'abord dans le cadre° de la vie politique française. En 1946, Senghor fut élu député à l'Assemblée Nationale. Plus tard, il participa au gouvernement. Il fut nommé Secrétaire d'État à la Présidence du Conseil. Ce n'était qu'un premier pas,° un moyen° pour réaliser son véritable objectif: l'indépendance du Sénégal. Senghor discuta de celle-ci avec le général de Gaulle et finalement obtint gain de cause.°

    En 1960, le Sénégal devint une république indépendante. Léopold Senghor en a été le premier président. Pour les Français, il reste l'un des représentants les plus importants de la littérature française. C'est à ce titre° en effet qu'il a été élu à la fameuse Académie Française en 1983.

founded

distant

was realized / within the framework

step / means

gagna

because of this achievement

Activité: *Cinq champions*

Chacun des portraits que vous avez lu est le portrait d'un champion. Expliquez brièvement pourquoi.

1. Joseph de Saint-Georges, champion de l'aventure
2. Alexandre Dumas, champion des lettres
3. Joséphine Baker, championne de l'humanité
4. Léopold Senghor, champion de la liberté
5. Aimé Césaire, champion de la négritude

Activité: *Portrait*

Faites le portrait d'un représentant célèbre d'une minorité américaine. Vous pouvez vous inspirer de l'un des portraits que vous avez lus.

Perspective

La négritude

La colonisation eut comme conséquence indirecte le développement d'une riche littérature d'expression française mais d'inspiration négro-africaine. Cette littérature n'est pas née en Afrique, mais à Paris dans les années 1930. À cette époque, Paris était la capitale de l'empire français et attirait° *attracted* l'élite intellectuelle des colonies.

Malgré leur diversité d'origine (africaine, antillaise, guyanaise), de nombreux étudiants noirs prirent conscience° du lien° commun que re- *became aware / tie* présentait la couleur. Au lieu° d'accepter l'assimilation, ils affirmèrent *Instead* l'existence d'une personnalité et d'une sensibilité noires et la nécessité de redécouvrir celles-ci. Ainsi naquit° le concept de «négritude», qui pour *est né* Senghor représente «le patrimoine culturel, les valeurs et surtout l'esprit de la civilisation négro-africaine».

Voici comment s'exprime Léon Damas, poète guyanais et l'un des premiers interprètes de la négritude:

> Jamais le Blanc ne sera nègre
> car la beauté est nègre
> et nègre la sagesse° *wisdom*
> car l'endurance est nègre
> et nègre le courage
> car la patience est nègre
> et nègre l'ironie
> car le charme est nègre
> et nègre la magie
> car l'amour est nègre
> et nègre le déhanchement[2]
> car la danse est nègre
> et nègre le rythme
> car l'art est nègre
> et nègre le mouvement
> car le rire° est nègre *laugh*
> car la joie est nègre
> car la paix est nègre
> car la vie est nègre
> Black-Label

[2] *swaying of the hips*

Qu'est-ce que c'est que la négritude?

AIMÉ CÉSAIRE: «La conscience d'être noir, simple reconnaissance d'un fait qui implique acceptation, prise en charge de son destin de Noir, de son histoire et de sa culture.»

ALIOUNE DIOP (directeur de *Présence Africaine*): «La négritude n'est autre que le génie nègre et en même temps, la volonté d'en révéler la dignité.»

Activité: *Études*

Faites une brève étude de l'une des minorités américaines que vous choisirez (noire, mexicaine, portoricaine, cubaine, indienne, etc.). Vous pouvez explorer les éléments suivants.

a. **Histoire:** Comment s'explique historiquement la présence de cette minorité aux États-Unis?

b. **Géographie:** Est-ce que cette minorité est géographiquement dispersée ou bien est-elle concentrée (dans certaines régions, dans certains états, dans certaines grandes villes)?

c. **Aspects culturels, socioéconomiques, politiques:** Quelles sont les caractéristiques culturelles de cette minorité? En quoi sont-elles différentes de celles de la majorité des Américains? Quelles sont les conditions de vie de cette minorité? Quelles sont ses aspirations politiques? Comment a-t-elle tendance à voter? Existe-t-il un élément révolutionnaire?

d. **Personnalités:** Quels sont les représentants de cette minorité dans les domaines suivants: vie politique, arts, littérature, sports, spectacles (cinéma, théâtre, télévision)?

Rencontre avec...

René Philombe

René Philombe (né en 1930) est un poète camerounais. Dans le poème suivant, il exprime avec beaucoup de sensibilité l'universalité de l'homme.

L'homme qui te ressemble

J'ai frappé° à ta porte   *knocked*
J'ai frappé à ton cœur
pour avoir bon lit
pour avoir bon feu
pourquoi me repousser°?   *push away*
Ouvre-moi mon frère!...

Pourquoi me demander
si je suis d'Afrique
si je suis d'Amérique
si je suis d'Asie
si je suis d'Europe?
Ouvre-moi mon frère!...

Pourquoi me demander
la longueur de mon nez
l'épaisseur° de ma bouche   *thickness*
la couleur de ma peau°   *skin*
et le nom de mes dieux°?   *gods*
Ouvre-moi mon frère!...

Je ne suis pas un noir
je ne suis pas un rouge
je ne suis pas un jaune
je ne suis pas un blanc
mais je ne suis qu'un homme
Ouvre-moi mon frère!...

Ouvre-moi ta porte
Ouvre-moi ton cœur
car je suis un homme
l'homme de tous les temps
l'homme de tous les cieux°   *heavens*
l'homme qui te ressemble!...

Activité: *Analyse*

1. Expliquez le message de ce poème.
2. Expliquez la simplicité de ce poème.
3. Expliquez la beauté de ce poème.

Appendice
Le passé simple

The passé simple is used to relate specific facts or actions completed at a given moment in the past. The tense is primarily used in written French and occurs commonly in the third person. It is important to recognize the tense in reading; in speaking, it is often replaced by the passé composé.

Regular verbs form the passé simple as follows:

Infinitive	*Third Person Singular*	*Third Person Plural*
parler	il parl**a**	ils parl**èrent**
finir	il fin**it**	ils fin**irent**
vendre	il vend**it**	ils vend**irent**

The following irregular verbs appear in this book in the passé simple:

apparaître (*to appear*)	il apparut	ils apparurent
avoir (*to have*)	il **eut**	ils **eurent**
battre (*to beat*)	il battit	ils battirent
combattre (*to fight*)	il combattit	ils combattirent
connaître (*to know*)	il connut	ils connurent
conquérir (*to conquer*)	il conquit	ils conquirent
construire (*to construct*)	il construisit	ils construisirent
devenir (*to become*)	il devint	ils devinrent
écrire (*to write*)	il écrivit	ils écrivirent
être (*to be*)	il **fut**	ils **furent**
faire (*to do, make*)	il **fit**	ils **firent**
interdire (*to forbid*)	il interdit	ils interdirent
introduire (*to introduce*)	il introduisit	ils introduisirent
mourir (*to die*)	il mourut	ils moururent
naître (*to be born*)	il naquit	ils naquirent
obtenir (*to obtain*)	il obtint	ils obtinrent
offrir (*to offer*)	il offrit	ils offrirent
prendre (*to take*)	il prit	ils prirent
reconnaître (*to recognize*)	il reconnut	ils reconnurent
résoudre (*to resolve*)	il résolut	ils résolurent
revenir (*to come back*)	il revint	ils revinrent
venir (*to come*)	il vint	ils vinrent

Vocabulaire Français-Anglais

This vocabulary contains all the words that appear in the text except obvious cognates and high-frequency items taught in the early part of a beginning French course. Verbs are listed in the infinitive form. (Some irregular passé simple verb forms are also listed. All passé simple forms are given in the Appendix.)

The following abbreviations are used:

adj.	adjective	*pl.*	plural
adv.	adverb	*p.part.*	past participle
conj.	conjunction	*prep.*	preposition
f.	feminine	*pron.*	pronoun
m.	masculine	*v.*	verb

a

abaque *m.* abacus
abdiquer *v.* to renounce, abdicate
aboli *adj.* abolished
aboutir *v.* to end up, lead to
absolument *adv.* absolutely
s'abstenir *v.* to abstain
abus *m.* abuse, misuse
abuser *v.* to misuse
Acadie *f.* Acadia
accéder *v.* to have access to
accidenté *adj.* uneven, bumpy
accommoder *v.* to season, dress
accomplissement *m.* accomplishment
accorder *v.* to give
accoutumance *f.* familiarization
accroissement *m.* increase
accueil *m.* welcome
accueillir *v.* to welcome
achat *m.* purchase
achever *v.* to finish
acquéreur *m.* buyer
acquérir *v.* to acquire
acteur *m.* actor
actrice *f.* actress

actualité *f.* topicality, current situation
    actualités *f.pl.* news
actuel (actuelle) *adj.* current
actuellement *adv.* presently
addition *f.* bill, addition
additionner *v.* to add
adieu *m.* farewell
admettre *v.* to admit, allow
s'adonner à *v.* to devote oneself to
adouci *adj.* lessened
aérien (aérienne) *adj.* aerial
affable *adj.* likeable
affaiblir *v.* to weaken
affaires *f.pl.* business
affectionner *v.* to be attached to
affiné *adj.* refined
affirmé *adj.* assertive
affreux (affreuse) *adj.* awful
âgé *adj.* older
s'agenouiller *v.* to kneel down
agent *m.* agent **agent de police** police officer **agent de voyages** travel agent **agent immobilier** real estate agent
s'agir: il s'agit de it's a matter of
agrégation *f.* diploma

agrégé *adj.* having a diploma or degree
aide *f.* help
ail *m.* garlic
aileron *m.* movable control panel
ailleurs *adv.* elsewhere **d'ailleurs** moreover
aimable *adj.* lovable
ainsi *adv.* thus, so
air *m.* air, appearance **avoir l'air** to seem
aisé *adj.* rich, well-off
ajouter *v.* to add
alcool *m.* alcohol
aliment *m.* food
alimentaire *adj.* nutritional, relating to food
alimenter *v.* to nourish
Allemagne *f.* Germany
allemand *adj.* German
aller: s'en aller *v.* to go away
allié *m.* ally
allumer *v.* to turn on, light up
alpinisme *m.* mountain climbing
amasser *v.* to amass, gather
amateur *m.* lover (*of something*)
ambassadrice *f.* (female) ambassador
ambiance *f.* atmosphere
ambulant *adj.* walking, traveling
âme *f.* soul
améliorer *v.* to improve
amende *f.* fine
américaine: à l'américaine in the American way
ami *m.*, **amie** *f.* friend **petit ami** *m.*, **petite amie** *f.* boyfriend, girlfriend
amiante *m.* asbestos
amitié *f.* friendship
amour *m.* love
s'amuser *v.* to have a good time
an *m.* year **avoir 18 ans** to be 18 (years old)
analphabétisme *m.* illiteracy
ananas *m.* pineapple
ancien (ancienne) *adj.* former, old
ancré *adj.* anchored
ange *m.* angel
anglais *adj.* English
Angleterre *f.* England
anglophone *adj.* English-speaking
angoisse *f.* anxiety
animateur *m.*, **animatrice** *f.* director
anneau (*pl.* **anneaux**) *m.* ring
année *f.* year **les années 70** the 70's
annonce *f.* announcement, ad
    petites annonces want ads

anoblir *v.* to ennoble, give status to
antillais *adj.* Caribbean
Antilles *f.pl.* Caribbean islands
antique *adj.* ancient
apaiser *v.* to pacify
apéritif *m.* drink, cocktail
apercevoir *v.* to perceive
aperçu *p.part. of* **apercevoir**
aplani *adj.* smoothed out
apparaître *v.* to appear
appareil *m.* equipment, machine, tool
apparition *f.* appearance
appartenance *f.* membership
appartenir *v.* to belong
appeler *v.* to call
    s'appeler to be called, named
appendicite *f.* appendicitis
appétissant *adj.* delectable, delightful
apporter *v.* to bring
apprentissage *m.* learning
appris *p.part. of* **apprendre**
après *prep.* after **d'après** according to
après-midi *m.* afternoon
arabe *m.* Arabic
arbuste *m.* shrub
arc-en-ciel *m.* rainbow
archaïque *adj.* antiquated
archéologue *m./f.* archeologist
ardent *adj.* fiery, passionate
ardu *adj.* arduous
argot *m.* slang
arme *f.* **atomique** nuclear weapon
arrêter *v.* to stop, arrest
arrière *adv.* behind **en arrière** backward
arrière-pensée *f.* ulterior motive
artère *m.* artery
arts *m.pl.* **martiaux** martial arts
ascenseur *m.* elevator
aspect *m.* appearance
asphyxie *f.* asphyxiation
s'asseoir *v.* to sit down
assez *adv.* enough, pretty, fairly
assises *f.pl.* conference
assistant *m.* **social, assistante** *f.* **sociale** social worker
assister à *v.* to attend, take part in, be present at
assujettissement *m.* constraint, subjection
astiquer *v.* to polish
astre *m.* star

astucieux (astucieuse) *adj.* shrewd, astute
athlétisme *m.* track and field
atout *m.* advantage
s'attacher à *v.* to become attached to
s'attaquer *v.* to attack
atteindre *v.* to reach
attendre *v.* to wait, expect
attentat *m.* crime
atténuer *v.* to diminish, reduce
attirer *v.* to attract
attraper *v.* to catch
auberge *f.* inn
aucun *pron.* not one, none
    ne...aucun(e) *adj.* no, not any
audacieux (audacieuse) *adj.* daring, bold
au-delà *adv.* beyond
augmenter *v.* to increase
auparavant *adv.* before(hand), previously
auprès de *prep.* with, near
auquel (*pl.* **auxquels**) *pron.* to whom, to which
Autant en emporte le vent Gone With the Wind
autogéré *adj.* self-governed
autoritaire *adj.* bossy, dictatorial
autour de *adv.* around
autrefois *adv.* in the past
    d'autrefois formerly
Autriche *f.* Austria
autrui *pron.* others
avance: en avance in advance, early
    10 minutes d'avance 10 minutes early
    avoir de l'avance to be early
avancement *m.* promotion
avant *prep.* before **en avant** forward
avant-dernier (avant-dernière) *adj.* next to last
avare *adj.* stingy
avènement *m.* arrival
avenir *m.* future
avertir *v.* to warn
aveugle *adj.* blind
aviateur *m.* aviator, pilot
aviron *m.* crew (*sport*)
avis *m.* opinion
avocat *m.*, **avocate** *f.* lawyer
avoir lieu *v.* to take place
avouer *v.* to admit
ayez *imperative of* **avoir**

b

baccalauréat *m.* **(le bac)** test taken at the end of secondary school
bachotage *m.* cramming
badaud *m.* stroller, onlooker
baguette *f.* long loaf of bread
se baigner *v.* to bathe, swim
baisser *m.* to lower
bal *m.* party, dance
baleine *f.* whale
ballotine *f.* meatloaf
bandé *adj.* tied up, covered
bande dessinée *f.* comic strip
banlieue *f.* suburb
banquier *m.*, **banquière** *f.* banker
barrage *m.* barrier
bas (basse) *adj.* low
bataille *f.* battle
bâtir *v.* to build
bâtons: à bâtons rompus rambling
battre *v.* to beat **se battre** to fight
bavarder *v.* to chat
beau-père *m.* stepfather, father-in-law
beaux-parents *m.pl.* stepparents, in-laws
Belgique *f.* Belgium
belle-mère *f.* stepmother, mother-in-law
bénéfice *f.* benefit
berge *f.* bank
berger *m.* shepherd
besoin *m.* need
bête *adj.* stupid
bête *m.* animal
beurre *m.* butter **faire son beurre** to make money **mettre du beurre dans ses épinards** to improve one's situation
bien *m.* **honnête** sufficient property
bien-être *m.* well-being
bière *f.* beer
bifteck *m.* steak
bilingue *adj.* bilingual
billet *m.* ticket
blessé *m.*, **blessée** *f.* injured person
bœuf *m.* beef
boisson *f.* drink
boîte *f.* can, box
bôme *f.* boom, wishbone
bonheur *m.* happiness
bord *m.* **de la mer** seaside
botte *f.* boot

bouche *f.* mouth
bouchée *f.* mouthful
bouclier *m.* shield
bouée *f.* buoy
bouger *v.* to move, protest
bouleversant *adj.* overwhelming
bouleverser *v.* to upset
boulier *m.* abacus, scoring board
boulot *m.* job
bourgeois *adj.* middle-class
Bourgogne *f.* Burgundy
bourse *f.* scholarship, stock exchange
bout *m.* end
bouton *m.* button
brebis *f.* ewe
bref (brève) *adj.* brief
Bretagne *f.* Brittany
Breton *m.* Breton, resident of Brittany
briser *v.* to break
brouillé *adj.* scrambled
se brouiller *v.* to have a falling out
bruit *m.* noise
brûler *v.* to burn
bureautique *f.* office automation
but *m.* goal, objective
buveur *m.*, buveuse *f.* drinker

C

cadeau (*pl.* cadeaux) *m.* gift, present
cadre *m.* executive, setting
cahier *m.* notebook
caille *f.* quail
calcul *m.* calculation
calculateur (calculatrice) *adj.* calculating
calendrier *m.* calendar
calmant *m.* tranquilizer
camarade *m./f.* friend
    camarade de chambre roommate
camerounais *adj.* from Cameroon
camion *m.* truck
campagne *f.* campaign, countryside
canard *m.* duck
cancre *m.* dunce
cannelle *f.* cinnamon
cantine *f.* cafeteria
capitale *f.* capital city
car *conj.* because

caractère *m.* character, personality
cardinal: point *m.* cardinal compass point
carotte *f.* carrot
carré *adj.* square
carrière *f.* career
carte *f.* card, map
    carte d'identité identity card
casser *v.* to break casser du sucre sur le
    dos to talk behind someone's back
cave *f.* wine cellar
célèbre *adj.* famous
célibat *m.* single life
célibataire *adj.* unmarried, single
célibataire *m./f.* bachelor, single person
celle (*pl.* celles) *pron.* this one, that one
cellule *f.* familiale nuclear family
celui (*pl.* ceux) *pron.* this one, that one
censure *f.* censorship
centaine *f.* about a hundred
centrale *f.* plant centrale nucléaire nuclear
    power plant centrale thermique coal-
    burning power plant
centre-ville *m.* downtown
cependant *adv.* nevertheless
céréale *f.* grain
cerise *f.* cherry
certes *adv.* certainly
cesse: sans cesse unceasingly
cesser *v.* to stop
c'est-à-dire *conj.* in other words
chacun *pron.* each, each one
chagrin *m.* sorrow
chaleureux (chaleureuse) *adj.* warm
champignon *m.* mushroom
chance *f.* luck
chanceux (chanceuse) *adj.* lucky, fortunate
chanson *f.* song
chant *m.* song, singing
chantage *m.* blackmail
chanteur *m.*, chanteuse *f.* singer
chantier *m.* worksite
chantre *m.* poet
chapelle *f.* chapel
chaque *adj.* each, every
chargé *adj.* loaded
charge *m.* responsibility
    à la charge de dependent on
se charger de *v.* to take over
charnel (charnelle) *adj.* sensual
chasser *v.* to brush off; to hunt

châtain *adj.* chestnut
chaud *adj.* hot
chauffeur *m.* driver
chaussure *f.* shoe
chef *m.* boss, head **chef d'orchestre** conductor **chef de service** manager
chef-d'œuvre *m.* masterpiece
chemin *m.* path **chemin de fer** railroad
cheminée *f.* chimney
chêne *m.* oak tree
chèque *m.* (bank) check
cher (chère) *adj.* dear
chercheur *m.*, **chercheuse** *f.* researcher
chétif (chétive) *adj.* weak, puny
chevaleresque *adj.* chivalrous, loyal
cheveu (pl. cheveux) *m.* hair
chèvre *f.* goat
chiffre *m.* number, figure
chimie *f.* chemistry
chimique *adj.* chemical
chimiste *m./f.* chemist
chinois *m.* Chinese
chirurgien *m.*, **chirurgienne** *f.* surgeon
choisir *v.* to choose
choix *m.* choice
chômage *m.* unemployment
choquer *v.* to shock
chou *m.* cabbage, darling
chute *f.* loss, fall
ciboulette *f.* chives
ci-dessous *adv.* below
ci-dessus *adv.* above
ciel (pl. cieux) *m.* heaven, sky
ciment *m.* cement
cimetière *m.* cemetery
cinéma *m.* movies, movie theater
cinéphile *m./f.* moviegoer
circonstance *f.* circumstance
cirer *v.* to wax
citation *f.* quotation
cité *f.* city
citoyen *m.*, **citoyenne** *f.* citizen
clair *adj.* clear
classement *m.* classification
classer *v.* to classify
clavier *m.* keyboard
client *m.*, **cliente** *f.* client, customer
cloison *f.* partition, wall
clos *m.* enclosed garden
clôture *f.* closing, ending

cochon *m.* pig
cœur *m.* heart
coiffeur *m.*, **coiffeuse** *f.* hairdresser
colère *f.* anger, attacks of anger
coléreux (coléreuse) *adj.* quick-tempered
collège *m.* preparatory school
coller *v.* to stick
colline *f.* hill
colon *m.* colonist
colonialisateur *m.* colonizer
colonie *f.* colony
  colonie de vacances summer camp
colonisé *m.* colonized person
colonne *f.* column
comédie *f.* **musicale** musical
commander *v.* to order, command
commerçant *m.*, **commerçante** *f.* shopkeeper, merchant
commettre *v.* to commit
commis *p. part. of* **commettre**
commissaire *m.* detective, commissioner
commode *adj.* practical
commun *adj.* common **en commun** public
communauté *f.* community
comparaison *f.* comparison
compatriote *m./f.* fellow citizen
compère *m.* buddy, crony
complexé *adj.* tormented
complot *m.* plot
comporter *v.* to contain
composé *adj.* compound
comprendre *v.* to understand, include
compréhensif (compréhensive) *adj.* understanding
comptabilité *f.* accounting
comptable *m./f.* accountant
compte *m.* account
  au bout du compte in the end
compter *v.* to count
comptoir *m.* counter
concierge *m./f.* building manager, superintendent
concombre *m.* cucumber
concours *m.* contest
concrétiser *v.* to solidify
concurrence *f.* competition
concurrent *m.* competitor
conduire *v.* to drive **permis** *m.* **de conduire** driver's license
conduite *f.* driving, conduct

confiance *f.* confidence
    avoir confiance en to trust
confiture *f.* jam
conflit *m.* conflict
confondre *v.* to confuse
confort *m.* comfort
connaître *v.* to be acquainted with, experience
connaissance *f.* acquaintance
connu *adj.* known
conquérir *v.* to conquer
conquête *f.* conquest
conquis *adj.* conquered
consacrer *v.* to dedicate, give completely to
conscience *f.* consciousness
conscient *adj.* conscious, aware
conseil *m.* advice
conseiller *v.* to advise
conseiller *m.*, **conseillère** *f.* counselor
consentant *adj.* consenting
conservateur (conservatrice) *adj.*
    conservative
conserver *v.* to keep, preserve, save
consistence *f.* consistency
consommateur *m.*, **consommatrice** *f.*
    consumer
consommer *v.* to consume
consonne *f.* consonant
constamment *adv.* constantly
constatation *f.* finding, acknowledgement
constater *v.* to note, notice
constituer *v.* to make, organize
conte *f.* tale, story
contenir *v.* to contain
se contenter *v.* to content oneself, make do
contravention *f.* parking ticket
contre *prep.* against
contre-coup *m.* shock
contredire *v.* to contradict
contrôle *m.* check, verification
contrôler *v.* to check, regulate
convaincu *adj.* convinced
convenir *v.* to suit
se convertir *v.* to convert
copain *m.*, **copine** *f.* friend, pal
coque *f.* shell **à la coque** soft-boiled (egg)
coquetterie *f.* flirtatiousness
coquille *f.* shell
corde *f.* **raide** tightrope
cordial (pl. cordiaux) *adj.* good, cordial
corriger *v.* to correct

corrompre *v.* to corrupt
Corse *f.* Corsica
cortège *m.* **funèbre** funeral procession
côte *f.* coast **Côte-d'Ivoire** Ivory Coast
côté *m.* side
    de l'autre côté on the other hand
côtelette *f.* chop
couche *f.* layer
se coucher *v.* to go to bed
couler *v.* to flow
coupable *adj.* guilty
coupe *f.* cup
couper *v.* to cut
cour *f.* court, courtyard
courant *adj.* current, standard
courbe *f.* curve
courir *v.* to run
courrier *m.* mail
cours *m.* course, class **cours d'eau** waterway, stream **au cours de** during
course *f.* race, errand
court *adj.* short
courtois *adj.* courteous
couru *p. part. of* **courir**
coût *m.* cost
couteau (pl. couteaux) *m.* knife
coutume *f.* custom
couvent *m.* convent
cracher *v.* to spit
craie *f.* chalk
craindre *v.* to fear
créateur (créatrice) *adj.* creative
credo *m.* creed
créer *v.* to create
crème *f.* cream, custard
crever *v.* to die out
crier *v.* to shout, yell
critique *m.* critic
critique *f.* criticism
croiser *v.* to cross, meet
croissance *f.* growth
croyance *f.* belief
cuisinier *m.*, **cuisinière** *f.* cook
culpabilité *f.* guilt
culture *f.* culture, cultivation
curé *m.* priest

d

d'abord *adv.* first of all
d'accord okay
    être d'accord avec to agree with
dactylo *m./f.* typist
d'après *prep.* according to
davantage *adv.* more
débarquer *v.* to land
déboucher *v.* to uncork, open onto
debout *adv.* standing
débrouillard *adj.* resourceful
décapsuler *v.* to open a bottle, take off a bottle
    cap
décapsuleur *m.* bottle opener
déception *f.* disappointment
décerné *adj.* awarded
décevant *adj.* disappointing
décharge *f.* disposal
déchet *m.* waste
déclassé *adj.* obsolete
décor *m.* set
décoré *adj.* decorated, awarded
découpé *adj.* cut
décourager *v.* to discourage
découvrir *v.* to discover
décrire *v.* to describe
dédain *m.* disdain
défaite *f.* defeat
défaut *m.* fault
défendre *v.* to defend **défendre son bifteck**
    to defend one's rights
défi *m.* challenge
défier *v.* to challenge
dégagé *adj.* unleashed
dégoûtant *adj.* disgusting
dégoûter *v.* to disgust
déguster *v.* to taste, eat
dehors *adv.* outside
déjeuner *m.* lunch **petit déjeuner** breakfast
delà *prep.* beyond
délaisser *v.* to set aside
délivrer *v.* to set free, relieve
démentiel (démentielle) *adj.* crazy
démesuré *adj.* enormous
demeure *f.* residence
demeurer *v.* to live, remain
denté *adj.* with cogs
dentelle *f.* lace
départ *m.* beginning

département *m.* administrative division of
    France
dépens: aux dépens de at the expense of
dépense *f.* expense
dépenser *v.* to spend
dépensier (dépensière) *adj.* extravagant
se déplacer *v.* to move
déplaire *v.* to displease
déplumé *adj.* featherless
dépourvu *adj.* lacking in, without
déprimé *adj.* depressed
depuis *prep.* for, since
    depuis que *conj.* since
dérive *f.* centerboard
dernier (dernière) *adj.* last
désaccord *m.* disagreement
désaffection *f.* disaffection
désapprendre *v.* to unlearn
désastre *m.* disaster
désavantage *m.* disadvantage
désespéré *adj.* hopeless
déshonorant *adj.* dishonorable
désigner *v.* to name, indicate
désinvolte *adj.* impertinent, casual, relaxed
désobéir *v.* to disobey
désobéissant *adj.* disobedient
désolé *adj.* distressed
désormais *adv.* henceforth
desséché *adj.* dried up
dessin *m.* drawing **dessin animé** cartoon
dessiner *v.* to draw
destin *m.* destiny
destructeur (destructrice) *adj.* destructive
desuet (desuète) *adj.* outmoded
désuni *adj.* divided
détenir *v.* to hold, possess, detain
détente *f.* relaxation
détracteur *m.* critic
détroit *m.* strait
détruire *v.* to destroy
détruit *adj.* destroyed
deuil *m.* mourning
deviner *v.* to guess
devint *passé simple of* **devenir**
devoir *m.* duty, homework
devoir *v.* to have to, must, should
dévoué *adj.* devoted
dévouement *m.* devotion
dictature *f.* dictatorship
dicton *m.* saying

dieu (*pl.* **dieux**) *m.* god
dignement *adv.* in a dignified manner
diminuer *v.* to diminish, lessen
diminution *f.* reduction
dîner *m.* dinner
direction *f.* management
se diriger *v.* to steer
discret (**discrète**) *adj.* discreet
discutable *adj.* questionable
disparaître *v.* to disappear
disparition *f.* disappearance
disposé *adj.* positioned
disposition *f.* disposal
dispute *f.* argument
se disputer *v.* to argue
disquette *f.* diskette
divers *adj.* various
dodo *m.* sleep, "night-night" (*child's language*)
domicile *m.* home, address
don *m.* gift
donnée *f.* fact, datum
dont *rel. pron.* of which, whose
dos *m.* back
doublage *m.* dubbing
doublé *adj.* dubbed
doué *adj.* gifted
douleureux (**douleureuse**) *adj.* painful, distressing
doute *m.* doubt **sans doute** without a doubt
douter *v.* to doubt
doux (**douce**) *adj.* sweet, soft, mild
drame *m.* drama
drogue *f.* drug
droit *adj.* right
droit *m.* law
drôle *adj.* funny
dû *p. part. of* **devoir**
    j'aurais dû I should have
duchesse *f.* Duchess
dur *adj.* hard
durant *prep.* during
durée *f.* length

e

eau (*pl.* **eaux**) *f.* water
ébéniste *m.* cabinetmaker
échantillon *m.* sample
échapper à *v.* to escape from

échelle *f.* scale
échouer *v.* to fail
éclairage *m.* lighting
éclatant *adj.* radiant
école *f.* school
écolier *m.*, **écolière** *f.* schoolboy, schoolgirl
économe *adj.* thrifty
écran *m.* screen
écrasé *adj.* crushed out
écrevisse *f.* crayfish
écrivain *m.* writer
éducateur (**éducatrice**) *adj.* educational
éducation *f.* manners
éduquer *v.* to educate
effacer *v.* to erase
effectif (**effective**) *adj.* true, actual
effectuer *v.* to do, bring about
effet: en effet as a matter of fact
efficacité *f.* efficiency
égal (*pl.* **égaux**) *adj.* equal
également *adv.* also, as well
égalitaire *adj.* egalitarian
égalité *f.* equality
égard: à l'égard de regarding
église *f.* church
égoïsme *m.* selfishness
égoïste *adj.* selfish
élan *m.* forward movement, impetus
élève *m./f.* pupil, student
élevé *adj.* high, raised
élever *v.* to raise
élire *v.* to elect
éloigné *adj.* distant
s'éloigner *v.* to move away
élu *adj.* elected
émanciper *v.* to set free
embarras *m.* difficulty
embellir *v.* to make more beautiful
embêtant *adj.* annoying
embouteillage *m.* traffic jam
embrasser *v.* to kiss
émission *f.* program
empêcher *v.* to prevent, stop
empereur *m.* emperor
emplacement *m.* location
emploi *m.* employment
    emploi du temps schedule
employé *m.*, **employée** *f.* employee, clerk
employer *v.* to use
empoisonnement *m.* poisoning

empoisonner *v.* to poison
emporter *v.* to take (away)
emprisonné *adj.* imprisoned
encéphale *m.* brain
enclos *m.* paddock
encombrant *adj.* cumbersome
encombrements *m.pl.* traffic congestion
encore *adj.* still, yet **encore un** another
endroit *m.* place, front side of a fabric
énerver *v.* to irritate
enfance *f.* childhood
s'enfermer *m.* to close oneself in
enfin *adv.* finally, in the end
enflammé *adj.* ignited
enfumé *adj.* smoky
engagé *adj.* committed (to a certain ideology), politically active
engager *v.* to engage, commit, hire
    s'engager to become involved in
engin *m.* vehicle, missile
enjoué *m.* playful
enlisement *m.* stagnation
ennui *m.* aggravation
ennuyer *v.* to annoy
    s'ennuyer to become bored
ennuyeux (ennuyeuse) *adj.* boring
s'enquérir *v.* to inquire
enquête *f.* survey
enregistrer *v.* to record
enrichir *v.* to make rich
enseigne *f.* sign
ensemble *adv.* together
ensemble *m.* whole, entirety
entassement *m.* accumulation
entave *m.* obstacle
entendre *v.* to understand, hear
    s'entendre to get along
entendu *adj.* understood
entente *f.* understanding
entièrement *adv.* entirely
entourant *adj.* surrounding
entourer *v.* to surround
entraînement *m.* training
entraîner *v.* to lead to **s'entraîner** to train
entrave *f.* obstacle
entrée *f.* first course (of a meal)
entremets *m.pl.* sweets
entreprise *f.* firm, business
entretenir *v.* to entertain, maintain
entretien *m.* maintenance

envers *prep.* toward
envers *m.* opposite, reverse
environs *m.pl.* surrounding area
envoyer *v.* to send
épais (épaisse) *adj.* broad, thick
épaisseur *f.* thickness
épéiste *m.* swordfighter
éperdument *adv.* madly, desperately
épice *f.* spice
épinards *m.pl.* spinach
épingler *v.* to pin
époque *f.* time period, era
épouse *f.* wife
épouser *v.* to marry
épouvantable *adj.* terrible
épouvante *f.* horror, terror
époux *m.* husband
épreuve *f.* test, competition
éprouver *v.* to feel
épuisant *adj.* exhausting
épuisé *adj.* tired
équipe *f.* team
équipement *m.* facility
équitable *adj.* fair
équitation *f.* horseback riding
ère *f.* era
esclavage *m.* slavery
esclave *m.* slave
escrime *f.* fencing
escrimeur *m.* fencer
espace *m.* space
s'espacer *v.* to become less frequent
Espagne *f.* Spain
espagnol *m.* Spanish (language)
espérance *f.* hope
espionnage *m.* spying
esprit *m.* spirit
essai *m.* essay
essayer *v.* to try
essor *m.* rapid development, blossoming
est *m.* east
estudiantin *adj.* student
étang *m.* pond
étape *f.* step, phase
état *m.* state **États-Unis** United St
été *m.* summer
étendre *v.* to spread
éternuement *m.* sneeze
ethnie *f.* ethnic gro
étiquette *f.* lab

étoffe *f.* stuff
étoile *f.* star
étonnant *adj.* surprising
étonner *v.* to surprise
étourderie *f.* thoughtlessness
étrange *adj.* strange
étranger (étrangère) *adj.* foreign
étranger *m.*, étrangère *f.* foreigner
    à l'étranger abroad
être *m.* being
étude *f.* study
étudiant *m.*, étudiante *f.* student
étudier *v.* to study
eurent *passé simple of* avoir
eux-mêmes *pron.* themselves
s'évanouir *v.* to faint
événement *m.* event, happening
éventualité *f.* event, occurrence
évidemment *adv.* obviously
éviter *v.* to avoid
évoluer *v.* to change
évoquer *v.* to evoke, bring to mind
exaltant *adj.* exhilarating
s'excuser *v.* to apologize
exercer *v.* to practice
exigence *f.* necessity
expatrié *m.* expatriot
expédier *v.* to send
exposition *f.* exhibition
exprimer *v.* to express

f

fabricant
fabri
f

cuisine to cook **faire une découverte**
to discover **faire face à** to face up to
faire part to announce **faire partie de**
to be part of **faire des progrès** to make
progress **faire des recherches** to do
research **faire des reproches** to blame
faire la sieste to take a nap
fait *m.* fact, event **en fait** as a matter of fact
famélique *adj.* hungry, undernourished
familial (*pl.* familiaux) *adj.* family
familier (familière) *adj.* familiar
famille *f.* family
fana (fanatique) *m./f.* fan
fatiguant *adj.* tiring
faut: il faut it is necessary
faute de for lack of
fauteuil *m.* armchair
faux (fausse) *adj.* false
favoriser *v.* to promote
fécond *adj.* fertile, fruitful
femelle *adj.* female
femme *f.* woman, wife **femme d'affaires**
businesswoman **femme-cadre** woman
executive **femme d'intérieur** domesti-
cated woman, housewife
fenêtre *f.* window
ferme *f.* form
fermement *adv.* firmly
fermier *m.*, fermière *f.* farmer
fête *f.* saint's day, feast day, holiday
    en fête celebrating
feu (*pl.* feux) *m.* fire
feuille *f.* leaf
feuillet *m.* page
feuilleté *m.* puff pastry
feuilleton *m.* serial story, soap opera
fiançailles *f. pl.* engagement
se fiancer *v.* to get engaged
se ficher de *v.* to be indifferent, not give a darn
fidèle *adj.* faithful, loyal
fier (fière) *adj.* proud
fierté *f.* pride
fièvre *f.* fever
se figurer *v.* to imagine
fille *f.* daughter, girl
fils *m.* son
fin *adj.* fine
fiscal (*pl.* fiscaux) *adj.* fiscal
fleuve *m.* river

foie *m.* **gras**   liver pâté
folie *f.*   madness
fonctionnaire *m./f.*   civil servant
fonctionnement *m.*   operation
fondateur *m.*   founder
fonder *v.*   to found, base
fontaine *f.*   fountain
forêt *f.*   forest
formation *f.*   education, training
forme *f.*   shape, health
former *v.*   to train, educate, shape
fort *adj.*   strong
fortuit *adj.*   fortuitous, lucky
fossé *m.*   gap
foudre *f.*   lightning
   coup *m.* **de foudre**   love at first sight
foule *f.*   crowd
four *m.*   oven   **petit four**   small cake
fourchette *f.*   fork
fournir *v.*   to give
fournisseur *m.*   supplier
foyer *m.*   home, family
frais (fraîche) *adj.*   fresh
fraise *f.*   strawberry
framboise *f.*   raspberry
franchement *adj.*   frankly
franchir *v.*   to cross (a line)
francophone *adj.*   French-speaking
frapper *v.*   to strike, knock
frisé *adj.*   curly
frite *f.*   French fry
froid *adj.*   cold
fromage *m.*   cheese
fromager (fromagère) *adj.*   of, or relating to, cheese
front: de front *adv.*   at one time
frontière *f.*   border
frustré *m.*   frustrated person
fugace *adj.*   fleeting
fuir *v.*   to flee
fuite *f.*   flight
fumée *f.*   smoke
fumer *v.*   to smoke
fumeur *m.*   smoker
fusée *f.*   rocket
fusil *m.*   rifle
fut   *passé simple of* **être**

g

gâcher *v.*   to ruin
gagner *v.*   to earn, win, save
   gagner son pain   to earn one's living
galopant *adj.*   galloping, progressing rapidly
gamin *m.,* **gamine** *f.*   kid, child
garantir *v.*   to guarantee
garçon *m.*   boy, waiter
garder *v.*   to take care of
gare *f.*   station
gaspillage *m.*   waste
gaspiller *v.*   to waste
gâteau *m.*   cake
gauche *adj.*   left
gaz *m.pl.* **d'échappement**   exhaust fumes
gazeux (gazeuse) *adj.*   carbonated, sparkling
gémir *v.*   to lament
gêné *adj.*   bothered
généreux (généreuse) *adj.*   generous
génial *adj.*   brilliant, of genius
génie *m.*   genius
genre *m.*   style, type
gens *m.pl.*   people
gentillesse *f.*   kindness
germain: cousin *m.* **germain**   first cousin
germanique *adj.*   German, Teutonic
geste *m.*   gesture
gestion *f.*   management
gifle *f.*   slap
gigot *m.* **d'agneau**   leg of lamb
glace *f.*   ice cream
gloire *f.*   glory
gorgé *adj.*   stuffed
goudron *m.*   tar
goût *m.*   taste
goûter *v.*   to taste, try
grandir *v.*   to grow up
gratte-ciel *m.*   skyscraper
gratuit *adj.*   free
grave *adj.*   serious
grec (grecque) *adj.*   Greek
Grèce *f.*   Greece
grégaire *adj.*   sociable
grillé *adj.*   toasted
grippe *f.*   flu
gros (grosse) *adj.*   big, fat
grossir *v.*   to gain weight
guère: ne…guère *adv.*   hardly

guérir *v.* to heal
guerre *f.* war
guyanais *adj.* from Guyana
gymnase *m.* gymnasium

h

habile *adj.* skillful
s'habiller *v.* to dress
habitant *m.*, **habitante** *f.* inhabitant
habiter *v.* to live
habitude *f.* habit, custom
habituer *v.* to accustom
haïr *v.* to hate
haricot *m.* bean
hasard: par hasard by chance
haut *adj.* high
Haute-Volta *m.* Upper Volta (Burkina Faso)
havre *m.* port, haven
hébraïque *adj.* Hebrew
hélas alas
hellénique *adj.* Hellenic (of or relating to ancient Greeks)
herbier *m.* herb store
heure *f.* hour **heures** *f.pl.* **d'affluence** rush hour **Quelle heure est il?** What time is it? **Il est 10 heures.** It's 10:00.
heurt *m.* shock
hexagone *m.* hexagon, metropolitan France
hiérarchisé *adj.* hierarchical
hisser *v.* to hoist
hivernal *adj.* winter
hollandais *adj.* Dutch
homard *m.* lobster
homme *m.* man
    homme d'affaires businessman
    homme politique politician
Hongrie *f.* Hungary
honneur *m.* honor
honte *f.* shame
horaire *m.* schedule
horloge *f.* clock
hors de *prep.* outside of
hors-d'œuvre *m.* appetizer
huées *f.pl.* jeers
huître *f.* oyster
humeur *f.* mood
hydrocarbures *f.pl.* hydrocarbons

i

idéologue *m./f.* ideologist
ignorant *pres. part.* being unaware of
il y a + *time* *time* + ago
île *f.* island
s'illustrer *v.* to distinguish oneself
immeuble *m.* building
immuable *adj.* constant, unchangeable
s'impatienter *v.* to lose patience, be eager for
impérieux (impérieuse) *adj.* dictatorial, imperious
s'implanter *v.* to establish oneself
impliqué *adj.* implicated
impoli *adj.* impolite
importe: n'importe qui anyone
    Qu'importe? What does it matter?
impôt *m.* tax
imprimante *f.* printer
imprimé *adj.* printed
imprimerie *f.* printing, printing shop
impulsion *f.* impetus
incompréhensif (incompréhensive) *adj.* uncomprehending, not understanding
inconnu *adj.* unknown
Inde *f.* India
indien *adj.* Indian
individu *m.* individual, person
indolent *adj.* lethargic
inégalité *f.* inequality
inéluctable *adj.* inevitable
inépuisable *adj.* untiring, endless
inertie *f.* inertia, resistance to change
infirmier *m.*, **infirmière** *f.* nurse
informaticien *m.*, **informaticienne** *f.* data-processing specialist, computer scientist
informatique *f.* computer science
informatisé *adj.* computerized
informé *adj.* informed
infortunée *f.* unhappy woman
ingénieur *m.* engineer
inquiet (inquiète) *adj.* anxious, worried
inquiété *adj.* worried
s'inquiéter *v.* to worry
inscrit *adj.* registered, entered
insolemment *adj.* insolently
insolent *adj.* arrogant
installer *v.* to install, place **s'installer** to move in, become established
instaurer *v.* to establish

instituteur *m.*, **institutrice** *f.*   instructor, elementary school teacher

interdiction *f.*   prohibition

interdire *v.*   to forbid

intérieur *adj.*   interior, domestic

interprétation *f.*   acting, interpretation

interroger *v.*   to question

intervenir *v.*   to intervene

intime *adj.*   intimate

intrigue *f.*   plot, scheme

intrus *m.*   intruder

inutile *adj.*   useless

inviolable *adj.*   sacred

isolement *m.*   isolation

issu *adj.*   originating from

italien *adj.*   Italian

j

jadis *adv.*   in times past

se jalouser *v.*   to be jealous

jalousie *f.*   jealousy

jaloux (jalouse) *adj.*   jealous

jamais *adv.*   ever   **ne...jamais**   never

jambe *f.*   leg

jambon *m.*   ham

japonais *adj.*   Japanese

jeu (*pl.* **jeux**) *m.*   game, play   **en jeu**   at stake

jeune premier *m.*, **jeune première** *f.*   leading man, leading woman

jeunesse *f.*   youth

joie *f.*   joy

joindre *v.*   to join

joue *m.*   cheek

jouer *v.*   to play, act

joueur *m.*, **joueuse** *f.*   player

jouissance *f.*   enjoyment

journaliste *m./f.*   reporter, journalist

journée *f.*   day

joyeux (joyeuse) *adj.*   joyful

juge *m./f.*   judge

jurer *v.*   to swear

juridique *adj.*   legal

jus *m.*   juice

jusqu'à *prep.*   until

juste *adj.*   fair

justement *adv.*   in fact, exactly

l

laborieux (laborieuse) *adj.*   hardworking

lac *m.*   lake

lâcher *v.*   to let go of

laid *adj.*   ugly

laïque *adj.*   lay, secular

laisser *v.*   to leave

lait *m.*   milk

laitier (laitière) *adj.*   milk-producing, dairy

lancement *m.*   launching

lancer *v.*   to throw, launch
     se lancer à   to throw oneself into

laquelle (*pl.* **lesquelles**) *pron.*   which one(s)

large *adj.*   wide

las (lasse) *adj.*   weary

lavande *f.*   lavender

lave-vaisselle *m.*   dishwasher

lecture *f.*   reading

légal (*pl.* **légaux**) *adj.*   legal

léger (légère) *adj.*   light

légume *m.*   vegetable

lendemain *m.*   the day after

lent *adj.*   slow

lenteur *f.*   slowness

lequel (*pl.* **lesquels**) *pron.*   which one(s)

lettres *f.pl.*   humanities

levant *m.*   rising

Liban *m.*   Lebanon

libérer *v.*   to liberate

libre *adj.*   free

licence *f.*   college diploma

lien *m.*   tie, link

lier *v.*   to join, link

lieu (*pl.* **lieux**) *m.*   place   **avoir lieu**   to take place   **au lieu de**   instead of

ligne *f.*   line, figure

lignée *f.*   lineage

ligue *f.*   league

lisse *adj.*   straight

livre *f.*   pound

logement *m.*   room, housing

logiciel *m.*   software

loi *f.*   law

lointain *adj.*   distant

loisir *m.*   leisure, pasttime

lorsque *conj.*   when

louisianais *adj.*   Louisianan

lourd *adj.*   heavy

loyal (*pl.* **loyaux**) *adj.*   loyal

loyauté *f.* loyalty
lugubre *adj.* sad
lumière *f.* light
lumineux (lumineuse) *adj.* radiant
lune *f.* moon
lutte *f.* fight
lutter *v.* to struggle
lycée *m.* high school
lycéen *m.*, **lycéenne** *f.* high school student

m

mâcher *v.* to chew
machinal (*pl.* machinaux) *adj.* mechanical
magasin *m.* store
    grand magasin department store
magie *f.* magic
maigre *adj.* skinny
maigrir *v.* to lose weight
main *f.* hand
main-d'œuvre *m.* workforce
maintenir *v.* to maintain
maintien *m.* conservation
maire *m.* mayor
mairie *f.* town hall
maïs *m.* corn
maître *m.* master, schoolmaster
maîtresse *f.* mistress, lover
    maîtresse de maison lady of the house
mal *adv.* badly, poorly
mal *m.* evil, pain
    avoir mal à la tête to have a headache
malade *m./f.* sick person
maladie *f.* illness
maladif (maladive) *adj.* sickly
maladroit *adj.* clumsy
Malagache *f.* Madagascar
malaise *f.* uneasy feeling
malgré *prep.* in spite of
malheur *m.* unhappiness, misfortune
malheureux (malheureuse) *adj.* unhappy, unlucky
malhonnête *adj.* dishonest
malingre *adj.* sickly
malsain *adj.* unhealthy
Manche *f.* English Channel
manie *f.* mania
manier *v.* to work, manipulate
manifestation *f.* demonstration

manifester *v.* to show
mannequin *m.* (fashion) model
manœuvre *m.* manual laborer, unskilled worker
manque *m.* lack
marchand *m.*, **marchande** *f.* merchant
marchander *v.* to barter
marchandise *f.* merchandise
Marché *m.* **Commun** Common Market
marcher *v.* to walk, go
marée *f.* tide **marée noire** oil slick
marguerite *f.* daisy
mari *m.* husband
marié *adj.* married
se marier *v.* **avec** to get married
marin *m.* sailor
Marine *f.* Navy
marquant *adj.* prominent, noticeable
marqué *adj.* marked
marque *f.* brand
marquer *v.* to mark, write down
    marquer un but to score a goal
marron *adj.* brown, chestnut
Marseillais *m.* resident of Marseille
mât *m.* mast
maternel (maternelle) *adj.* mother
matière *f.* subject
    matière première raw material
matinée *f.* afternoon show
mécanicien *m.*, **mécanicienne** *f.* mechanic
mécontentement *m.* unhappiness
médecin *m.* doctor
médicament *m.* medicine, drug
méditer *v.* to ponder
méfiance *f.* distrust
méfiant *adj.* suspicious, distrustful
mélangé *adj.* mixed
mêler *v.* to mix
même *adj.* itself; same, even, very
    elle-même herself
ménage: jeune ménage *m.* young couple
ménagère *f.* housekeeper
ménestrel *m.* minstrel
mensuel (mensuelle) *adj.* monthly
mensuel *m.* monthly magazine
mer *f.* sea
mériter *v.* to deserve
merveille *f.* marvel
mesquinerie *f.* pettiness
mesure *f.* restraint, measure
métier *m.* profession, trade

métrage *m.* length (of film)

metteur *m.* **en scène** director

mettre *v.* to put, place **mettre au point** to perfect **mettre fin à** to end **mettre son grain de sel** to put in one's two cents **se mettre à** to begin to **se mettre debout** to stand up

micro *m.* microphone

micro-ordinateur *m.* micro-computer, personal computer

microsillon *f.* long-playing record

midi *m.* noon

Midi *m.* the South of France

mieux *adv.* better

mignon (mignonne) *adj.* cute

migraine *f.* migraine headache

milieu *m.* level, class, environment **au milieu de** during

mille *adj.* a thousand

mille *m.* mile

millefeuille *m.* layered creme pastry

millier *m.* thousand

mince *adj.* thin, meager

minceur *adj.* slenderizing

minime *adj.* tiny

ministre: premier ministre *m.* prime minister

minuit *m.* midnight

mis *p.part. of* **mettre**

mise *f.* **en place** set-up

mise *f.* **en scene** staging

miser *v.* to bank on, count on

moche *adj.* plain

mode *f.* fashion, style **à la mode** in fashion

modérément *adv.* moderately

moindre *adj.* less, least

moine *m.* monk

moins *adv.* less **au moins** at least

moitié *f.* half

monde *m.* world

mondial (*pl.* **mondiaux)** *adj.* worldwide

montagneux (montagneuse) *adj.* mountainous

monter *v.* to climb, mount, rise **monter comme une soupe au lait** to flare up, become angry

montre *f.* watch

morceau (*pl.* **morceaux)** *m.* piece

mort *adj.* dead

moto *f.* motorcycle

mots-croisés *m.pl.* crossword puzzle

mou (molle) *adj.* soft

mourir *v.* to die

mousquetaire *m.* musketeer

moutarde *f.* mustard

moyen (moyenne) *adj.* average **Moyen Âge** Middle Ages **en moyenne** on the average

moyen *m.* means, way **au moyen de** by means of

mur *m.* wall

murmurer *v.* to murmur

musc *m.* musk

musculation *f.* muscle development

musée *m.* museum

musicien *m.,* **musicienne** *f.* musician

n

nageur *m.,* **nageuse** *f.* swimmer

naïf (naïve) *adj.* naive

naissance *f.* birth

naître *v.* to be born

natation *f.* swimming

navet *m.* turnip, bad movie

ne...aucun *adv.* not any **ne...guère** *adv.* hardly **ne...pas encore** *adv.* not yet **ne...plus** *adv.* not any longer **ne...que** *adv.* only **ne...rien** *adv.* nothing

né *p.part. of* **naître**

neige *f.* snow

nettoyer *v.* to clean

neutre *adj.* neutral

neveu *m.* nephew

nez *m.* nose

ni...ni *conj.* neither . . . nor

nièce *f.* niece

nier *v.* to deny

niveau (*pl.* **niveaux)** *m.* level **de niveau** equal

nom *m.* name **nom de famille** last name, surname

nombreux (nombreuse) *adj.* numerous, large

nommer *v.* to name, call

nord *m.* north

note *f.* bill, grade **note salée** stiff bill

nouer *v.* to tie, develop

nouille *f.* noodle, blockhead

nourriture *f.* food, diet

nouveauté *f.* novelty

Nouvelle-Écosse *f.* Nova Scotia

nu *adj.* naked **pieds nus** barefoot
nuisance *f.* harm
nul (nulle) *adj.* zero, a failure

o

obéir *v.* to obey
obéissant *adj.* obedient
obsédant *adj.* haunting
obsédé *adj.* obsessed
obtenir *v.* to get, obtain
occasion *f.* occasion, time **d'occasion** used
occidental *adj.* western
s'occuper de *v.* to take care of
odieux (odieuse) *adj.* odious, obnoxious
œil (*pl.* yeux) *m.* eye
œuf *m.* egg
œuvre *f.* work
officieusement *adv.* officially
offrir *v.* to offer
oignon *m.* onion **s'occuper de ses oignons**
    to mind one's business
oisif *m.* idler
oncle *m.* uncle
onde *f.* wave, water
ondulatoire *adj.* wave-producing
opérer *v.* to operate
or *m.* gold
orage *m.* storm
ordinateur *m.* computer
orgueil *m.* pride, haughtiness
orienté *adj.* facing
originaire *adj.* native of, originating from
orné *adj.* embellished
orphelin *m.*, orpheline *f.* orphan
oublier *v.* to forget
ouest *m.* west
outil *m.* instrument
outrecuidant *adj.* stupid, impertinent
outre-mer *adj.* overseas
ouvert *adj.* open
ouvreuse *f.* usher
ouvrier *m.*, ouvrière *f.* (blue-collar) worker
ouvrir *v.* to open

p

page *f.* page **à la page** up-to-date
pain *m.* bread **pain complet** whole wheat
    bread **pain grillé** toast **pain sur la
    planche** work **pour une bouchée de
    pain** for very little money
palier *m.* landing (of an apartment building)
palmarès *m.* prize list
pamplemousse *f.* grapefruit
pancarte *f.* sign
Pâques *f.pl.* Easter
paraître *v.* to seem, appear
parce que *conj.* because
parcourir *v.* to go through
parcours *m.* course
parent *m.*, parente *f.* parent, relative
parenté *f.* relationship
paresseux (paresseuse) *adj.* lazy
parfait *adj.* perfect
parfois *adv.* sometimes
parfum *m.* perfume, flavor
parmi *prep.* among
parole *f.* word, speech
paroi *f.* wall
parquet *m.* wooden floor
parrain *m.* godfather
part: faire part to announce
    d'une part on the one hand
partager *v.* to share
partenaire *m./f.* partner
partisan *m.* supporter
partir *v.* to leave **à partir de** from (the time
    of)
partout *adv.* everywhere
paru *p.part. of* paraître
parvenir à *v.* to succeed
pas *m.* step, footstep
passager (passagère) *adj.* passing, fleeting
passé *m.* past
passer *v.* to pass, spend (time)
    passer un examen to take a test
    se passer to take place
passe-temps *m.* hobby, pastime
passionnant *adj.* exciting
passionné *adj.* passionate, enthusiastic
passionné *m.* enthusiast
se passionner *v.* to be fascinated by
patate *f.* potato, klutz

pâte *f.* dough **mettre la main à la pâte** to get to work

pâté *m.* pâté, creamed meat spread

pâtes *f.pl.* pasta

patin *m.* skating **patin à glace** ice skating **patin à roulettes** roller skating

patinage *m.* **artistique** figure skating

pâtisserie *f.* pastry, pastry shop

patrie *f.* homeland

patron *m.*, **patronne** *f.* boss

pays *m.* country, area

paysage *m.* countryside, landscape

paysan *m.*, **paysanne** *f.* country person, peasant

peau *m.* skin

pêche *f.* fishing

péché *m.* sin

pédaler *v.* to pedal

peindre *v.* to paint

peine *f.* pain, sorrow, trouble **à peine** *adv.* hardly

peintre *m./f.* painter

peinture *f.* painting

péjoratif (péjorative) *adj.* disparaging, derogatory

pelle *f.* shovel

se pencher *v.* to lean

pendant que *conj.* while

pendule *f.* clock (with a pendulum)

pensif (pensive) *adj.* thoughtful

pépinière *f.* seed-bed

perdre *v.* to lose

périphérie *f.* edge, outskirts

permis *m.* **de conduire** driver's license

pernicieux (pernicieuse) *adj.* harmful

personnage *m.* character

perspicace *adj.* perceptive

pesanteur *f.* weight

peser *v.* to weigh

pétillant *adj.* sparkling

petite-fille *f.* granddaughter

petit-enfant *m.* grandchild

petit-fils *m.* grandson

pétrole *m.* petroleum

pétuner *v.* to smoke

peu *adv.* little, not very **à peu près** about **de peu** narrowly

peuplé *adj.* populated

peuple *m.* people

peur *f.* fear

pharmacien *m.*, **pharmacienne** *f.* pharmacist

phénicien *adj.* Phoenician

philantrope *m./f.* philanthropist

philosophe *m.* philosopher

physique *f.* physics

pièce *f.* paper, document; play

piège *m.* trap, trick

pigeonneau *m.* squab

pile *f.* battery

piment *m.* hot pepper

pioche *f.* pick

piscine *f.* swimming pool

piste *f.* track, lead

place *f.* seat, space

plage *f.* beach

plaindre *v.* to feel sorry for

plan *m.* plain, level

planche *f.* plank, board **planche à roulettes** skateboard **planche à voile** windsurfing, windsurfing board **planches** *f.pl.* the stage

plant *m.* seedling

planté *adj.* planted

plat *adj.* flat

plat *m.* dish, course (in a meal) **sur le plat** fried (eggs)

plein *adj.* full; in the middle of, many

pleurer *v.* to cry

pleuvoir *v.* to rain

plomb *m.* lead

plongée *f.* **sous-marine** scuba diving

plonger *v.* to plunge, dive

pluie *f.* rain

plupart *f.* the majority

plus *adv.* more **de plus en plus** more and more **en plus** also, in addition **ne...plus** no longer, not any more **non plus** neither

plusieurs *adj.* several

plutôt *adv.* more or less

poche *f.* pocket **argent de poche** allowance, pocket money

poétesse *f.* female poet

poids *m.* weight

poil *m.* hair **poil de carotte** red-head

poing *m.* fist

point: au point que to such an extent that

poire *f.* pear **bonne poire** decent sort, sucker

pois *m.* pea

poisson *m.* fish

poivre *m.* pepper
poli *adj.* polite
policier *adj.* detective
polir *v.* to polish
politique *f.* politics, policy
polonais *adj.* Polish
pomme *f.* apple **pomme de terre** potato
    pommes frites French fries
ponant *m.* west
pont *m.* bridge
populeux (populeuse) *adj.* crowded
port *m.* harbor, port
portée: à la portée de accessible to
portefeuille *m.* wallet
porter *v.* to carry, wear, bear, hold
    porter un nom to have a name
    se porter bien to be in good health
    se porter volontaire to volunteer
portoricain *adj.* Puerto Rican
portugais *adj.* Portuguese
poser *v.* to pose, place, ask (a question)
    poser sa candidature to apply for
poste *m.* job, function
postier *m.*, **postière** *f.* postal worker
pouce *f.* inch
poudre *f.* powder, gunpowder
poudrerie *f.* powder snow
poulet *m.* chicken
poumon *m.* lung
pourboire *m.* tip
pour cent *m.* percent
pourri *m.* compost
poursuivre *v.* to pursue
pourtant *adv.* however
pousser *v.* to push
poussière *f.* dust
pouvoir *m.* power
pratique *f.* practice
pratiquer *v.* to play (a sport)
prêcher *v.* to preach
précis *adj.* precise, exact
préfecture *f.* office of the governor in a department in France
préfiguration *f.* foreshadowing
préjugé *m.* prejudice
premier (première) *adj.* first
    premier ministre prime minister
prendre *v.* to take, eat **prendre conscience de** to become aware of **prendre le deuil** to go into mourning

prénom *m.* first name, given name
près *adv.* near **à peu près** about
présentateur *m.*, **présentatrice** *f.* TV or radio announcer
présentation *f.* introduction
se présenter *v.* to introduce oneself **se présenter aux élections** to run for office
pression *f.* pressure
prêt *adj.* ready
prétendre *v.* to claim
prétendu *adj.* supposed, claimed
prétentieux (prétentieuse) *adj.* pretentious
prêter *v.* to lend
preuve *f.* proof
prévaloir *v.* to make claim
    se prévaloir de to claim one's birthright
prévisible *adj.* predictable
prévoir *v.* to anticipate
prévoyant *adj.* looks ahead prudently
prier *v.* to pray
prière *f.* prayer
primer *v.* to be first, outdo
primordial (*pl.*** primordiaux)** *adj.* essential
principe *m.* principle
prirent *passé simple of* **prendre**
prise *f.* **de conscience** awareness
prix *m.* prize, price **Prix Nobel** Nobel Prize
procédé *m.* procedure
proche *adj.* near
Procureur *m.* **Général** Attorney General
prodigieux (prodigieuse) *adj.* fantastic
se produire *v.* to occur
produit *m.* product
    produit toxique toxic waste
profiter de *v.* to benefit from
projet *m.* plan
promener *v.* to take a walk
propos: à propos de concerning
propre *adj.* own; clean
propreté *f.* cleanliness, neatness
propriétaire *m.* owner
protéger *v.* to protect
provenir *v.* to come from
provincial (*pl.*** provinciaux)** *adj.* provincial, from the provinces
provisoire *m.* temporary
provocateur (provocatrice) *adj.* aggressive
provoquer *v.* to cause, provoke
psychanalyse *m.* psychoanalysis
psychose *f.* psychosis

publicité *f.* advertising, advertisement
publiciste *m./f.* advertising specialist
puis *adv.* then
puisque *conj.* since
puissance *f.* power
puissant *adj.* powerful
purée *f.* **de pommes de terre** mashed potatoes

q

qualité *f.* quality, good point
quart *m.* quarter
quartier *m.* neighborhood
querelle *f.* argument
queue *f.* tail
quiétude *f.* tranquility
quitter *v.* to leave
quoi: de quoi vivre enough to live on
quoique *conj.* although
quotidien (quotidienne) *adj.* daily

r

rabbin *m.* rabbi
racine *f.* root
raconter *v.* to tell
　　raconter des salades to tell tall tales
radis *m.* radish
　　ne pas avoir un radis to be broke
rafale *f.* gust
raide *adj.* stiff, straight
raisin *m.* grape
râleur (râleuse) *adj.* taken to complaining
ramonter *v.* to go back to
rancune *f.* bitterness
rang *m.* rank
rappeler *v.* to recall
rapport *m.* report; relationship **par rapport à** compared to, with respect to
rapprocher *v.* to bring closer
ras *adj.* flat, level
raseur (raseuse) *adj.* boring
rassembler *v.* to bring together
rassuré *adj.* comfortable
raté *adj.* failed
rater *v.* to miss, fail
se rattraper *v.* to get back
ravissant *adj.* gorgeous

rayon *m.* ray, beam
réagir *v.* to react
réalisateur *m.*, **réalisatrice** *f.* director
réaliser *v.* to achieve
　　se réaliser to fulfill oneself
rébarbatif (rébarbative) *adj.* dull
recalé *adj.* failed
récemment *adv.* recently
réception *f.* front desk
recette *f.* recipe
recevoir *v.* to receive, welcome (*guests*)
recherche *f.* search; elegance
　　recherches research
réclamation *f.* complaint
réclamer *f.* to claim, advocate
récolte *f.* harvest
récolter *v.* to receive
récompenser *v.* to reward
reconnaissant *adj.* grateful
reconnaissance *f.* recognition
reconnaître *v.* to recognize
reconquête *f.* reconquest
recouvert *adj.* covered
rectifier *v.* to put right
reçu *p.part. of* **recevoir**
　　être reçu à to pass (*a test*)
recueil *m.* collection
recueillir *v.* to take in, gather
redécouvrir *v.* to rediscover
rédiger *v.* to write
redoubler *v.* to repeat
redouter *v.* to fear
réduit *adj.* reduced
réel (réelle) *adj.* real
réfléchi *adj.* thoughtful
refléter *v.* to reflect
réflexion *f.* thought
regain *m.* renewal
régime *m.* diet
règle *f.* rule
réglé *adj.* ordered, stable
réglementation *f.* regulation
réglementer *v.* to regulate
régler *v.* to regulate
régner *v.* to rule
se regonfler *v.* to reinflate
reine *f.* queen
rejeter *v.* to reject
relâche *adj.* relaxed
relation *f.* relationship

relevé *m.* **bancaire**   bank statement
se remarier *v.*   to remarry
remarqué *adj.*   noticed
remède *m.*   remedy
remettre *v.*   to put back
    remettre en question   to question
    remettre en valeur   to reintroduce
remonter *v.*   to come back, go back
remplissant *adj.*   filling
remporter *v.*   to carry away, win
renaître *v.*   to be born again
rencontre *m.*   meeting
rendez-vous *m.*   appointment
rendre *v.*   to make   **rendre service**   to do
    favors   **rendre visite à**   to visit   **se**
    rendre compte   to realize
renfermé *adj.*   withdrawn
renouveau *m.*   renewal
renouvelable *adj.*   renewable
rénové *adj.*   renovated
renseignement *m.*   information
rentier *m.*, **rentière** *f.*   person of independent
    income
rentrer *v.*   to go back
réparation *f.*   repair
réparer *v.*   to repair
repas *m.*   meal
reportage *m.*   report
reposé *adj.*   rested
repousser *v.*   to reject, push away
représentant *m.*, **représentante** *f.*   (sales)
    representative
reproche *f.*   reproach, blame
reprocher *v.*   to reproach
réservoir *m.*   tank
résidence *f.*   residence, home
résolu *adj.*   resolved
résolurent *passé simple of* **résoudre**
résoudre *v.*   to resolve
respirer *v.*   to breathe
rester *v.*   to stay, remain
résumer *v.*   to summarize
rétablir *v.*   to re-establish
retard *m.*   lateness   **être en retard**   to be late
    avoir 10 minutes de retard   to be 10 min-
    utes late
retarder *v.*   to slow down
retour *m.*   return
retracer *v.*   to retrace
réunion *f.*   meeting

réunir *v.*   to join
réussir *v.*   to succeed
réussite *f.*   success
revanche *f.*   revenge, retaliation
rêve *m.*   dream
réveil *m.*   awakening, alarm
révéler *v.*   to reveal
revendiquer *v.*   to claim
revenir *v.*   to return
revint *passé simple of* **revenir**
revivre *v.*   to revive
se révolter *v.*   to rebel
ride *f.*   wrinkle
rire *m.*   laughter
rire *v.*   to laugh
rive *f.*   bank
rivière *f.*   river
riz *m.*   rice
romain *adj.*   Roman
roman *m.*   novel
    roman policier   detective story
romancier *m.*, **romancière** *f.*   novelist
romanesque *adj.*   romantic
rond *adj.*   round
rosier *m.*   rosebush
rossignol *m.*   nightingale
rôti *m.*   roast
roue *f.*   wheel
roux (rousse) *adj.*   red-haired
royaume *m.*   realm, kingdom
ruée *f.*   rush
ruelle *f.*   alley, small street
ruisseau *m.*   brook
russe *adj.*   Russian
russe *m.*   Russian (language)

S

sable *m.*   sand
sabre *m.*   centerboard
sagesse *f.*   wisdom
sain *adj.*   healthy
saint *adj.*   holy, sacred
Saint-Domingue *f.*   Santo Domingo
salade *f.*   salad
    raconter des salades   to tell tall tales
salaire *m.*   salary

sale *adj.* dirty
salé *adj.* salted
sang *m.* blood
sang-froid *m.* cold-bloodedness
sanglant *adj.* bloody
santé *f.* health
saucisson *m.* salami, sausage
sauf *adj.* safe
sauf *prep.* except
saumon *m.* salmon
sauter *v.* to jump
sauvage *adj.* wild
sauver *v.* to save
savant *m.,* **savante** *f.* scientist
saveur *m.* flavor
savoir-vivre *m.* good breeding, knowledge of the world
scénariste *m.* scriptwriter
scénario *m.* script, plot
séance *f.* showing
sec (sèche) *adj.* dry
sécher *v.* to dry
    sécher un cours to cut a class
secourir *v.* to help
séduisant *adj.* enticing
seigle *m.* rye
séjour *m.* stay, temporary residency
sel *m.* salt
selle *f.* saddle
selon *prep.* according to
semblable *adj.* similar
sembler *v.* to appear, seem
Sénégalais *m.* Senegalese
sens *m.* sense, direction
sensible *adj.* sensitive
sensibilité *f.* sensitivity
sentiment *m.* feeling
sentir *v.* to smell, feel
serment *m.* oath
serré *adj.* tight, squeezed, placed
sévère *adj.* strict
serveur *m.,* **serveuse** *f.* waiter, waitress
serviable *adj.* willing to help
servir *v.* to be useful for
siècle *m.* century
signifier *v.* to mean
situé *adj.* situated
ski-de-fond *m.* cross-country skiing
snack *m.* snack-bar
société *f.* society, company

soi *pron.* itself, himself, herself
    soi-disant *adj.* so-called
    soi-même *pron.* oneself
soin *m.* care
soir *m.* evening
soirée *f.* evening, evening show
soit *subjunctive of* **être** Done! So be it!
sol *m.* earth, soil
solaire *adj.* solar
soleil *m.* sun
solitaire *m./f.* loner
somme *f.* sum **en somme** all in all
sommet *m.* summit, peak
son *m.* sound
sondage *m.* survey, poll
sonner *v.* to sound, ring, toll
sorbet *m.* sherbet
sorcière *f.* witch
sortir *v.* to go out
souci *m.* worry, concern
souffle *m.* breath
soufre *m.* sulphur
souhaiter *v.* to wish
soumis *adj.* dominated
sourire *v.* to smile
souris *f.* mouse
sous-développé *adj.* underdeveloped
sous-marin *m.* submarine
soustraire *v.* to subtract
soutien *m.* support
se souvenir de *v.* to remember
soyez *imperative of* **être**
spécialité *f.* specialty, college major
spectacle *m.* show, show business
spontané *adj.* spontaneous
sportif (sportive) *adj.* athletic
spoutnik *m.* sputnik (first Soviet space satellite)
stade *m.* stadium
stage *m.* internship
stationner *v.* to park
statut *m.* status
stipuler *v.* to stipulate
strophe *f.* verse (of poetry)
subsister *v.* to exist, survive
se succéder *v.* to follow one another
sucre *m.* sugar
sucré *adj.* sweet
sud *m.* south
suffisant *adj.* sufficient
Suisse *f.* Switzerland

suite *f.* that which follows
suivant *adj.* following
suivre *v.* to follow
superficie *f.* area
superflu *adj.* unnecessary
supporter *v.* to put up with
supprimer *v.* to delete, remove, ban
surmonté *adj.* topped with
surnommer *v.* to nickname
surpeuplé *adj.* overpopulated
surpopulation *f.* overpopulation
surprenant *adj.* surprising
surprise-partie *f.* party
surtout *adv.* above all
surveiller *v.* to watch over, look after
survivre *v.* to survive
sympathique *adj.* nice, friendly
synthèse *f.* synthesis

t

tabac *m.* tobacco
tableau (*pl.* **tableaux**) *m.* table, chart
    tableau noir blackboard
tâche *f.* task, chore
taille *f.* size, height
se taire *v.* to remain silent, be quiet
tandis que *conj.* while
tant *adv.* so many, so much
    en tant que insofar as
tante *f.* aunt
taper *v.* to strike, type
se targuer *v.* to pride oneself
tarte *f.* pie, fool
tas: un tas de many, a lot of
taudis *m.* slum
Tchad *m.* Chad
tchèque *adj.* Czechoslovakian
teint *m.* complexion
tel *adj.* such (a), like, as
télé *f.* TV
temps *m.* time, hours
    dans un second temps next, secondly
    de temps en temps occasionally
tendre à *v.* to lead to, have a tendency to
tendu *adj.* strained
tenté *adj.* tempted
tenir *v.* to hold
tenu *adj.* held

terminer *v.* to end
terrain *m.* land
terre *f.* earth, soil, land
tête *f.* head, person   **tête-à-tête** meeting
têtu *adj.* stubborn
thon *m.* tuna
tiers *m.* third   **Tiers-Monde** *m.* Third World
tigresse *f.* tigress
tiré *adj.* pulled, taken
tire-bouchon *m.* corkscrew
tirer *v.* to shoot, draw, pull, derive, fire
    tirer au sort to pick at random
tireveille *m.* inhaul
titre *m.* title
tolérer *v.* to tolerate
tomate *f.* tomato
    rouge comme une tomate beet-red
tombeau *m.* tomb
tomber *v.* to fall
    tomber amoureux to fall in love
    tomber dans les pommes to faint
toréador *m.* bullfighter
tort *m.* wrong
tôt *adv.* early, soon
toujours *adv.* always
tour *f.* tower
tour *m.* tour, turn   **tour à tour** successively
Tourangeau *m.,* **Tourangelle** *f.* resident of
    Touraine
tourné *adj.* turned
tournée *f.* tour, round
tourner *v.* to make (a film)
tournoi *m.* tournament
tout (*pl.* **tous**) *adj.* all, every
    tout d'un coup suddenly
trace *f.* footstep, track
tracer *v.* to draw
traducteur *m.,* **traductrice** *f.* translator
traduire *v.* to translate
trahi *adj.* betrayed
trait *m.* **d'union** hyphen, link
traitement *m.* **de texte** word processing
traité *m.* treaty
traiter *v.* to handle
tranche *f.* slice
transmettre *v.* to transmit, send
transpirer *v.* to sweat
travail (*pl.* **travaux**) *m.* work
travailleur (**travailleuse**) *adj.* hardworking
travers: à travers *prep.* across, through

traversée *f.* trip, crossing
trève *f.* truce
tribu *m.* tribe
tribune *f.* platform, rostrum
trinquer *v.* to toast
triste *adj.* sad
trône *m.* throne
trouble *m.* disturbance
trouver *v.* to find **se trouver** to be, to be found, find oneself
truffe *f.* truffle
truquage *m.* faking, trick photography
tu *p.part. of* **taire** to be quiet
tuyauterie *f.* plumbing, pipes
type *adj.* typical

u

un: l'un l'autre each other
uni *adj.* unified
unir *v.* to unite
usage *m.* tradition
usine *f.* factory
utile *adj.* useful

V

vacances *f.pl.* vacation **colonie** *f.* **de vacances** summer camp
vaccin *m.* vacine
vache *f.* cow
vague *f.* wave
vaillance *f.* courage
vaincu *m.*, **vaincue** *f.* loser
vainqueur *m.* winner
val *m.* valley
valeur *f.* value
valoir *v.* to be worth
  valoir mieux to be better
vantard *adj.* boastful
vanter *v.* to boast (about)
vaut *third person present of* **valoir** to be worth
veau *m.* veal
vécu *p.part. of* **vivre**
vedette *f.* star
végéter *v.* to vegetate
veiller *v.* to watch over
véliplanchiste *m./f.* windsurfer

vélo *m.* bicycle
vélomoteur *m.* motorbike
vendeur *m.*, **vendeuse** *f.* sales person
vendre *v.* to sell
venir *v.* to come **venir de** to have just
vent *m.* wind **dans le vent** "with it"
vente *f.* sale
ventre *m.* stomach
verdure *f.* greenery
véritablement *adv.* really
vérité *f.* truth
vernis *m.* varnish
verre *m.* glass
  verre de contact contact lens
vers *m.* line (of poetry)
vertu *f.* virtue
vestale *adj.* chaste
vestige *m.* remains
vexé *adj.* angry
viande *f.* meat
vicié *adj.* fouled
vide *adj.* empty
vieillard *m.* old man
vigne *f.* vine
vignoble *m.* vineyard
vingtaine *f.* approximately twenty
vinrent *passé simple of* **venir**
violoncelle *m.* cello
vis-à-vis *adv.* regarding
vitesse *f.* speed
vivant *adj.* full of life, living
vivre *v.* to live **vivres** *m.pl.* supplies **de quoi vivre** enough to live on
voie *f.* way, path **en voie de développement** developing
voile *f.* sail, sailing **planche** *f.* **à voile** windsurfing, windsurfing board
voisin *m.*, **voisine** *f.* neighbor
voisinage *m.* neighborhood
voiture *f.* car
vol *m.* flight
voler *v.* to fly
volet *m.* shutter
volonté *f.* will
volontiers *adv.* willingly
vorace *adj.* voracious, insatiable
voyelle *f.* vowel

W

wishbone *m.*   boom, wishbone

X

xénophobie *f.*   xenophobia, fear of foreigners

Y

yaourt *m.*   yogurt
yeux *m.pl.*   eyes